AF277652

Carl Schmitt
Lucidez y ceguera

José Luis López de Lizaga

Carl Schmitt
Lucidez y ceguera

Alianza editorial
El libro de bolsillo

Primera edición: marzo de 2026

Diseño de colección: Estrada Design
Diseño de cubierta: Manuel Estrada

© José Luis López de Lizaga, 2026
© Alianza Editorial, S. A., Madrid, 2026
   Calle Valentín Beato, 21
   28037, Madrid
   www.alianzaeditorial.es

PAPEL DE FIBRA
CERTIFICADA

ISBN: 979-13-7009-156-9
Depósito legal: M-266-2026
Impreso en España - *Printed in Spain*

Índice

Todo conocimiento histórico es conocimiento del presente, no obtiene su luz e intensidad más que de este, y en un sentido profundo no está sino a su servicio, porque todo espíritu no es sino espíritu presente.

CARL SCHMITT, «La era de las neutralizaciones y de las despolitizaciones» (1929)

Introducción
Un clásico controvertido

Todo es polémico en Carl Schmitt. La originalidad, la profundidad teórica y la calidad estilística de sus escritos han elevado algunos de ellos a la categoría de clásicos del pensamiento político contemporáneo, pero muchas de sus ideas nos resultan extrañas e incómodas porque se enfrentan radicalmente a los principios de la democracia liberal, es decir, a esa compleja y a veces tensa combinación de legitimación democrática y apelación a los derechos humanos que, pese a todos sus defectos, delimita el terreno de juego de la política en nuestra época y en nuestra región del mundo. Carl Schmitt es un crítico implacable de ese marco conceptual e institucional, pero además es un crítico muy inteligente, y esto provoca en el lector actual de su obra una mezcla compleja de atracción y rechazo.

En la filosofía política de los siglos XVIII, XIX y XX abundan las invectivas contra la Modernidad, el liberalismo y la democracia, pero con frecuencia se han planteado como críticas inmanentes a esos mismos principios teóricos y políticos. Por ejemplo, es posible rechazar la plasmación del liberalismo político en el Estado de derecho burgués con el argumento de que, en realidad, dicho Estado solo reconoce los derechos de una clase social, pero no los de toda la población. Un argumento como este no se opondría al liberalismo político *in toto*, sino más bien a su realización sesgada, imperfecta o contradictoria en las sociedades capitalistas. Y de manera parecida, es posible criticar la democracia parlamentaria aduciendo que este sistema político es menos democrático de lo que pretenden sus teóricos y sus partidarios, y que sería preferible idear y llevar a la práctica alguna otra forma de democracia más radical. Pero Carl Schmitt no adopta esta estrategia argumentativa. Su crítica no procede de manera inmanente a las teorías o a los principios políticos a los que se enfrenta. No rechaza la sociedad burguesa apelando a los derechos que invoca el propio liberalismo, ni desprecia la democracia parlamentaria en nombre de una democracia más radical. Su posición es hostil al pensamiento liberal, y también a la democracia tal como hoy la entendemos. Su obra se desvincula de esas tradiciones políticas, herederas de la Ilustración, y se enfrenta a ellas.

Por este motivo, y por el tono antimoderno de muchas de sus páginas, se ha querido ver en Carl Schmitt a un autor reaccionario, o a un representante de la llamada «revolución conservadora», un difuso movimiento cultural y político alemán, muy crítico con la democracia liberal de la República de Weimar, al cual pertenecieron otros autores como Ernst Jünger o Martin Heidegger[1]. Schmitt forma parte, ciertamente, de esa constelación de autores, pero su figura muestra algunas peculiaridades diferenciales. El joven Carl Schmitt nunca compartió, por ejemplo, el chovinismo de las así llamadas «ideas de 1914», el ideario nacionalista que interpretaba la Primera Guerra Mundial como un combate entre la *cultura* alemana y la *civilización* inglesa y francesa, o entre la aristocracia del espíritu y la democracia plebeya, y que sedujo por un tiempo incluso a Thomas Mann. Tampoco cultivó la épica de la guerra y la exaltación de la violencia bélica que encontramos en Ernst Jünger o en algunos escritos de Max Scheler, ni hallamos en su obra la veneración heideggeriana de un Romanticismo alemán contrapuesto a la Ilustración francesa o inglesa. De hecho, uno de los primeros libros de Carl Schmitt ataca sin piedad las ideas políticas del Romanticismo, y sus fuentes de inspiración siempre fueron más amplias y heterogéneas que las de otros autores de su generación. Schmitt se considera discípulo de Thomas Hobbes y de Juan Donoso Cortés, lee con atención a Jean Bodin y a Joseph de Maistre, publica un ensayo sobre Shakespeare y elabora una filosofía de la historia basada en la contraposición de la tierra y el mar que

1. Sobre la «revolución conservadora», cf. por ejemplo A. Mohler, *Die konservative Revolution in Deutschland 1918-1932*, Darmstadt: Wissenschafliche Buchgesellschaft, 1972; K. Sontheimer, *Antidemokratisches Denken in der Weimarer Republik*, Múnich: DTV, 1978; S. Breuer, *Anatomie der konservativen Revolution*, Darmstadt: Wissenschafliche Buchgesellschaft, 1995.

evoca el mundo marinero de las novelas de Hermann Melville. En suma, Carl Schmitt es un autor demasiado original y demasiado cosmopolita como para que podamos clasificarlo entre aquellos nacionalistas alemanes que, como remedio al malestar en la Modernidad, volvieron una mirada nostálgica hacia una tradición cultural venerable y una idealizada sociedad premoderna.

No obstante, su filosofía es reaccionaria en otro sentido, quizás más profundo: es una filosofía que, ante todo, reacciona a la amenaza para el orden social burgués que representaban en su época la democracia de masas, el auge del movimiento obrero y una revolución comunista que, a su juicio –influido en este punto por su admirado Donoso Cortés–, se había iniciado en 1848, había triunfado en Rusia en 1917 y estaba a punto de propagarse al resto de Europa y del mundo. «Nosotros, los centroeuropeos, vivimos *sous l'oeil des Russes*»[2], escribió Schmitt en una ocasión, y esta frase podría servir como lema para toda su obra, la cual refleja con bastante nitidez el temor de la burguesía –la clase social del propio Schmitt– a su liquidación a manos del comunismo. No obstante, la reacción a la amenaza que representaba el comunismo no debe hacernos perder de vista que el principal adversario político de Schmitt es el liberalismo, una ideología que él vincula a la sociedad burguesa del siglo XIX y que en el siglo XX le parecía completamente caduca, incapaz de resolver sus tensiones con la democracia

---

2. C. Schmitt, «La era de las neutralizaciones y de las despolitizaciones» (1929), en: *El concepto de lo político*, Madrid: Alianza Editorial, 1998 (2024), p. 107.

de masas y de defender el orden social burgués amenazado por nuevos movimientos políticos, especialmente el comunismo.

La hostilidad de Schmitt al liberalismo tiene importancia para comprender el episodio más sombrío de su vida y su obra: la adhesión al nacionalsocialismo en 1933. Si en el periodo de entreguerras una parte importante de la burguesía alemana y europea se echó en brazos del fascismo para conjurar la amenaza comunista, otro tanto sucede en la obra de Schmitt, tal vez el más brillante defensor de la dictadura y del Estado autoritario. La inclinación de Schmitt hacia el fascismo se basaba en su posición de clase, en su feroz antiliberalismo y probablemente también en un temperamento proclive a cierta veneración de la autoridad. Por eso no es sorprendente que, en algunos de sus más importantes escritos de la década de 1920, Schmitt mencione la Italia de Mussolini como un modelo político, o que se entrevistase personalmente con el *Duce* durante un viaje a Roma en 1936. Y tampoco es extraño que Schmitt se afiliase al Partido Nacionalsocialista poco después de que Hitler accediese a la cancillería del Reich –cargo equivalente a nuestra presidencia del Gobierno–, a pesar de que hasta entonces su actitud hacia el nazismo había sido más bien hostil. Tras su adhesión al movimiento nazi, Schmitt fue rápidamente encumbrado a una cátedra de Derecho Público en la Universidad de Berlín y a otros importantes cargos académicos, y durante algunos años puso su inteligencia y su prestigio al servicio de la legitimación jurídica de un régimen cada vez más claramente criminal. Desde entonces Schmitt pasó a ser considerado por muchos como un mero ideólogo del nazismo, y se convirtió en la figura controvertida que sigue siendo hoy. La recepción de su obra está marcada por aquella adhesión de 1933, y ningún estudioso de este autor puede eludir la cuestión de si existe una relación interna entre su pensamiento y la ideología nacionalsocialista, o si, por el contrario, aquella adhesión obedeció a motivos más circunstanciales que teóricos y estuvo más motivada por el oportunismo que por una afinidad genuina.

La cuestión es compleja. A primera vista se diría que, al dar el paso de afiliarse al partido nazi, Schmitt tomaba la decisión más coherente con sus ideas políticas, puesto que el nazismo no era otra cosa que la variante alemana del fascismo, y por tanto la opción política más natural, o incluso la única posible, para un pensador reaccionario con fuertes inclinaciones autoritarias. Sin embargo, la relación de Schmitt con el nazismo fue más complicada, tanto desde un punto de vista teórico como biográfico. Desde sus primeros escritos, publicados todavía en la Alemania del káiser Guillermo II, Schmitt defendió un Estado fuerte, autoritario, capaz de zanjar los antagonismos sociales e imponer orden incluso de un modo dictatorial. El Estado es el concepto clave en la obra de Carl Schmitt, pues al Estado le corresponden la decisión y el orden, como reza el título de un interesante artículo sobre Schmitt publicado en los años treinta por Waldemar Gurian –como veremos, uno de sus más encarnizados detractores–, un título que también podría servir como lema de la totalidad de la obra schmittiana, y que nosotros nos hemos permitido adoptar para encabezar el segundo capítulo de este libro[3]. En periodos de conflicto social, compete al Estado tomar la decisión que identifica y proscribe al enemigo, pacifica la sociedad y funda el orden que hace posible la normalidad y el imperio de la ley. Esta función pacificadora del Estado debe prevalecer sobre el individuo, cuyos derechos son tan irrelevantes para Schmitt como ya lo eran para su maestro Hobbes, pero también sobre los intereses de las facciones y partidos que desgarran la sociedad. En cambio –y Schmitt irá percatándose de esto a medida que avance el periodo nazi–, la conquista del Estado por un partido totalitario solo podía desembocar en la descomposición de las instituciones estatales y en la supresión de un principio de legalidad que, como ya viera Max Weber, constituye el núcleo normativo del Estado moderno y posibilita la actuación de toda burocracia verdaderamente funcional. Para Schmitt, el totalitarismo consiste, ante todo, en el secuestro del Estado por un partido y en la subversión de dicho principio de legalidad.

Todo esto significa que Carl Schmitt era partidario de un Estado autoritario, pero no de un régimen totalitario. Su producción anterior a 1933 era tal vez la obra de un pensador fascista o protofascista, pero no la de un ideólogo del nazismo. Y al menos en parte, esto ex-

---

3. P. Müller (Waldemar Gurian), «Entscheidung und Ordnung: Zu den Schriften von Carl Schmitt», *Schweizerische Rundschau*, 34 (1934/1935), pp. 566-576.

plica por qué, tras unos años de producción servil y adu-
ladora –en los que publicó los que sin duda son sus peores escritos, no ya desde un punto de vista ideológico,
sino estrictamente teórico–, Schmitt perdió el favor de
las jerarquías políticas de un régimen tan imprevisible y
peligroso como el nacionalsocialista. Hasta el final de la
Segunda Guerra Mundial se retiró a una posición más
discreta, alejada de los focos y de los centros de poder
político del Tercer Reich, y terminada la contienda se
esforzó por presentar su actitud durante aquel largo periodo como una especie de exilio interior, en parte con
la intención de congraciarse con las autoridades militares vencedoras, que lo encarcelaron e incluso sopesaron
encausarlo en los juicios de Núremberg. Su pretensión
de haber sido un exiliado interior ofrecía una imagen
edulcorada y no muy creíble de su papel en el Tercer
Reich, pero a Schmitt no le faltaba razón al señalar las
diferencias entre sus propias ideas y el nacionalsocialismo. Algunos estudiosos ven dichas diferencias como
matices irrelevantes, rechazan el pensamiento de Schmitt
por entero y consideran a este autor simplemente como el
teórico más inteligente de una ideología criminal[4]. En
el lado opuesto, otros presentan el compromiso de Schmitt
con el nazismo casi como un accidente, o como un error
pasajero que no contamina ni devalúa sus ideas políticas

4. En esta línea de recepción se sitúan, por ejemplo, J. Fijalkowski, *Los componentes ideológicos en la filosofía política de Carl Schmitt*, Madrid: Tecnos, 2023;
B. Rüthers, *Carl Schmitt en el Tercer Reich*, Bogotá: Universidad Externado de
Colombia, 2004; Y.-Ch. Zarka, «Las ideas mortíferas», en: *Un detalle nazi en el
pensamiento de Carl Schmitt*, Barcelona: Anthropos, 2007.

principales[5]. Por nuestra parte, intentaremos mostrar que ninguna de esas dos posiciones extremas hace justicia a una obra cuya calidad impide reducirla a mera fraseología nazi, pero que resulta completamente falseada si se omite su tendencia profundamente autoritaria o incluso fascista.

Con todo, las controversias en torno al compromiso de Schmitt en 1933 no deben hacernos olvidar que la época más brillante de su producción coincide con la República de Weimar, un periodo cuyas tensiones políticas supo reflejar como quizás ningún otro autor de su tiempo. A ese periodo pertenecen sus obras más importantes y conocidas, como *Teología política* (1922), *El concepto de lo político* (1927) o *Legalidad y legitimidad* (1932). Finalizada la Segunda Guerra Mundial, Schmitt siguió escribiendo y publicando casi hasta el final de su muy larga vida –murió en 1985, pocos meses antes de cumplir noventa y siete años, y su última publicación data de 1978–, y todavía alumbró un puñado de obras notables. Aunque durante la República de Weimar su producción se había centrado en la teoría constitucional y la filosofía política, ya desde principios de los años veinte Schmitt se había interesado también por las relaciones internacionales, y este será el tema principal de sus trabajos posteriores a la guerra[6].

---

5. Esta es, en general, la perspectiva de la por lo demás magnífica biografía de J. Bendersky, *Carl Schmitt: A Theorist for the Reich*, Princeton: Princeton University Press, 1983. Es también el punto de vista de H. Quaritsch, *Positionen und Begriffe Carl Schmitts*, Berlín: Duncker & Humblot, 1989, y el de A. de Benoist, *Carl Schmitt actuel*, París: Krisis, 2007.

6. Algunos especialistas consideran que este segundo periodo de la producción schmittiana conforma una unidad autosuficiente, temáticamente desgajada de los

En ellos Schmitt analiza la emergencia de un nuevo orden
internacional llamado a subvertir completamente el denominado *Ius Publicum Europaeum*, es decir: el orden
basado en el equilibrio entre Estados territoriales soberanos que presidió la política europea entre el siglo XVII y
el final de la Primera Guerra Mundial. Si bien la Sociedad de Naciones, y más tarde la Organización de las Naciones Unidas, se constituyeron con un espíritu legalista
y pacifista, a juicio de Schmitt la consecuencia más importante del nuevo orden internacional no sería la paz,
sino la legitimación jurídica de las pretensiones imperialistas de las grandes potencias vencedoras en las dos guerras mundiales. Por eso durante los años treinta Schmitt
elaboró una concepción del orden internacional como
un orden de «grandes espacios» que reproducía a una
escala supraestatal las características del periclitado *Ius
Publicum Europaeum*, y que ofrecía una alternativa al legalismo universalista de la Sociedad de Naciones y de la
ONU. Schmitt propuso su concepto de «gran espacio»
en un trabajo publicado en 1939, el año en que estalla la
Segunda Guerra Mundial. Sin duda su teoría podía servir para legitimar el imperialismo de la Alemania nacionalsocialista, y de hecho este fue el motivo principal que,
años más tarde, condujo a las autoridades militares estadounidenses a investigar a Schmitt como posible criminal de guerra. No obstante, y como suele suceder con este
autor, su teoría de los «grandes espacios» era algo más

textos anteriores. Cf. J.-F. Kervégan, «Carl Schmitt and World Unity», en: Ch.
Mouffe (ed.), *The Challenge of Carl Schmitt*, Londres: Verso, 1999, p. 55.

que un mero instrumento ideológico al servicio de una causa política o bélica concreta, y acreditó su fecundidad en escritos posteriores en los que Schmitt atisbó el tránsito a un mundo globalizado, aunque dividido todavía en los dos bloques enfrentados en la Guerra Fría. En aquel nuevo orden internacional incierto, suspendido entre la guerra y la paz y situado en todo momento bajo la amenaza de las armas nucleares, Schmitt percibía una «guerra civil mundial» que confirmaba, a su juicio, no solo el peligro del comunismo, sino también el carácter inconfesadamente belicista de las ideas liberales que liquidaron el viejo equilibrio de los Estados territoriales europeos e inspiraron la fundación de la Sociedad de Naciones y la Organización de las Naciones Unidas.

Cuando aún no había terminado la Segunda Guerra Mundial, Schmitt estilizó esta teoría del orden internacional de los grandes espacios mediante una filosofía que reconstruía la historia de la humanidad como un conflicto entre las potencias marítimas y las terrestres. Schmitt veía en la resistencia de los grandes espacios terrestres (la Europa continental) frente al dominio de las potencias marítimas (Inglaterra y Estados Unidos) el único dique capaz de contener la destrucción de la humanidad en un conflicto con armas nucleares. Esta doctrina del dique o del freno (en griego *katechon*) contra la barbarie política y bélica, expuesta de un modo fragmentario y un tanto elusivo en los escritos tardíos de Schmitt, se inspiraba –como veremos– en un pasaje de la segunda Epístola de san Pablo a los Tesalonicenses, de manera que el católico Schmitt ofrecía una imagen del mundo posterior a la Segunda Guerra Mundial que combinaba de un modo insólito el sobrio análisis de las relaciones internacionales y la exaltación visionaria de la filosofía cristiana de la historia. Su interpretación de la Guerra Fría resulta sugerente, pero quizás no muy convincente, puesto que Schmitt no parece advertir que la barbarie extrema, que él esperaba de la confrontación entre las dos superpotencias con pretensiones de dominio mundial, en realidad ya había acontecido: fue el genocidio que el régimen nazi perpetró en el territorio del Tercer Reich, es decir, precisamente en uno de esos «grandes espacios» que, según Schmitt, debían contener e impedir la violencia política desbocada. Pero la omisión de prácticamente cualquier referencia al genocidio y a los crímenes políticos del nazismo, así como de toda autocrítica por su contribución personal a la legitimación de aquel régimen, marca la obra de Schmitt posterior a la Segunda Guerra Mundial.

El genocidio es, en efecto, el punto ciego de la producción schmittiana tardía. Un monstruoso crimen político que Schmitt no supo encajar en su teoría, y quizás tampoco personalmente, y cuya desatención resta lucidez a sus últimos análisis. Schmitt siguió siendo hasta el final un hobbesiano, un partidario de un Estado autoritario que fuese capaz de ahuyentar el fantasma de la guerra civil o de la lucha de clases. Su propia experiencia del totalitarismo nazi, en el que llegó a sentirse personalmente amenazado, podría haberlo inclinado hacia el liberalismo político y hacia una comprensión más cabal de la importancia de la democracia y de los derechos humanos. Pero no fue así, y Schmitt siguió interpretando el mundo posterior a 1945 tal como lo interpretaba en 1918: con la mirada de quien vaticina una catástrofe histórica inminente, y no con la conciencia de haber sido cómplice de ella. No vio que la amenaza más aterradora no procedía del Estado de derecho, ni de la democracia liberal, ni de la juridificación de las relaciones internacionales, sino de la hipertrofia totalitaria del Leviatán autoritario que él mismo había teorizado y defendido siempre.

***

Nuestra exposición del pensamiento de Carl Schmitt profundizará (en los capítulos 1-7) en los aspectos mencionados hasta aquí. Leeremos, pues, a Schmitt como un filósofo político, y no –como han hecho algunos intérpretes– como un autor cuyas preocupaciones serían fundamentalmente teológicas[7]. Y si la obra de cualquier fi-

---

7. La teología política schmittiana ha recibido una sorprendente atención desde los estudios pioneros de Heinrich Meier (H. Meier, *Carl Schmitt, Leo Strauss y el concepto de lo político*, Buenos Aires: Katz, 2009, y sobre todo H. Meier, *Die Lehre Carl Schmitts. Vier Kapitel zur Unterscheidung Politischer Theologie und Politischer Philosophie*, Stuttgart: Metzler, 1994). Cf. también el estudio de A. Koenen, *Der Fall Carl Schmitts*, Darmstadt: Wissenschaftliche Buchgesellschaft, 1995, quien inscribe a Schmitt en la «teología del Reich», una corriente teológica católica que afirmaba la continuidad del Tercer Reich con el Sacro Imperio Romano Germánico. Para la crítica de las lecturas teológicas de Schmitt, cf. J.-F. Kervégan, «L'enjeu d'une théologie politique: Carl Schmitt», *Revue de Métaphysique et de Morale*, 2 (1995), pp. 201-220; J.-F. Kervégan, «Carl Schmitt and World Unity», p. 54; J.-W. Müller, *A Dangerous Mind. Carl Schmitt in Post-War European Thought*, New Haven y Londres: Yale University Press, 2003, pp. 202-206; Y.-Ch. Zarka, «Para una crítica de toda teología política», *Isegoría*, 39 (2008), pp. 27-47.

lósofo político requiere prestar atención a su contexto histórico, en el caso de Schmitt este requisito es aún más importante, porque se trata de un autor cuyos escritos responden constantemente a la situación política cambiante y extraordinariamente tensa y compleja de la Primera Guerra Mundial, la República de Weimar, el Tercer Reich, la Segunda Guerra Mundial y la Guerra Fría. Por este motivo, nuestra exposición seguirá un orden cronológico e intentará mostrar el contexto histórico, biográfico y teórico en el que se formularon las ideas schmittianas a lo largo de un periodo que abarca casi un siglo de historia de Alemania.

Una obra tan apegada a su contexto obliga a cualquier estudioso a preguntarse por su vigencia más allá de la época en la que fue elaborada, y por eso en la segunda parte del libro exponemos las ideas de algunos autores que recogen el pensamiento de Schmitt y, desde posiciones a veces más próximas y otras veces más distanciadas, lo preservan, revisan y actualizan. Hemos renunciado a ofrecer un estudio completo de la ya inabarcable recepción de Schmitt, puesto que una mínima pretensión de exhaustividad requeriría un libro entero[8]. En lugar de eso, en el capítulo octavo ofrecemos una breve panorámica de la influencia de Schmitt en el pensamiento contemporáneo, y a continuación señalamos algunas líneas de desarrollo que muestran hasta qué punto las ideas de Schmitt

8. Para hacerse una idea, véase por ejemplo la muy completa panorámica de A. de Benoist, *Carl Schmitt: internationale Bibliographie der Primär- und Sekundärliteratur*, Graz: Ares, 2010.

han mantenido su fecundidad durante las últimas décadas del siglo XX y las primeras del siglo XXI. Dado que la primera parte del libro se ocupa principalmente de las ideas políticas de Schmitt, también en la segunda parte nos ceñimos a cuestiones de teoría política, omitiendo otras líneas de recepción que merecerían más atención[9]. Nuestra selección de los temas y autores tratados en la segunda parte del libro es, pues, inevitablemente parcial, pero esperamos que permita al lector rastrear algunos de los itinerarios que el pensamiento schmittiano ha recorrido desde su época hasta la nuestra.

En el capítulo noveno comparamos las lecturas de Carl Schmitt desarrolladas durante la Guerra Fría por dos autores alemanes: el historiador Reinhart Koselleck y el filósofo Jürgen Habermas. Ambas lecturas son, como veremos, muy afines, pero al mismo tiempo resultan completamente opuestas en su orientación política y en su valoración de la democracia liberal. A continuación, en el décimo capítulo, nos ocupamos de la filósofa belga Chantal Mouffe y del italiano Giorgio Agamben, quienes se cuentan entre los autores que más decididamente han reivindicado la vigencia del pensamiento schmittiano desde una perspectiva política genéricamente progresista. Y el undécimo capítulo presenta las ideas de otros dos autores alemanes contemporáneos que nos permitirán contras-

---

9. Si se la compara con otros aspectos de la obra schmittiana, la interesante controversia entre Hans Blumenberg y Carl Schmitt en torno al concepto de secularización permanece relativamente desatendida en la bibliografía especializada. Cf. H. Blumenberg, C. Schmitt, *Briefwechsel 1971-1978 und weitere Materialien*; epílogo de Alexander Schmitz y Marcel Lepper, Berlín: Suhrkamp, 2021.

tar la actualidad de las tesis de Schmitt acerca de la guerra: el politólogo Herfried Münkler y el ensayista Hans Magnus Enzensberger. Un hilo conductor enlaza implícitamente los tres itinerarios que recorremos en esos capítulos finales del libro: la cuestión del liberalismo político, es decir, la cuestión de en qué consiste la concepción liberal de la política, del Estado y de las relaciones internacionales. La controversia implícita entre Koselleck y Habermas se articula en torno a esa cuestión, que se plantea de nuevo, aunque de otro modo, cuando se constata la ambigüedad política de teóricos posliberales como Mouffe o Agamben, y que también es relevante en relación con el fenómeno de la guerra, puesto que Schmitt siempre sostuvo que la juridificación liberal de las relaciones internacionales propiciaría el estallido de conflictos bélicos más numerosos y violentos. La posición que se adopte hacia el liberalismo político es, pues, crucial en la recepción de Carl Schmitt, como lo era ya para el propio Schmitt en su propio contexto histórico. Y la crítica del liberalismo es también la dimensión más actual de su pensamiento, tras la desaparición de la Unión Soviética y el final de la Guerra Fría. Por eso en el capítulo de conclusiones finales volveremos nuevamente sobre la relación de Schmitt con el liberalismo político.

Ciertamente, ningún filósofo político del siglo xx es tan polémico como Carl Schmitt, y cualquier estudio de su obra debe tener esto muy presente. Este autor requiere una lectura distanciada y matizada, porque sus ideas –como resumió Hasso Hofmann, uno de sus intérpretes más autorizados– «desfiguran la realidad tanto como la iluminan»[10]. La lucidez y la ceguera se entremezclan constantemente en la obra schmittiana. Por eso, si se nos permite recurrir a una imagen kantiana ya un poco manida, diremos que, en relación con Carl Schmitt, la fascinación acrítica es ciega, pero el rechazo incondicional es vacío. Por nuestra parte intentaremos evitar ambos extremos, que consideramos igualmente erróneos.

***

Agradezco a Pilar Salomón Chéliz y a Ángel Daniel Oliver Lalana sus atinadas observaciones históricas, precisiones terminológicas y recomendaciones bibliográficas. Y a Luis Arenas Llopis y David Hereza Modrego, que leyeron el manuscrito de este libro, les agradezco –como siempre– sus muy interesantes comentarios y sugerencias.

---

10. H. Hofmann, *Legitimität gegen Legalität*, Berlín: Duncker & Humblot, 1992, p. XLVI.

Primera parte
Lucidez y ceguera

1. Carl Schmitt en la Alemania guillermina

Carl Schmitt nació el 11 de julio de 1888 en Plettenberg, una pequeña ciudad del oeste de Alemania que entonces formaba parte de Prusia y que hoy pertenece al *Land* de Renania del Norte-Westfalia. Su extracción social era modesta. Su padre, Johann Schmitt, trabajó sucesivamente como cartero y empleado del ferrocarril antes de asentarse como empleado en una fábrica de tornillos de la ciudad. Su madre, Louise Steinlein, procedía de Tréveris, hablaba francés y tenía parientes franceses en la región de Lorena, anexionada por Prusia tras la guerra de 1870-1871. Carl Schmitt era el mayor de cuatro hermanos –dos mujeres y un varón–, y tenía también un hermanastro, fruto del primer matrimonio de su padre, que enviudó en 1882. La familia era católica, una religión minoritaria y marginada en Prusia desde que, en la década de 1870, el canciller Otto von Bismarck emprendiera lo que se conoció como «guerra cultural» *(Kulturkampf)* contra el catolicismo, que consistió en un conjunto de medidas legislativas cuyo objetivo era reducir la influencia en Alemania de la Iglesia católica y de su brazo político, el partido Zentrum.

En las circunstancias de la época, era difícil que un joven nacido en aquel entorno social hiciese una carrera profesional brillante. Carl Schmitt lo logró, aunque no lo tuvo fácil. Pero seguramente aquellas condiciones de partida, no muy ventajosas, contribuyeron de algún modo a configurar su peculiar carácter personal e intelectual. Schmitt fue un hombre ambicioso, pero de origen humilde, en una sociedad rígidamente estratificada; fue un católico procedente de una región mayoritariamente protestante; y por parte materna tenía ascendencia francesa –y, por tanto, latina– en un contexto tan fervorosamente nacionalista como la Alemania guillermina. Se definió a sí mismo en una ocasión como un «mirlo blanco», es decir: como una *rara avis* o un perro verde[1]. Esta descripción es quizás autocomplaciente, pero no inexacta.

Tras recibir su primera instrucción en una escuela católica y cursar posteriormente sus estudios de enseñanza secundaria en el instituto de una localidad cercana a Plettenberg, en 1907 Schmitt se trasladó a Berlín para estudiar en la universidad, una opción poco frecuente en personas de su clase social. Su primera intención era estudiar filología, pero en el último momento recordó el consejo de un tío suyo, rico y triunfador, que le había

---

1. Cf. R. Mehring, *Carl Schmitt. Aufstieg und Fall*, Múnich: Beck, 2022, p. 13.

advertido contra los estudios universitarios inútiles y poco prestigiosos, y se matriculó en la carrera de Derecho[2]. Schmitt tomó aquella decisión porque aspiraba a ascender socialmente, un objetivo que, seguramente con razón, le parecía más asequible como jurista que como filólogo. Pero la flamante Universidad de Berlín le decepcionó enseguida, como explicaría él mismo en un curioso escrito autobiográfico titulado *Berlín, 1907*, redactado cuatro décadas más tarde y publicado póstumamente[3]. Lo que encontró en aquellas aulas ese joven católico, pobre y provinciano fue un narcisismo exacerbado, una exaltación del Yo que a Schmitt le parecía muy arraigada en la cultura alemana desde la época del Romanticismo y del idealismo alemán –pensemos en el subjetivismo hiperbólico de Fichte–, y que provocó en él un rechazo inmediato. En su evocación de aquel primer curso universitario en Berlín, Schmitt ofrece un retrato despiadado de dos de sus profesores: el jurista Josef Kohler y el prestigioso helenista Ulrich von Willamowitz-Moellendorff, quien algunos años antes había protagonizado una conocida polémica filológica con Nietzsche. El primero de aquellos dos catedráticos le pareció a Schmitt un charlatán, y en

---

2. Lo cuenta el propio Carl Schmitt en una entrevista de 1971, publicada más adelante en F. Hertweck y D. Kisoudis (eds.), *«Solange das Imperium da ist»*. *Carl Schmitt im Gespräch 1971*, Berlín: Duncker & Humblot, 2010, p. 54.
3. C. Schmitt, «Berlín, 1907», *Res Publica. Revista de Historia de las Ideas Políticas*, vol. 19, n.º 1 (2016), pp. 335-342. Este escrito fue redactado en la época en la que Schmitt escribió *Ex captivitate salus*. Sobre los detalles de su redacción, cf. K. Laverna Biescas, «"Berlín, 1907". La reconstrucción de un recuerdo de juventud de Carl Schmitt», *Res Publica. Revista de Historia de las Ideas Políticas*, vol. 19, n.º 1 (2016), pp. 309-334.

el segundo percibía una retórica «vacía y enmascarada»[4], poco más que una pose: «todo se convertía en una representación teatral. [...] También este distinguido hombre [Willamowitz] se alzaba sobre su escenario y se producía a sí mismo y a su Yo»[5]. Estos recuerdos de juventud son interesantes más allá de lo anecdótico. Nos proporcionan algunas claves para comprender la formación del pensamiento político de Schmitt: el individualismo que contaminaba aquella universidad berlinesa le parecía muy característico del Romanticismo y del liberalismo del siglo XIX, y si la filosofía política romántica será el tema de su primer gran libro –*Romanticismo político*, publicado en 1919–, contra el liberalismo dirigirá Schmitt toda su energía intelectual a lo largo de toda su vida.

Aunque no tenía las mejores bazas para adaptarse a aquel ambiente, el joven Schmitt supo hacer de la necesidad virtud. Él mismo lo explica en un pasaje interesante:

Yo era un joven oscuro de origen humilde. Ni la clase dominante ni las fuerzas de la oposición me habían seducido. No me afilié a ninguna asociación estudiantil, a ningún partido político ni a ningún círculo, y tampoco fui cortejado por nadie. La pobreza y la modestia eran los ángeles protectores que me mantenían en la oscuridad. [...] Esto significa que, estando totalmente a oscuras, yo miraba desde la oscuridad a un espacio totalmente iluminado. Para un espectador y observador esta es la mejor posición. Los actores en el espacio

4. C. Schmitt, «Berlín, 1907», p. 340.
5. *Ibid.*, p. 339.

totalmente iluminado no me obligaban a hacer nada. Ellos
tenían en mente a otros espectadores muy distintos de mí,
y por tanto, frente a mi persona, se comportaban tal como
eran. [...] Estar en la oscuridad suponía una ventaja[6].

Estas líneas revelan otra característica constante de la
personalidad de Schmitt: la sensación de ser un *outsider*,
una figura marginal, un advenedizo a quien las élites sociales o políticas no aceptan del todo. Schmitt nunca se
liberó completamente de esa sensación, ni siquiera durante los últimos años de la República de Weimar y los
primeros del Tercer Reich, cuando se encontraba en la
cima de su carrera académica[7]. Por otro lado, supo aprovechar más tarde esa imagen de marginado. Recurrió a ella
ante las autoridades aliadas que le investigaron tras la Segunda Guerra Mundial por su implicación en el régimen
nazi, y fue un ingrediente de cierta aura de malditismo
que Schmitt cultivó durante los años de posguerra, y sin
la cual no se explicaría la gran influencia –a menudo so-
terrada o inconfesada– que logró ejercer sobre muchos
jóvenes intelectuales alemanes[8].

En aquella época los estudiantes alemanes cambiaban
con frecuencia de universidad y de ciudad, y en los cur-
sos siguientes Schmitt se trasladó a Múnich, y posteriormente a Estrasburgo, ciudad que formaba parte del Reich

6. *Ibid.*, p. 341. Cf. P. Noack, *Carl Schmitt. Eine Biographie*, Frankfurt/M.: Propyläen, 1993, p. 21; G. Balakrishnan, *The Enemy. An Intellectual Portrait of Carl
Schmitt*, Londres: Verso, 2000, p. 13.
7. Cf. H. Quaritsch, *Positionen und Begriffe Carl Schmitts*, p. 111.
8. Cf. J.-W. Müller, *A Dangerous Mind*, *op. cit.*

alemán desde el final de la guerra franco-prusiana, y en la que se graduaría en Derecho en 1910. Fue la Facultad de Derecho de la Universidad de Estrasburgo la que más influyó en su formación como jurista. Predominaba allí una filosofía del derecho contraria al positivismo jurídico, y esto resultó determinante para orientar su pensamiento en la dirección que tomaría en los años siguientes.

En las universidades alemanas de finales del siglo XIX y principios del XX, el positivismo jurídico adquiría cada vez más influencia en detrimento de otras corrientes de pensamiento como el historicismo, el iusnaturalismo o las teorías del «derecho racional» *(Vernunftrecht)*[9]. Estas corrientes tenían en común la pretensión de fundamentar la validez de las leyes en su correspondencia con algún presunto orden normativo extrajurídico, es decir: no creado por las instituciones legislativas. Esas normas extrajurídicas podían concebirse como expresión de la voluntad de Dios –como hacía la tradición iusnaturalista que se remontaba a la Edad Media–, o consistir en algún conjunto de principios racionales supuestamente autoevidentes, o interpretarse como el sedimento anónimo del desarrollo cultural e histórico de un «pueblo», como pretendían los filósofos de la escuela historicista. Contra todos esos enfoques, el positivismo reducía el derecho a una creación de las instituciones legislativas del Estado y lo concebía, además, como un conjunto normativo au-

9. Para lo que sigue, cf. G. Balakrishnan, *The Enemy*, p. 13; J. Bendersky, *Carl Schmitt*, pp. 9-11; H. Hofmann, *Legalität gegen Legitimität*, pp. 17 y sigs.; B. Rüthers, *Rechtstheorie*, Múnich: Beck, 2008, cap. 3.

tosuficiente, cerrado sobre sí mismo, que no necesitaba fundamentar su validez en normas extrajurídicas religiosas, racionales o históricas. En el fondo, para el positivismo jurídico la pregunta por el fundamento de la validez de las leyes era irrelevante, puesto que dicha validez se derivaba simplemente del hecho de que habían sido establecidas por el legislador. En ese sentido, el positivismo reconocía a «lo fáctico» una «fuerza normativa», por emplear una conocida expresión acuñada por el jurista Georg Jellinek[10].

Pues bien, en la universidad de Estrasburgo en la que se formó Schmitt predominaba una filosofía del derecho de inspiración neokantiana y opuesta a los postulados positivistas. Y en ese contexto teórico se inscriben los primeros trabajos científicos de nuestro autor: su tesis doctoral *Sobre la culpa y los tipos de culpa*, defendida en 1910, y los ensayos *Ley y juicio* (1912) y *El valor del Estado y el significado del individuo*, que se publicó en 1914 y que permitiría a Schmitt obtener su habilitación como profesor universitario en 1916[11]. Este trabajo académico merece nuestra atención, porque en él encontramos ya, en estado embrionario, varios elementos importantes del pensamiento schmittiano posterior. Veámoslo.

10. Cf. H. Hofmann, *Legitimität gegen Legalität*, p. 18; J.-F. Kervégan, *Hegel, Carl Schmitt. Lo político: entre especulación y positividad*, Madrid: Escolar y Mayo, 2007, p. 32.
11. Para acceder a una carrera académica, la universidad alemana impone la obligación de desarrollar, tras la tesis doctoral, un segundo trabajo de investigación denominado «tesis de habilitación». *El valor del Estado y el significado del individuo* fue la tesis de habilitación que Schmitt defendió en la Universidad de Estrasburgo en 1916.

Una filosofía antiindividualista del derecho, una filosofía antiliberal del Estado

En su escrito de habilitación, Schmitt analiza la relación entre «Derecho, Estado e individuo»[12] y sostiene que, en la tríada que forman estos conceptos, la posición más importante no corresponde al individuo ni al Estado, sino al Derecho. Pero este argumento no debe interpretarse como un mero análisis conceptual, sino que tiene también implicaciones políticas que Schmitt adelanta ya en la introducción: «ni el Derecho ni el Estado finalizan en el individuo»[13]. Dicho de otro modo: contra lo que sostiene la tradición del pensamiento político liberal, a la que un joven Carl Schmitt se enfrenta ya en este escrito, el individuo *no* es la instancia de cuya protección depende la validez del derecho o la legitimidad del Estado.

La argumentación de Schmitt puede parecer sorprendente en un autor a quien a menudo se presenta como un teórico «realista» del derecho y la política, y cuyo nombre se asocia a una metodología desenmascaradora que tiende a reducir el derecho a la plasmación normativa de meras relaciones de poder. Lo cierto es que *El valor del Estado y el significado del individuo* comienza refutando precisamente ese enfoque, que Schmitt denomina «teoría del poder», y según el cual «el derecho [...] es el resultado de determinada distribución de fuerzas so-

---

12. C. Schmitt, *El valor del Estado y el significado del individuo*, Madrid: Centro de Estudios Políticos y Constitucionales, 2011, p. 4.
13. *Ibid.*, p. 10.

ciales»[14]. Y conviene observar que esa «teoría del poder», que Schmitt critica, mantiene cierta afinidad con el positivismo jurídico, puesto que este –como ya hemos mencionado– concibe el derecho como una creación de las instituciones legislativas y, por tanto, como la institucionalización normativa de relaciones de poder social fáctico. Schmitt rechaza esta concepción con el argumento de que, más allá de su vigencia fáctica, el derecho tiene siempre una pretensión de validez basada en «razones»[15]. Sin esa dimensión de validez, que queda completamente omitida en la «teoría del poder» y en el positivismo jurídico, resultaría imposible distinguir el derecho de cualquier forma de coacción que alguien ejerce sobre algún otro. Para el Schmitt de 1914, el derecho nunca es *solo* poder, sino que es un poder que pretende estar justificado de alguna forma: «La teoría que explica el Derecho por hechos, tarde o temprano acaba por llegar a un punto en que tendrá que distinguir un poder que es capaz de convertirse en Derecho y otro que no lo es. [...] "Capaz" no significa aquí otra cosa que "digno"»[16].

Esta crítica de la concepción del derecho como mero poder fáctico conduce a Schmitt a revisar también la relación del derecho con el Estado. Para Schmitt, el Estado se define como tal a partir del derecho, y no al revés. Es decir: el derecho no es simplemente una creación del Estado, sino que un Estado solo lo es –en lugar de ser, pon-

14. *Ibid.*, p. 13.
15. *Ibid.*, p. 37.
16. *Ibid.*, p. 22.

gamos por caso, «una banda de ladrones», por emplear la expresión agustiniana[17]– en la medida en que sus instituciones quedan enmarcadas en alguna forma de legalidad que, por hipótesis, tiene que ser independiente y anterior a ellas. «No está el Derecho en el Estado, sino el Estado en el Derecho», escribe Schmitt[18]. Esto es precisamente lo que indica el propio término de «Estado de derecho» –en alemán *Rechtsstaat*–, muy apreciado por los filósofos políticos liberales y por los positivistas jurídicos, pese a que esta concepción del Estado hace prevalecer el derecho sobre el Estado, y en el fondo contradice la concepción iuspositivista del derecho como mera creación de las instituciones estatales. Como veremos más adelante, esta idea tendrá su importancia muchos años después, cuando Schmitt descubra que la característica que define el totalitarismo es precisamente la destrucción, a manos de un partido o un «movimiento», del principio de legalidad que define al Estado.

Tal vez esperaríamos que la lógica de estos argumentos contra la teoría del poder y contra el positivismo jurídico condujese a Schmitt hacia alguna variante del iusnaturalismo o de las teorías del «derecho racional», puesto que también para Schmitt la validez del derecho y la legitimidad del Estado parecen depender de que las leyes se ajusten a un orden normativo que no ha sido creado

---

17. Agustín de Hipona, *La ciudad de Dios*, libro IV, capítulo IV: «Si de los Gobiernos quitamos la justicia, ¿en qué se convierten sino en bandas de ladrones a gran escala?», Madrid: BAC, 1988, vol. 1, p. 228.

18. C. Schmitt, *El valor del Estado y el significado del individuo*, p. 35.

por las instituciones estatales. No en vano algún pasaje de este ensayo parece apuntar hacia el iusnaturalismo católico, el cual «introduce entre Derecho y Estado una instancia para proteger al derecho del poder»[19]. Pero Schmitt no quiere escapar a la «teoría del poder» arrojándose en brazos del iusnaturalismo, y por eso esboza una concepción del derecho que se aproxima bastante al orden normativo autosuficiente postulado por los positivistas. Es tanta la proximidad con el positivismo, que en un pasaje insólito Schmitt menciona «los meritorios e importantes trabajos de Kelsen»[20], el gran filósofo iuspositivista que, en las décadas siguientes, será uno de sus principales y más constantes referentes polémicos. La filosofía del derecho esbozada en este escrito temprano permanece, pues, indeterminada, y el propio Schmitt parece ser consciente de esta indeterminación cuando resume la concepción del derecho que vertebra su estudio con la paradójica fórmula de «un derecho natural sin naturalismo»[21].

Pero lo más interesante de este tratado de Schmitt no está en su todavía indefinida filosofía del derecho, sino más bien en su significado político, que queda de manifiesto cuando el texto aborda el tercero de los elementos de la

19. *Ibid.*, p. 58.
20. *Ibid.*, p. 54.
21. *Ibid.*, p. 53. J. Benderksy, *Carl Schmitt*, p. 10, relaciona la posición de Schmitt con la filosofía neokantiana del derecho, representada por autores como Rudolf Stammler. De manera similar interpreta la posición de Schmitt H. Hofmann (*Legitimität gegen Legalität*, pp. 25 y sigs.). En cambio, G. Balakrishnan, *The Enemy*, p. 15, percibe en el escrito de habilitación de Schmitt «cierta simpatía por el derecho natural neotomista», es decir, católico. Esta diversidad de interpretaciones confirma que la posición de Schmitt permanece todavía indefinida en este escrito.

tríada conceptual presentada en la introducción: el individuo. Schmitt se opone aquí expresamente a la teoría política liberal que atribuye al Estado la función de proteger los intereses y derechos de los individuos, y argumenta que la instancia a la que debe servir el Estado no es el individuo, sino precisamente el Derecho[22]. Desde una perspectiva liberal e individualista –más propia de nuestro tiempo que de la Alemania guillermina–, uno se pregunta en qué puede consistir ese Derecho (con mayúscula) que el Estado debe servir y proteger si no se corresponde con los derechos (con minúscula) de alguien, es decir, de algún individuo. Pero cierta mentalidad antiliberal y autoritaria, muy propia de la época, se refleja en muchos pasajes en los que Schmitt rechaza la idea de que el individuo tiene derechos que el Estado debe garantizar si pretende ser legítimo. Schmitt reduce esta idea a mera fraseología liberal, y en cambio invoca la filosofía política de Hegel o de Platón para afirmar de nuevo el primado del Derecho, pero esta vez no ya sobre el Estado, sino sobre el individuo. En efecto, el individuo «empírico», el individuo en cuanto tal, no tiene por sí mismo «ningún valor ni ninguna significación»[23], y no debe ser objeto preferente de la protección del Estado. La dignidad del individuo «depende exclusivamente de su entrega al Estado», de «la identificación con su deber»[24], y se funda en su sometimiento «al ritmo supraindividual de

---

22. C. Schmitt, *El valor del Estado y el significado del individuo*, p. 60.
23. *Ibid.*, p. 74.
24. *Ibid.*, p. 64, p. 63.

una legalidad»[25]. Los rasgos antiliberales de esta filosofía autoritaria y un tanto funcionarial –en la *República* platónica, recuerda Schmitt, «todos son funcionarios»[26]– conducen también a una crítica de la democracia, un sistema político que pretende erigir la voluntad de los individuos particulares (o «empíricos») en la única fuente válida de las leyes. La mera voluntad de los particulares no puede aspirar a esa dignidad. «Si solo es digna de respeto la voluntad razonable –argumenta un joven Schmitt ya antidemócrata–, decide la razón y no la voluntad»[27].

Hay muchas incertidumbres en este escrito de habilitación. Schmitt resolverá algunas de ellas más tarde, cuando desarrolle su teoría decisionista del derecho y del Estado. No obstante, el tratado es importante porque muestra algunos elementos del pensamiento schmittiano que parecen estar ya bastante definidos en fecha tan temprana como 1914: el rechazo del individualismo, la orientación política antiliberal y antidemocrática, la admiración autoritaria del Estado. Hay que insistir en que estas ideas reflejan la mentalidad predominante en Alemania en vísperas de la Primera Guerra Mundial, especialmente en el *milieu* social y académico al que pertenecía Carl Schmitt. Y trazan una orientación teórica que Schmitt ya no abandonará nunca.

25. *Ibid.*, p. 65.
26. *Ibid.*, p. 64.
27. *Ibid.*, p. 74.

La Primera Guerra Mundial: entre la bohemia y la administración militar

Schmitt se alistó en el ejército en febrero de 1915, meses después del estallido de la Primera Guerra Mundial y tras superar el último examen de Estado que le habilitaba oficialmente para ejercer la profesión jurídica. Pero debido a ciertos problemas de salud, no fue enviado al frente, sino destinado a las oficinas del ejército en Múnich, y en concreto a un departamento que se ocupaba de la administración de la ley marcial. En aquel cargo tuvo ocasión de familiarizarse con algunos aspectos jurídicos de la administración militar que están en el origen de sus teorías posteriores sobre la dictadura y el estado de excepción, pero Múnich fue también el escenario en el que pudo cultivar otras facetas de su personalidad. Schmitt era entonces una figura paradójica, que Gopal Balakrishnan ha caracterizado como «un funcionario militar semibohemio, católico y antimoderno»[28]. Un joven jurista católico y conservador que trabajaba para el ejército, pero que también frecuentaba los cafés de la ciudad y se relacionaba con poetas, artistas y literatos.

En aquel ambiente conoció a la bailarina serbia Paula Dorotić, con quien contrajo matrimonio en 1915. Aquella fue una relación tormentosa, que no encaja del todo con la imagen de alguien como Schmitt, un hombre siempre preocupado por la respetabilidad burguesa y el as-

---

28. G. Balakrishnan, *The Enemy*, p. 17.

censo social[29]. En cualquier caso, la relación no duró mucho, aunque no terminó bien. Paula Dorotić abandonó a Schmitt –o más bien se esfumó, llevándose libros y muebles valiosos[30]–, pero el matrimonio no se disolvió oficialmente hasta 1924. Dorotić pretendía tener un origen aristocrático, y esto halagaba a Schmitt, que incluso firmaba sus publicaciones de aquellos años como «Carl Schmitt-Dorotić». Pero algún tiempo después, Schmitt descubrió que su mujer le había engañado en lo tocante a su ascendencia aristocrática, y adujo ese engaño como motivo de divorcio. Intentó obtener también la nulidad matrimonial eclesiástica, pero no lo consiguió. Durante la tramitación de su divorcio conoció a quien sería su segunda esposa, la también serbia Duska Todorović, que ayudó a Schmitt como traductora de algunos documentos. La pareja se casó en 1926, y en 1931 nació Anima, la única hija del matrimonio. Duska Schmitt, que siempre tuvo mala salud, fallecería prematuramente de cáncer en 1950, a la edad de cuarenta y siete años.

Carl Schmitt nunca fue, pues, una figura monolítica ni en lo personal ni en lo intelectual, y así como existe una curiosa tensión entre el amante bohemio de bailarinas serbias y el funcionario militar conservador y católico, así

29. No obstante, la relación con Paula Dorotić resulta menos sorprendente cuando se conoce la turbulenta vida sentimental y sexual de Carl Schmitt, sobre todo durante su juventud. Quien tenga interés, puede hallar todo tipo de detalles picantes, incluso rebajándose al nivel del cotilleo, en la imprescindible pero también excesiva, deslavazada y un tanto inmanejable biografía de R. Mehring, *Carl Schmitt, op. cit.*
30. Cf. H. Quaritsch, *Positionen und Begriffe Carl Schmitts*, p. 33; R. Mehring, *Carl Schmitt*, pp. 57 y sigs.

también encontramos un interesante desajuste entre su posición social y su diagnóstico de la época. Por su origen social, por sus convicciones políticas e incluso por su empleo, se esperaría que alguien como Schmitt profesase durante aquellos años un belicismo entusiasta y un nacionalismo granítico, es decir: que se comprometiese con el ideario que en Alemania se dio en llamar las «ideas de 1914»[31], y que interpretaba la Primera Guerra Mundial como una gigantomaquia de dos visiones del mundo: la «civilización» francesa e inglesa, superficial, materialista, liberal, democrática y heredera de la Ilustración, y la «cultura» alemana, más espiritual y profunda, inspirada en el Romanticismo y orientada hacia una concepción de la sociedad más comunitarista, autoritaria y jerárquica. Las «ideas de 1914» recubrían el nacionalismo alemán con un barniz de filosofía de la historia que lo hacía especialmente atractivo para los intelectuales, como muestran ejemplarmente las *Consideraciones de un apolítico*, libro publicado por Thomas Mann en 1918. Pocos años después, Mann abjuraría del ideario expuesto en aquel libro y abrazaría la causa de la democracia liberal y de la República de Weimar[32], pero durante la guerra es-

31. Cf. R. Rotte, «Die "Ideen von 1914": weltanschauliche Probleme des europäischen Friedens während der "ersten Globalisierung"», *Schriftenreihe Studien zur Geschichtsforschung der Neuzeit*, vol. 22, Hamburgo: Kovač, 2001; S. Bruendel, *Volksgemeinschaft oder Volksstaat: die «Ideen von 1914» und die Neuordnung Deutschlands im Ersten Weltkrieg*, Berlín: Akademie Verlag, 2003.
32. Cf. la conferencia de 1922 titulada «Von Deutscher Republik», en: Th. Mann, *Von Deutscher Republik: politische Schriften und Reden in Deutschland*, Frankfurt: Fischer, 1984, pp. 118-158.

cribió exaltadas páginas de orgullo patriótico como el que hallamos en este pasaje:

> El espíritu *no* es política [...]. La diferencia entre espíritu y política contiene la diferencia entre cultura y civilización, entre alma y sociedad, entre libertad y derecho al voto, entre arte y literatura; y el carácter alemán es cultura, alma, libertad, arte, y *no* civilización, sociedad, derecho al voto y literatura. [...] El espíritu político como ilustración democrática y «civilización humana» no es solo psíquicamente antialemán; necesariamente también es antialemán desde el punto de vista político, doquiera impere. [...] La guerra mundial [es] la guerra de la «civilización» contra Alemania[33].

Aquel chovinismo no era exclusivo del bando alemán, puesto que un filósofo como Henri Bergson interpretaba la guerra de un modo no muy distinto a Thomas Mann, solo que, naturalmente, para Bergson era Francia la nación que encarnaba la causa civilizatoria correcta[34]. Pero Carl Schmitt ofrece aquí un perfil inesperado[35]. Compartía algunas de las ideas de 1914, pero no todas, y quizás ni siquiera las más características. Al igual que otros conservadores alemanes, Schmitt despreciaba el individualismo, el liberalismo y la democracia, todas esas «ideas moder-

---

33. Th. Mann, *Consideraciones de un apolítico*, Madrid: Capitán Swing, 2011, pp. 46-47.
34. Cf. P. Trotignon, «Bergson et la propagande de guerre», en: J. Quillien (ed.), *La réception de la philosophie allemande en France aux XIXᵉ et XXᵉ siècles*, Lille: Presses Universitaires du Septentrion, 1994, pp. 207-215.
35. Cf. H. Quaritsch, *Positionen und Begriffe Carl Schmitts*, pp. 56 y sigs.

nas» –como las denominaba Nietzsche[36]– que muchos intelectuales alemanes consideraban como el bagaje cultural del invasor francés desde los tiempos de las guerras napoleónicas[37]. Pero no hallamos en sus escritos de aquellos años una exaltación de la causa bélica alemana, ni una defensa de la superioridad de la cultura alemana frente a la civilización francesa o inglesa. Probablemente esto se debe a su frecuentación de los círculos artísticos y literarios más vanguardistas de su tiempo, que apartaron a Schmitt del nacionalismo belicista típicamente guillermino y lo condujeron a buscar otras fuentes para comprender y diagnosticar los males de su época.

Quizás la más importante de todas era, en aquel momento, la obra del poeta expresionista Theodor Däubler, con quien Schmitt trabó amistad en aquellos años, y que fue uno de los autores a los que regresaría asiduamente a lo largo de toda su vida[38]. Däubler es hoy un autor muy olvidado, y lo que quizás lo ha salvado de caer en un olvido completo es el ensayo entusiasta que Schmitt le dedicó en 1916, titulado La «*Aurora boreal*» *de Theodor Däubler*[39]. Schmitt ofrece una interpretación de la obra

36. Cf. por ejemplo F. Nietzsche, *Más allá del bien y del mal*, Madrid: Alianza Editorial, 2012, p. 275.
37. Un documento interesante en este sentido son los *Discursos a la nación alemana* pronunciados por J. G. Fichte en 1808. Cf. J. G. Fichte, *Discursos a la nación alemana*, Madrid: Tecnos, 1988. Cf. sobre esto J. L. López de Lizaga, «Ciudadanía e identidad nacional», en: R. Lorenzo y R. Benedicto (coords.), *Educación cívica: democracia y cuestiones de género*, Barcelona: Icaria, 2010.
38. Däubler está muy presente, por ejemplo, en el diario intelectual que Schmitt escribió entre 1947 y 1958. Cf. C. Schmitt, *Glossarium*, Sevilla: El Paseo, 2021.
39. C. Schmitt, *Theodor Däublers «Nordlicht»*, Berlín: Duncker & Humblot, 1991.

homónima de Däubler, un ambiciosísimo poema épico de treinta mil versos, varios volúmenes y escaso eco, en el que se representa la historia de la humanidad como un desplazamiento desde Oriente hacia el Norte, hasta alcanzar la región ártica en la que aparece la aurora boreal como símbolo del encuentro del ser humano con lo espiritual. Con una exaltación tal vez digna de mejores causas literarias, Schmitt equipara la calidad épica del poema de Däubler con la de los libretos de Richard Wagner, sostiene que su profundidad filosófica solo puede medirse con la de Hegel y afirma que, «más que el libro de la época, [...] es el libro del eón»[40]. Pero lo más interesante del ensayo no son estos elogios, sino el capítulo en el que Schmitt resume la visión del mundo moderno de Däubler, que en realidad es, más bien, la suya propia[41].

Para el católico Schmitt, la característica más importante de la época moderna –un tiempo de guerra, en el cual

40. *Ibid.*, p. 64.
41. Andreas Höfele señala que la lectura schmittiana del poema de Däubler sobredimensiona sus elementos religiosos, como el mismo Schmitt advertirá, años después, en *Ex captivitate salus*. Cf. A. Höfele, «Carl Schmitt und der Nordlicht-Mythos Theodor Däublers», en: D. Graziadei *et al.* (eds.), *Mythos, Paradies, Translation: Kulturwissenschaftliche Perspektiven*, Bielefeld: Transcript, 2018, pp. 109-121. Sobre la interpretación schmittiana de Däubler en 1916 y su revisión posterior, cf. también L. Jiang, *Carl Schmitt als Literaturkritiker: eine metakritische Untersuchung*, Viena: Praesens Verlag, 2016, pp. 39-80. Paul Noack (*Carl Schmitt*, pp. 23-30) destaca la importancia del ensayo sobre Däubler para comprender los elementos de la crítica de Schmitt a la Modernidad, y no únicamente durante sus años de formación. Una opinión similar expresa E. Kennedy, «Politischer Expressionismus: die kulturkritischen und metaphysischen Ursprünge des Begriffs des Politischen von Carl Schmitt», en: H. Quaritsch (ed.), *Complexio oppositorum*, Berlín: Duncker & Humblot, 1988, p. 234. Por su parte, H. Meier (*Die Lehre Carl Schmitts*, pp. 13-47) encuentra en el ensayo sobre Däubler las claves del proyecto teológico-político antimoderno que define la obra de Schmitt en su totalidad.

«el mundo europeo se despedaza a sí mismo»[42]– es eso que, empleando el término de Max Weber, podemos denominar el «desencantamiento del mundo». Los hombres ya no admiten «un Dios del amor y de la gracia»; las cosas «últimas y más importantes han sido secularizadas»[43]. El mundo del que se ha retirado lo sagrado queda reducido a mera naturaleza objetivada, disponible para el conocimiento científico, el control técnico y la explotación económica: «el objetivo [del entendimiento] es conocer la Tierra para dominarla. El oro se convierte en dinero, y el dinero en capital»[44]. La fe en la providencia se esfuma, y en su lugar se abre paso el megalómano sueño antropocéntrico de una planificación social total, de un dominio completo de lo real por la voluntad humana. Sobre este trasfondo cultural, el derecho se reduce a poder, las relaciones sociales quedan mediadas por el dinero e incluso la noción de verdad desaparece, puesto que ya solo rigen la eficacia y la utilidad como criterios de validez de las ideas:

Esta época se ha designado a sí misma como la época capitalista, mecanicista, relativista; como la época del tráfico, de la técnica, de la organización. De hecho parece estar bajo el signo del «funcionamiento» *[Betrieb]* en cuanto medio que funciona formidablemente bien para el logro de cualquier fin mísero o absurdo, y que implica un primado universal

42. C. Schmitt, *Theodor Däublers «Nordlicht»*, p. 59.
43. *Ibid.*, p. 60.
44. *Ibid.*, pp. 66-67.

de los medios sobre los fines. Este funcionamiento anula hasta tal punto al individuo, que este ni siquiera siente su anulación [...] y solo exige que todo se desarrolle suavemente y sin fricciones innecesarias.

El ensayo sobre Däubler ofrece, pues, una imagen sombría de una época marcada por la ciencia y la técnica, el capitalismo y la secularización. Esta imagen tiene un profundo arraigo en la filosofía alemana desde Hegel y el Romanticismo, y en el siglo xx será desarrollada, con muy diversas modulaciones, por autores como Max Weber, Martin Heidegger o los miembros de la Escuela de Frankfurt[45]. Las ideas de Schmitt no son, por tanto, demasiado originales, pero lo interesante es su desajuste con el ideario patriótico de 1914. El nacionalismo alemán está ausente de la interpretación schmittiana del poema de Däubler. La guerra que «despedaza» a Europa se interpreta como la consecuencia de una civilización científico-técnica desbocada, y no como un combate entre el Romanticismo germánico y la Ilustración inglesa o francesa. Por eso la solución que Schmitt (o Däubler) propone para los males de la épo-

---

45. Para un recorrido de esa línea de crítica de la Modernidad sigue siendo imprescindible el libro de J. Habermas, *El discurso filosófico de la modernidad*, Madrid: Taurus, 1989. Habermas apenas menciona a Schmitt en ese libro, pero Ellen Kennedy subraya la conexión del ensayo de Schmitt sobre Däubler con las ideas de la Escuela de Frankfurt en «Politischer Expressionismus: die kulturkritischen und metaphysischen Ursprünge des Begriffs des Politischen von Carl Schmitt», p. 243. Cf. también E. Kennedy, «Carl Schmitt and the Frankfurt School», *Telos: Critical Theory of the Contemporary*, 71 (1987), pp. 37-66. Sobre la relación de Schmitt con el expresionismo, cf. también E. Kennedy, *Carl Schmitt en la República de Weimar*, Madrid: Tecnos, 2012, p. 83.

ca tampoco parece depender del triunfo bélico de una determinada nación, sino más bien de la recuperación de una espiritualidad perdida, que en el poema de Däubler queda simbolizada por la misteriosa aurora boreal. La humanidad debería renunciar a sus sueños de omnipotencia y aprender que «lo último y lo decisivo no puede "hacerse"»; que no todo está en sus manos, por mucho que cuente con «la astuta técnica de la era mecanicista»[46]. Ni la aurora boreal ni el espíritu están a disposición de la voluntad. Más bien dependen de la gracia, y esta enseñanza es –según la lectura schmittiana de Däubler– la que espera a la humanidad al término de su periplo filosófico-histórico hacia las lejanas regiones árticas.

El perfil del joven Carl Schmitt combina, pues, elementos muy diversos: una concepción autoritaria del Estado, una crítica de la Modernidad que hunde sus raíces en el catolicismo y una personalidad un tanto bohemia y sentimental. El elemento más perturbador de esta combinación eran probablemente las pulsiones bohemias, y acaso Schmitt necesitaba embridarlas de algún modo[47]. Lo hizo a su manera: escribiendo un libro brillante con el cual se dio a conocer por primera vez a un público académico amplio. Ese libro es *Romanticismo político*, obra

---

46. C. Schmitt, *Theodor Däublers «Nordlicht»*, p. 56.
47. Sigo aquí a Balakrishnan (*The Enemy*, p. 17), quien interpreta *Romanticismo político* como una especie de autoexorcismo de las tendencias románticas del propio Schmitt. En cambio, no comparto su idea de que la orientación política del libro es difícil de determinar. A mi juicio, el libro de Schmitt concluye en un claro posicionamiento a favor de pensadores como Burke, Bonald o De Maistre, mucho más consecuentemente contrarrevolucionarios que los autores románticos que Schmitt estudia.

publicada en 1919 y que una vez más resulta desconcertante, porque Schmitt se permite atacar a una pieza tan preciada del patrimonio cultural alemán como era el movimiento romántico.

Romanticismo político

El punto de partida del ensayo de Schmitt sobre el Romanticismo es la notoria dificultad para definir esta corriente literaria y filosófica, debida a que las cosas y los acontecimientos más dispares pueden ser calificados de «románticos» y pueden servir para ejemplificar este movimiento[48]. Romántico es el buen salvaje rousseauniano, pero también «el noble jefe de bandoleros» de los dramas de Schiller[49]. Romántica es la Edad Media idealizada por el poeta Novalis, pero también lo es Lord Byron luchando por la libertad de Grecia, o las ruinas de Piranesi, o «el buen *mujik* ruso»[50]. Resulta imposible, pues, definir lo romántico a partir de un objeto, un periodo histórico o un conjunto de categorías estéticas, puesto que las cosas más diversas pueden causar un efecto romántico o «ser romantizadas», como pedía Novalis[51]. Ahora bien, preci-

---

48. Esa dificultad sigue sin resolverse un siglo después. Cf. M. Ferber, *Romanticism: A Very Short Introduction*, Oxford: Oxford University Press, 2010.
49. C. Schmitt, *Romanticismo político*, Quilmes: Universidad Nacional de Quilmes, 2000, p. 47.
50. *Ibid.*, p. 42.
51. «El mundo tiene que ser romantizado. Así se encontrará de nuevo el sentido originario. Romantizar no es más que una potenciación cualitativa». Fragmento

samente esta indefinición nos da la clave para comprender la esencia de lo romántico: si casi cualquier cosa puede resultar romántica, esto se debe a que el Romanticismo es fundamentalmente una «relación específica» con el mundo[52]. Romántica no es la realidad, sino cierta actitud hacia ella. Pero ¿en qué consiste el modo específicamente romántico de relacionarse con lo real, de mirar el mundo?

Para responder a esa pregunta, Schmitt rescata una vieja doctrina metafísica de la Edad Moderna: el *ocasionalismo*. Suele asociarse este término con la obra del filósofo y teólogo francés Nicolás Malebranche, quien propuso esta doctrina en el siglo XVII a fin de resolver el problema de la causación mental en el marco de la ontología dualista cartesiana. Recordemos brevemente los términos de este problema. Una vez que se admite la división cartesiana de la realidad en dos ámbitos separados por una cesura ontológica –la materia *(res extensa)* y los fenómenos mentales *(res cogitans)*–, resulta imposible explicar la interacción causal entre los fenómenos de ambos ámbitos. Descartes lega esta dificultad a toda la filosofía moderna, y Malebranche propone una solución ingeniosa: recurrir a la intervención divina. Aunque un abismo imposible de superar se abre entre, digamos, la decisión de mover mi brazo y el movimiento efectivo de este, Dios hace coincidir, oportuna e infaliblemente, ambos eventos. En sentido estricto no existen las conexiones causa-

de Novalis recogido en: K. Braun y M. A. Seijo, *Antología de los primeros años del romanticismo alemán*, Cáceres: Universidad de Extremadura, 1993, p. 209.
52. C. Schmitt, *Romanticismo político*, p. 47.

les entre los fenómenos, puesto que es Dios, y solo él, quien coordina unos con otros. Nada es *causa* de nada, pero todo evento es *ocasión* para una intervención divina que esta extraña metafísica postula como omnipresente.

Pues bien, según Schmitt, el Romanticismo hereda este ocasionalismo malebranchiano y hace de él la clave de la relación del sujeto con el mundo. Pero el siglo XIX es ya un contexto filosófico secularizado en el que la problemática metafísica y teológica de la filosofía moderna ha perdido relevancia, y por eso el Romanticismo reinterpreta el ocasionalismo reemplazando la intervención divina por la experiencia subjetiva. Los acontecimientos ya no son la ocasión para la acción de Dios, sino más bien para la *experiencia emocional* del sujeto romántico. De ahí la precisa definición schmittiana de este movimiento como «ocasionalismo subjetivizado»[53]. El sujeto romántico percibe todo objeto, todo episodio de su vida e incluso todo acontecimiento histórico como ocasión para una experiencia que ha de resultarle sugerente, interesante o evocadora. El Romanticismo es la actitud hacia lo real que convierte cualquier vivencia en «el comienzo de una novela infinita», como dijo Novalis[54]. Pero lo que más interesa a Carl Schmitt son las consecuencias políticas de este ocasionalismo, y su tesis es que, al basarse en una disposición incurablemente subjetivista e inequívocamente esteticista, el Romanticismo solo podía produ-

---

53. *Ibid.*, p. 58.
54. *Ibid.*, p. 137.

cir una actitud política frívola, oportunista y acomodaticia. Las dificultades para definir políticamente a los autores románticos, o los bandazos que dieron muchos de ellos, a veces en muy poco tiempo, desde posiciones revolucionarias hasta otras conservadoras o reaccionarias, son síntomas del oportunismo en que se concreta el ocasionalismo cuando se aplica a los acontecimientos históricos y a las decisiones políticas.

Schmitt encuentra una confirmación de esta tesis en las vidas y en los escritos de dos autores que el libro toma como paradigmas: Friedrich von Schlegel y, sobre todo, Adam Müller, una figura menor a quien Schmitt retrata como un mediocre escritor sin éxito y como un arribista, pero que precisamente por estas cualidades representa ejemplarmente las verdaderas implicaciones políticas de la mentalidad romántica. Müller se hizo un nombre no solo como teórico, sino también en el mundo de la política, evolucionando en ambos planos desde una posición revolucionaria y liberal hacia un pensamiento conservador, y finalmente reaccionario o neofeudal[55]. Su aportación teórica más destacada –aunque no enteramente original– fue una concepción orgánica del Estado, opuesta a las teorías contractualistas propias de la Ilustración, pero, según la despiadada semblanza que Schmitt hace de este autor, lo más interesante es que sus ideas políticas respondían exclusivamente a la oportunidad de cada momento: Müller sirvió sucesivamente al Estado prusiano y al

55. *Ibid.*, p. 180.

austríaco, se convirtió al catolicismo cuando le pareció que eso podía convenirle para medrar en la católica Viena y en general actuó con el único objetivo de «lograr un cargo como alto funcionario a cualquier precio»[56]. Su iniciativa política más reveladora tal vez fuese su propuesta al gobierno prusiano de editar un periódico oficialista y, simultáneamente, otro subversivo: la idea de Müller era encargarse de redactar y editar los dos[57]. El oportunismo, la volubilidad y la irresponsabilidad son, pues, los rasgos que definen a este personaje, a quien Schmitt describe como un «servidor diligente de un sistema arbitrario, siempre dispuesto a dejar de lado la parte de sus ideas que pudiera estorbar su funcionamiento sin impedimentos, y a asimilar otras»[58]. Y en el fondo estos rasgos definen políticamente a todo el Romanticismo, cuya única praxis consiste en congraciarse con el poder vigente en cada momento.

De su estudio de la figura de Adam Müller extrae Schmitt una conclusión importante: la necesidad de distinguir claramente a los autores románticos de los pensadores verdaderamente contrarrevolucionarios, como Edmund Burke, Joseph de Maistre, Louis de Bonald o Juan Donoso Cortés, un autor a quien Schmitt todavía no menciona en este libro pero a quien poco después incluirá entre sus filósofos más apreciados. Como los románticos y los contrarrevolucionarios rechazaban la Re-

56. *Ibid.*, p. 100.
57. *Ibid.*, p. 97.
58. *Ibid.*, pp. 105-106.

volución francesa y el liberalismo, es frecuente (todavía hoy) incluirlos a todos en la misma categoría política, pero a juicio de Schmitt forman dos corrientes políticas completamente distintas. El antiindividualismo de los pensadores contrarrevolucionarios se enfrenta a la Modernidad, a la Ilustración y al liberalismo, pero también, y en no menor medida, al oportunismo y a la irresponsabilidad política de los románticos. Si estos vuelven a veces su mirada hacia la historia –por ejemplo, hacia una Edad Media idealizada–, lo hacen por lo que esta tiene de evocador, exótico e interesante, mientras que los contrarrevolucionarios recurren a la tradición y la religión tomándolas en serio como fuentes de cohesión social y de legitimación política. Ni los románticos eran verdaderos contrarrevolucionarios ni el pensamiento genuinamente contrarrevolucionario –hacia el cual se inclina el propio Schmitt– tiene nada que aprender del frívolo ocasionalismo romántico. El Romanticismo político es subjetivista, voluble e indeciso, mientras que el pensamiento contrarrevolucionario representa, para Schmitt, todo lo contrario: la decisión y el orden.

Vemos, pues, que los primeros trabajos de Schmitt, escritos todavía en la Alemania de Guillermo II, muestran una evolución coherente. Tras afirmar –en su tesis de habilitación– la prioridad del Derecho y el Estado sobre el individuo, y tras adoptar –en su ensayo sobre Däubler– una posición filosófica contraria a una Modernidad secularizada, el estudio sobre el Romanticismo político muestra a un joven Carl Schmitt tomando partido por primera vez por los pensadores contrarrevolucionarios de los siglos XVIII y XIX. Los años y los libros siguientes le permitirán perfilar mejor su posición y definir más claramente su respuesta política a los males del mundo moderno. Pero las bases ya estaban asentadas cuando la República de Weimar inicia su andadura.

2. La decisión y el orden

La derrota del Imperio Alemán en la Primera Guerra Mundial dio paso al periodo extraordinariamente convulso de la República de Weimar, una época que ilustra dramáticamente cómo la democracia liberal difícilmente puede sobrevivir cuando se asienta sobre una sociedad desgarrada por crisis económicas profundas y por la polarización, la deslealtad institucional y la violencia política. Todos esos elementos conformaron el paisaje cotidiano del periodo de Weimar, y todos ellos contribuyeron al conocido y fatal desenlace: aquella débil democracia fue liquidada en 1933 a manos del infame canciller Adolf Hitler, quien en pocos meses llevó a cabo una revolución institucional aparentemente legal –aunque apoyada siempre en una brutal represión política– que transformó la República en una dictadura totalitaria. Y si bien la Constitución de Weimar nunca fue abolida por el régimen nazi, cuando en septiembre de 1933 se oficializó el término «Tercer Reich» como denominación del nuevo Estado, no quedaba en pie prácticamente nada sustancial del texto que la Asamblea Nacional alemana había aprobado en agosto de 1919.

La obra de Schmitt perteneciente a este periodo puede leerse como un diagnóstico de las dificultades a las que se enfrenta un orden constitucional liberal en una sociedad en crisis. Schmitt analiza las atribuciones dictatoriales que las Constituciones liberales conceden al poder ejecutivo en circunstancias políticas excepcionales, disecciona las tensiones y contradicciones del parlamentarismo e identifica la deriva demagógica de las democracias de masas, pero no estudia estos fenómenos políticos desde la óptica que adoptaría la mayor parte de sus lectores actuales –incluidos los que se declaran schmittianos–, puesto que sus respuestas a los problemas de la democracia liberal caen siempre del lado de las soluciones autoritarias. Por eso, y pese a sus reticencias anteriores a 1933, no es sorprendente que Schmitt se uniese enseguida a la comitiva que tomó al asalto las instituciones del Estado cuando la República fue arrollada por el movimiento nacionalsocialista.

Revolución en Múnich. La dictadura

A finales de octubre de 1918, los marineros de la flota militar de Kiel se amotinaron, negándose a continuar con una guerra ya perdida. Aquel motín desencadenó una revolución que se extendió rápidamente por toda Alemania y que condujo a la abdicación del káiser Guillermo II, a la proclamación de la República el 9 de noviembre y a la firma de un armisticio dos días después. La guerra terminaba y desaparecía el Segundo Imperio, pero esto no puso fin a una revolución que ya estaba en marcha. Los autócratas de los diversos reinos, ducados y principados que conformaban aquel trasnochado Imperio abdicaron en cuestión de días, dando paso a la proclamación de repúblicas. En muchas ciudades se formaron consejos de trabajadores y soldados que adoptaron el modelo de los sóviets rusos y asumieron las funciones de la administración local. El temor a una revolución comunista, como la que había triunfado en Rusia apenas un año antes, provocó la reacción de la derecha y del ejército, y se inició un periodo de violencia política que condujo, entre otros acontecimientos, al asesinato de los líderes espartaquistas Rosa Luxemburg y Karl Liebknecht en enero de 1919. Hasta la proclamación de la Constitución en agosto de aquel año, Alemania vivió permanentemente al borde de la revolución y la guerra civil[1].

Carl Schmitt pudo experimentar personalmente aquella vorágine política desde su puesto en la administración militar en Múnich, en el cual permaneció hasta el verano de 1919. De hecho, en Baviera se produjeron algunos de los episodios más violentos de aquel periodo. A la ins-

---

1. M. Fulbrook, *Historia de Alemania*, Cambridge: Cambridge University Press, 1995, cap. 6.

tauración de una república en noviembre de 1918 siguió, en abril de 1919, la proclamación en Múnich de una efímera república soviética saludada desde Moscú por el propio Lenin. El experimento soviético bávaro fracasó pronto, y su final no fue pacífico: una auténtica guerra civil enfrentó a miles de combatientes comunistas contra un «ejército blanco» formado por tropas regulares y grupos paramilitares que terminaron aplastando aquella réplica de la revolución bolchevique. Durante semanas la región de Baviera fue un escenario de revolución y guerra civil, las dos grandes amenazas políticas que, por encima de todo, debe conjurar el Estado tal como lo concibe un hobbesiano como Schmitt.

Aquellos acontecimientos impresionaron profundamente a Schmitt, que llegó a experimentar personalmente algún episodio peligroso[2], y que a partir de entonces se interesó profundamente por la figura jurídica del *estado de excepción*, es decir: por la respuesta del Estado a las situaciones de máxima tensión política –disturbios, motines, golpes de Estado– que suponen una amenaza para la seguridad, el orden público o el orden constitucional vigente. Schmitt ya se había acercado a este tema durante la guerra, en algunos trabajos sobre la aplicación

---

2.   E. Kennedy, «Carl Schmitt und Hugo Ball: ein Beitrag zum Thema "Politischer Expresionismus"», *Zeitschrift für Politik*, 35, 2 (1988), p. 151: «Se sabe lo que [Schmitt] experimentó personalmente el día en que se proclamó en Múnich la República soviética *[Räterepublik]*. Por la mañana se presentó en su trabajo como de costumbre, pero un poco más tarde él y sus colegas fueron interrumpidos por los revolucionarios, y uno de ellos disparó a un oficial junto al escritorio de Schmitt». Cf. también R. Mehring, *Carl Schmitt*, p. 109.

de las leyes marciales que le fueron encomendados por las autoridades militares[3]. Prosiguió aquellas investigaciones una vez terminada la contienda y ya desvinculado de la administración militar, pero no pudo hacerlo como docente de la Universidad de Estrasburgo, en la que se había doctorado y obtenido su habilitación como profesor universitario, porque esta ciudad alsaciana fue restituida a Francia por el Tratado de Versalles. Schmitt tuvo que conformarse con puestos docentes en instituciones más modestas: la Escuela Superior de Comercio de Múnich y posteriormente la Universidad de Greifswald, una pequeña ciudad hanseática del norte de Alemania.

Los estudios que realizó Schmitt durante aquel periodo de incertidumbres políticas y profesionales quedaron plasmados en *La dictadura*, una historia de este concepto publicada en 1921. Aunque el largo subtítulo de la obra hace referencia a un periodo que abarca «desde los comienzos del pensamiento moderno de la soberanía hasta la lucha de clases proletaria», en realidad Schmitt se remonta más atrás, hasta la Roma republicana, y prácticamente termina su recorrido en la Revolución francesa. Los poderes presidenciales excepcionales recogidos en la Constitución de Weimar se abordan someramente en el último capítulo, y la lucha de clases proletaria apenas aparece en el prólogo y en las últimas páginas del libro. No obstante, parece evidente que, cuando escribe este estudio, Schmitt tiene muy presente su propio contexto, marca-

---

3. Reunidos en C. Schmitt, *Ensayos sobre la Dictadura 1916-1932*, Madrid: Tecnos, 2013, con un interesante estudio preliminar de J. M.ª Baño León.

do por el final de la guerra, la revolución comunista en Rusia y sus réplicas en otros lugares de Europa, como Hungría o la propia Baviera.

La idea principal del libro es la distinción de dos tipos de dictadura: una dictadura *comisarial* y otra *soberana*. La primera se ejerce en circunstancias excepcionales por mandato constitucional, con el objetivo de restablecer un orden legal amenazado. Tratándose de una dictadura, el dignatario que la ejerce (el dictador) suspende la vigencia de algunas leyes o conculca algunos derechos, pero lo hace para preservar el orden legal que se encuentra en peligro. Las decisiones del dictador comisarial tienen, pues, la naturaleza jurídica de *medidas* excepcionales adaptadas a circunstancias concretas, pero no modifican las leyes, ni por tanto pueden tener ellas mismas el rango de leyes. En la conocida terminología de Montesquieu, diríamos que la dictadura comisarial se atiene a la separación de poderes: el ejecutivo actúa dictatorialmente, pero bajo el mandato de un poder legislativo que retiene, por su parte, la soberanía. En cambio, la dictadura soberana no se atiene a un orden constitucional previo, sino que suprime ese orden con el objetivo de fundar uno nuevo. En ese caso el dictador no está llamado a restablecer el orden (reprimiendo una sedición, aplastando un motín, etc.), sino a eliminar «la ordenación total existente»[4], y por consiguiente su legitimación «no apela a una Cons-

4. C. Schmitt, *La dictadura. Desde los comienzos del pensamiento moderno de la soberanía hasta la lucha de clases proletaria*, Madrid: Alianza Editorial, 1999, p. 182.

titución existente, sino a una Constitución que va a implantar»[5]. El dictador ya no es, pues, un mero comisario designado por un poder soberano ante el cual debe responder, sino que ostenta él mismo la soberanía. Por eso la dictadura soberana desborda la separación de poderes: el poder ejecutivo absorbe las funciones del legislativo, puesto que las decisiones del dictador ya no se limitan a ser medidas excepcionales, sino que suplantan las leyes vigentes y tienen, ellas mismas, el rango de leyes.

Esta distinción vertebra el recorrido histórico que lleva a cabo Schmitt. La institución de la dictadura comisarial aparece perfectamente definida ya en la Roma republicana, en la cual, a petición del Senado, los cónsules podían atribuir poderes excepcionales a un general en una situación de guerra o de sedición. El mandato que recibía el dictador romano estaba limitado temporalmente a seis meses y excluía la potestad de legislar o de «modificar las leyes existentes»[6], de modo que la dictadura no se confundía con la soberanía. Solo mucho más tarde, en el contexto de las monarquías de la Edad Moderna, los teóricos del Estado plantearán «la conexión del problema de la soberanía con el de la dictadura»[7] y comenzarán a atribuir funciones legislativas a los gobernantes. Este cambio es gradual y acompaña a la consolidación del absolutismo: en el siglo XVI, Jean Bodin todavía concibe la dictadura según el modelo comisarial romano, mientras que, un si-

5. *Ibid.*, p. 183.
6. *Ibid.*, p. 37.
7. *Ibid.*, p. 57.

glo más tarde, Hugo Grocio esboza ya una nueva concepción según la cual «el dictador sería soberano y no solo magistrado»[8]. Pero solo en la Revolución francesa, y en concreto durante su fase jacobina de 1793 a 1794, aparece una noción propiamente soberana de la dictadura, entendida «como poder pleno absoluto ante el cual desaparecen todas las competencias existentes»[9]. Cualquier lector del libro de Schmitt esperaría que ese dictador soberano estuviese encarnado en la figura de Robespierre o del temible Comité de Salvación Pública, pero la argumentación de Schmitt es más compleja. Robespierre y el Comité gobernaban dictatorialmente, pero Schmitt subraya que sus poderes emanaban comisarialmente del verdadero órgano soberano de la Revolución, que era la Convención Nacional. Era, pues, la Convención, y no el Comité, quien ejercía el nuevo poder dictatorial, un poder que solo podía ser soberano, puesto que en pleno proceso revolucionario ya no existía un orden que hubiera que preservar, y la legitimidad solo podía proceder de un orden por venir. Por eso la Convención Nacional apelaba al poder constituyente como única fuente de legitimación: «Estamos ante un caso de dictadura soberana. [...] La Convención actuó [...] haciendo una apelación al *pouvoir constituant* del pueblo [...]. La Convención llamaba revolucionaria a su soberanía»[10].

---

8. *Ibid.*, p. 60.
9. *Ibid.*, p. 155.
10. *Ibid.*, p. 194. Así también en p. 193: «El dictador comisarial es el comisario de acción incondicionado de un *pouvoir constitué*; la dictadura soberana es la co-

Independientemente de la interpretación de los acontecimientos concretos de la Revolución francesa, Schmitt describe en estas páginas el tipo específico de ejercicio del poder que se constata en cualquier proceso genuinamente revolucionario. Una vez derogado el orden constitucional anterior, toda revolución fusiona el poder legislativo, ahora convertido en poder constituyente, con un poder ejecutivo que, por definición, actúa como una dictadura soberana: «Tan pronto como se establece una combinación que posibilita dar al legislador el poder del dictador, construir un legislador dictatorial y un dictador que da constituciones, la dictadura comisarial se ha convertido en dictadura soberana»[11]. Y de aquí se deriva una tesis política que subyace a este ensayo de Schmitt: si las revoluciones modernas se proponen «la eliminación [...] del orden existente»[12], entonces tendrán que realizarse por medio de dictaduras soberanas[13]. Así sucedió en la Revolución francesa, y otro tanto sucede en toda revolución proletaria: por cuanto aspira a abolir el orden burgués, la dictadura del proletariado –que Schmitt, siguiendo a Engels, interpreta como una continuación de la dictadura jacobina de 1793[14]– es también, y solo puede ser, una dictadura soberana.

misión de acción incondicionada de un *pouvoir constituant*». El concepto de poder constituyente fue formulado por Sieyès en su ensayo *¿Qué es el Tercer Estado?*, Madrid: Alianza Editorial, 2003.

11. *Ibid.*, p. 172.
12. *Ibid.*, p. 192.
13. *Ibid.*, p. 193.
14. *Ibid.*, p. 263.

Así pues, más allá de su aportación a la historia de las ideas políticas, del libro de Schmitt se desprende una interpretación (y un pronóstico) de los procesos revolucionarios de la Modernidad. Pero el libro es interesante también por otro motivo, y es que en él puede observarse que, al menos durante los primeros años de la República, la actitud de Schmitt hacia la Constitución de Weimar era más ambivalente de lo que a veces afirman sus detractores. Son muy reveladoras en este sentido las páginas finales de *La dictadura*, en las que Schmitt se ocupa de la figura jurídica del estado de excepción y de los poderes excepcionales atribuidos al presidente del Reich (o de la República, es decir: al jefe del Estado)[15] en el artículo 48 de la Constitución de Weimar. Dicho artículo –al que los presidentes del Reich recurrieron nada menos que en doscientas cincuenta ocasiones durante la breve historia de la República, y cuya interpretación suscitó importantes controversias entre juristas[16]– atribuía al presidente la potestad de recurrir a las fuerzas armadas, e incluso suspender algunos derechos constitucionales fundamentales (como la libertad personal, la libertad de expresión, de reunión o de asociación), a fin de garantizar o restablecer el orden social en circunstancias en que dicho orden resultase amenazado. El artículo dice lo siguiente:

15. El término *Reich* ('Imperio') requiere quizás una aclaración. La República de Weimar, que se componía de una pluralidad de territorios federados, mantuvo oficialmente este término como denominación del Estado, a pesar de que la monarquía había sido abolida.
16. Cf. J. Bendersky, *Carl Schmitt*, pp. 73 y sigs.

Cuando en el *Reich* alemán se encuentren gravemente alterados o amenazados el orden y la seguridad públicos, el presidente del *Reich* puede adoptar aquellas medidas que resulten necesarias para su restablecimiento, acudiendo a la fuerza armada si fuera preciso. A este fin, cabe suspender provisionalmente, en todo o en parte, los derechos fundamentales establecidos en los artículos 114, 115, 117, 118, 123, 124 y 153 de la Constitución[17].

Pues bien, aunque resulte sorprendente para quienes interpretan a Schmitt como un mero precursor del totalitarismo nacionalsocialista, lo cierto es que las páginas finales de su ensayo sobre la dictadura contienen algunas advertencias cuyo objetivo era *proteger* la Constitución de Weimar frente a la tentación de subvertirla mediante una dictadura soberana. En efecto, Schmitt aplica a la Constitución de 1919 su distinción de dos formas de dictadura, e insiste en que los poderes presidenciales extraordinarios establecidos en el artículo 48 debían ejercerse mediante ordenanzas o medidas que, «en cuanto tales, no [podían] ser actos de legislación ni de administración de justicia»[18]. Dicho de otro modo: tales poderes excepcionales solo podrían ejercerse legítimamente mientras se interpretasen como una dictadura *comisarial* y el poder ejecutivo nunca suplantase al poder legislativo. En un ensayo posterior, fechado en 1924, Schmitt expondría esa misma idea de un modo más sintético: «Una dictadura

17. *La Constitución de Weimar*, Madrid: Tecnos, 2019, p. 155.
18. C. Schmitt, *La dictadura*, p. 258.

soberana es inconciliable con la Constitución de un Estado de derecho. [...] O *dictadura soberana*, o Constitución; una cosa excluye la otra»[19]. Esta advertencia resultaba muy oportuna en un momento histórico en el cual la liquidación del orden constitucional democrático podía provenir no solo de una revolución comunista, sino también de un poder ejecutivo autoritario fuera de control. De hecho, esto fue lo que sucedió durante el sistema presidencial de Hindenburg en los últimos años de la República, y aún más –y con consecuencias atroces– después de que Hitler accediese a la cancillería del Reich. Y en la segunda parte de este libro (capítulo 10) veremos que un autor como Giorgio Agamben recupera para nuestro propio tiempo aquella advertencia schmittiana, pues *mutatis mutandis* en las democracias de nuestros días el poder ejecutivo se emancipa del legislativo y suplanta sus funciones mediante un estilo de gobierno autoritario que tiende a instalarse en un estado de excepción permanente.

¿Era Carl Schmitt hostil a la República de Weimar desde el primer momento? No lo parece, a juzgar por las consideraciones finales de su estudio sobre la dictadura. Es verdad que, en los últimos años de la República, Schmitt abogará por un gobierno autoritario, pero en esta primera época quizás no se encontraba ideológicamente muy alejado de los llamados «republicanos racionales» *(Vernunftrepublikaner)*, un sector social conservador que apo-

19. C. Schmitt, «La dictadura del presidente del Reich según el art. 48 de la Constitución de Weimar», en: *Ensayos sobre la dictadura 1916-1932*, p. 326.

yaba la República porque no había otro remedio o para evitar males mayores, pero no –como dice Peter Gay– por una «apasionada convicción» favorable a la democracia liberal[20]. Pero aunque Schmitt fuese durante algún tiempo uno de esos republicanos tibios, sus inclinaciones políticas más profundas miraban ya en otra dirección, tal como revela su siguiente libro. En efecto, *Teología política* (1922) es una de las mejores obras de Schmitt, pero también es, pese a su hermetismo, su libro más ferozmente reaccionario, si exceptuamos los escritos del periodo 1933-1936.

Teología política y contrarrevolución

La accidentada carrera profesional de Carl Schmitt encontró por primera vez cierta estabilidad cuando, en 1922, obtuvo un puesto de profesor de Derecho Público en la Universidad de Bonn, en la que permaneció hasta 1928. Schmitt halló en Bonn las condiciones adecuadas para escribir algunas de sus mejores obras, como el estudio *Sobre el parlamentarismo* (1923), o como la primera versión, publicada en 1927, de su archiconocido y clásico ensayo *El concepto de lo político*. Estos títulos muestran que, durante aquellos años, los intereses de Schmitt desbordaron su especialidad como jurista y se orientaron decididamente hacia la filosofía y la ciencia política, un área

20. P. Gay, *La cultura de Weimar*, Barcelona: Argos, 1984, p. 33.

incipiente en las universidades alemanas de la época[21]. Pero *Teología política* (1922), la primera publicación importante de Schmitt durante este periodo, todavía enlaza temáticamente con su trabajo anterior sobre la dictadura. Esta obra breve, densa y compleja contiene la exposición más acabada del decisionismo jurídico y político de Schmitt, propone una hipótesis hermenéutica para la historia de las ideas y desemboca en una filosofía política –o, si se prefiere este término, en una teología política– alineada con Juan Donoso Cortés y otros autores contrarrevolucionarios del siglo XIX. Intentaremos dar cuenta de estos tres aspectos de la obra, que Schmitt logra entrelazar magistralmente.

1. En un pasaje de *Glossarium*, el extenso y polémico diario intelectual que redactó en los años posteriores a la Segunda Guerra Mundial, Schmitt describe la «capacidad para definir»[22] como la habilidad de «limitar lo ilimitado», es decir, de acotar un fenómeno y obtener una perspectiva fecunda, aunque eso obligue a relegar otros aspectos del fenómeno analizado y a obviar «lo no aprehendido e imposible de aprehender»[23]. La definición del concepto de soberanía con la que se inicia *Teología polí-*

---

21. Cf. J. Bendersky, *Carl Schmitt*, p. 55.
22. C. Schmitt, *Glossarium*, p. 210. Schmitt añade a continuación una curiosa confesión personal: «Muchos han notado esa fuerza y han hablado de ella. Pero solo me ven públicamente en la función y representación de mi especialidad y mi profesión. No ven mi dura y destruida vida privada, que he sacrificado por esa tarea».
23. *Ibid.*, p. 211.

tica ilustra perfectamente esa reflexión metodológica: en su unilateralidad, abre una perspectiva sobre la política y el derecho que subvierte otras concepciones, en concreto la concepción liberal. «Soberano –escribe Schmitt en una de sus frases más célebres– es quien decide sobre el estado de excepción»[24]. El soberano no es quien establece las leyes ni quien garantiza su cumplimiento, sino quien tiene la potestad de suspender su vigencia. Soberano es, pues, quien decide cuáles son las medidas necesarias «en la esfera más extrema»[25], cuando la seguridad y el orden público están en peligro y hay que preservarlos o restablecerlos.

Esta concepción de la soberanía se inspira en la teoría del Estado que Bodin formuló en el siglo XVI, pero sirve a Schmitt para abordar un asunto estrictamente contemporáneo: la crítica del pensamiento jurídico y político que él denomina «normativista» y que se corresponde con el positivismo y el constitucionalismo liberal de un autor como Hans Kelsen[26]. Como ya vimos en el capítulo anterior, el positivismo concibe el orden jurídico, al menos idealmente, como un sistema normativo autosuficiente y autorreferencial. Esto implica que cada decisión administrativa y cada sentencia judicial han de poder derivarse de alguna norma interna al sistema, en un proce-

---

24. C. Schmitt, *Teología política*, Madrid: Trotta, 2009, p. 13.
25. *Ibid.*
26. En *La dictadura*, p. 187, Schmitt se opone a la concepción de Jellinek del poder constituyente como una competencia constitucional. En *Teología política* Schmitt retoma su ataque al positivismo jurídico, pero ahora el blanco principal es Hans Kelsen.

so ascendente que culmina en las normas constitucionales y, más allá de estas, en una «norma fundamental» que establece la validez del orden jurídico en su conjunto[27]. Si el derecho se concibe de este modo, su validez no necesita basarse en alguna instancia extrajurídica, como pueda ser un principio moral o un dogma religioso. Ahora bien, para Schmitt el *estado de excepción* supone un escollo para esta concepción de un orden jurídico autosuficiente, autorreferencial y depurado de toda injerencia extrajurídica, puesto que, precisamente por su excepcionalidad, el estado de excepción no puede quedar previsto en ninguna norma: «no se trata de una competencia en el sentido que el término tiene dentro del sistema del Estado de derecho»[28]. Y si la soberanía se define por relación al estado de excepción, entonces tampoco es posible concebirla como una competencia constitucional comparable a otras.

A primera vista este argumento de Schmitt puede resultar extraño, puesto que la declaración del estado de excepción es, de hecho, una competencia que corresponde a algunas instituciones del Estado, pero no a otras, y que parece estar tan regulada como cualquier otra[29]. Ya hemos visto que el famoso artículo 48 de la Constitución de

---

27. Kelsen (*Teoría pura del Derecho*, México: Porrúa, 1998, p. 223) formula de este modo la «norma fundamental»: «Uno debe comportarse de acuerdo con la Constitución fácticamente establecida y eficaz». Bernd Rüthers (*Rechtstheorie*, p. 311) propone esta otra formulación: «la Constitución es válida».
28. C. Schmitt, *Teología política*, p. 14.
29. Cf. sobre esto H. Hofmann, «Souverän ist, wer über den Ausnahmezustand entscheidet», *Der Staat*, 44, n.º 2 (2005), pp. 171-186.

Weimar atribuía precisamente al presidente del Reich la potestad de declarar el estado de excepción, y de forma parecida la Constitución española de 1978 recoge el estado de excepción en el artículo 116, desarrollado después en la Ley Orgánica 4/1981. Pero la posición de Schmitt se comprende mejor si se la enmarca en las controversias jurídicas de su época en torno a esta importante y polémica competencia constitucional[30]. Preocupados por los posibles abusos que pudieran cometerse al amparo del estado de excepción, los juristas de orientación política liberal reclamaban una regulación más precisa de esta competencia, pero otros –y entre ellos destacaba Carl Schmitt– se oponían a desarrollar el artículo 48 mediante una ley que limitase los poderes excepcionales del presidente. A juicio de Schmitt, en un contexto político tan convulso, violento e imprevisible como lo era la Alemania de aquellos años, el presidente del Reich debía tener las manos libres para recurrir al estado de excepción. La potestad presidencial para suspender las garantías constitucionales no debía limitarse a los artículos mencionados en el propio artículo 48, sino que debía poder extenderse a *todos* los artículos de la Constitución y a *todas* las leyes, es decir, al orden jurídico en su totalidad. A condición de que no se traspasase la línea que separaba la dictadura comisarial de la dictadura soberana, el estado de excepción y la dictadura no debían quedar acotados y perfectamente regulados por ley, puesto que las respuestas

30. Cf. J. Bendersky, *Carl Schmitt*, pp. 73 y sigs.

extremas a situaciones extremas debían contar con un factor de imprevisibilidad que desbordaba la ficción liberal de un orden jurídico sin lagunas.

Pero la crítica de Schmitt al positivismo –o «normativismo», como él lo denomina– no se limitaba a la problemática específica del estado de excepción, sino que tenía un alcance más amplio. Schmitt reprochaba al normativismo su incapacidad para comprender que todo orden jurídico se funda en una instancia extrajurídica, y que esa instancia es siempre, y solo puede ser, una decisión política. Soberana es la decisión sobre el estado de excepción, pero también sobre la validez del orden jurídico en su totalidad. «También el orden jurídico, como todo orden, descansa en una decisión, no en una norma»[31]. En nuestra época, Slavoj Žižek expone esta idea, central en el pensamiento schmittiano, en los siguientes términos: «el imperio de la ley depende de un abismal acto de violencia (imposición violenta) que está fundado en sí mismo»[32]. En efecto, según Schmitt, la legitimidad de las leyes no se asienta en una «norma fundamental», como pensaba Kelsen, sino en una decisión política que es favorable a unos determinados valores e intereses y contraria a otros, y que traza la línea que, dentro de una comunidad política, distingue lo permitido y lo prohibido, lo admitido y lo proscrito, los amigos y los enemigos[33]. Al-

31. C. Schmitt, *Teología política*, p. 16.
32. S. Žižek, «Carl Schmitt in the Age of Post-Politics», en: Ch. Mouffe (ed.), *The Challenge of Carl Schmitt*, p. 18.
33. J.-F. Kervégan, *¿Qué hacemos con Carl Schmitt?*, Madrid: Escolar y Mayo, 2013, p. 162.

gunos años más tarde, en su *Teoría de la Constitución* (1928), Schmitt precisará este argumento contra el normativismo distinguiendo entre las leyes constitucionales y la Constitución en sentido «positivo» o –como sería preferible decir– político. Ninguna Constitución es solo ni principalmente un «sistema de normas supremas y últimas», pues en todas ellas subyace una «decisión consciente» del poder constituyente que «fija la existencia política en su concreta forma de ser», es decir: que establece cuáles son (y cuáles no) los valores que la comunidad política querrá preservar, defender y articular legalmente[34]. Este momento político fundacional es tan importante que, sin estar propiamente plasmado en ninguna ley constitucional, establece los límites de lo posible dentro de un Estado e impide que una mayoría parlamentaria circunstancial, por amplia que sea, subvierta los principios políticos fundamentales de dicho Estado. Por ejemplo, en virtud de la Constitución en sentido político, «el Reich alemán no puede ser transformado en una monarquía absoluta o en una República soviética por mayoría de dos tercios del *Reichstag* [el Parlamento nacional]», como tampoco «una resolución mayoritaria del Parlamento inglés» podría «hacer de Inglaterra un Estado soviético»[35]. Solo esa decisión política autoritaria y constituyente puede zanjar los conflictos sociales, dirimir las disputas ideológicas y fundar un orden social pacificado,

---

34. C. Schmitt, *Teoría de la Constitución*, Madrid: Alianza Editorial, 2011 (2024), p. 40, pp. 57 y sigs.
35. *Ibid.*, p. 63.

sobre el cual podrá erigirse después el orden legal y el imperio de la ley tal como los conciben el normativismo jurídico y el liberalismo político. En síntesis: lo que el normativismo no es capaz de ver es que solo la decisión (política) hace posible el orden (legal).

2. Pero si el pensamiento jurídico normativista o positivista se asienta sobre una concepción errónea del derecho, cabe preguntarse por qué tuvo siempre tantos partidarios, especialmente durante el siglo XIX, la época de esplendor de la burguesía liberal. La respuesta a esta pregunta aclara el concepto de «teología política» que da título al libro, y que Schmitt no define hasta el tercer capítulo. Esta expresión ha hecho correr ríos de tinta, pero en primer término designa simplemente una hipótesis hermenéutica para la historia o (como prefiere decir Schmitt) la sociología de los conceptos jurídicos y políticos. De acuerdo con dicha hipótesis, existen analogías o «similitudes morfológicas» –por utilizar una expresión de Habermas[36]– entre, por un lado, el pensamiento jurídico y político de una época y por otro lado la teología y la metafísica predominantes en esa misma época. Toda teoría jurídica y política tiene un trasfondo teológico y metafísico, y también sucede lo contrario: toda teología y toda metafísica reflejan a su manera las relaciones jurídicas y políticas dominantes. «La imagen metafísica que de su mundo se forja una época determinada –escribe

36. J. Habermas, «Carl Schmitt: los terrores de la autonomía», en: *Identidades nacionales y postnacionales*, Madrid: Tecnos, 1989, p. 78.

Schmitt– tiene la misma estructura que la forma de organización política que esa época tiene por evidente»[37].

La analogía entre lo metafísico-teológico y lo jurídico-político es especialmente reconocible en los autores del Antiguo Régimen, una época en la que «el rey puede aparecer como un Dios, y Dios como un rey»[38], pero la hipótesis hermenéutica de la teología política también aporta una clave para interpretar el positivismo jurídico y el concepto liberal del Estado de derecho desde el siglo XIX hasta la obra de Kelsen, puesto que también este estilo de pensamiento refleja una determinada metafísica. En efecto, el orden normativo clausurado, autosuficiente y autorreferencial de Kelsen es un trasunto jurídico de la metafísica deísta de la Ilustración del siglo XVIII y del entramado causal de leyes naturales que subyace en la cosmovisión científica moderna[39]. Esta teología y esta cosmovisión no excluyen enteramente la idea de la divinidad, pero la despojan de sus características personales

37. C. Schmitt, *Teología política*, p. 44. Algunas páginas antes, Schmitt define la teología política como la hipótesis según la cual «todos los conceptos centrales de la moderna teoría del Estado son conceptos teológicos secularizados» (p. 37). A mi juicio, es preferible la definición que hemos expuesto más arriba, porque esta otra definición aplica la hipótesis general de la teología política a los conceptos jurídicos de la Modernidad, una de cuyas características es la secularización. Pero en *Teología política II*, libro publicado en 1970, Schmitt subraya que la tesis principal de su estudio de 1922 era una hipótesis hermenéutica: la teología política «no trata de un dogma teológico, sino de un problema de la teoría de la ciencia y de la historia de los conceptos: la identidad estructural de los conceptos que la teología y el derecho utilizan en sus argumentaciones y sus conocimientos». C. Schmitt, *Teología política II*, pp. 68-69. J.-F. Kervégan (*Hegel, Carl Schmitt*, pp. 100 y sigs.) también distingue un «axioma restringido» y una «tesis de más vasto alcance» en la hipótesis hermenéutica que Schmitt denomina «teología política».
38. C. Schmitt, *Teología política II*, p. 80.
39. C. Schmitt, *Teología política*, p. 41.

y, por tanto, descartan por principio la posibilidad de una intervención de Dios en el curso de la naturaleza, es decir: la posibilidad del milagro. La metafísica implícita del liberalismo político y del positivismo jurídico se corresponde, pues, con una mentalidad o «actitud científica expurgada de milagros y dogmas», y la teoría positivista del razonamiento jurídico basado en relaciones deductivas entre normas «opera con un concepto de causa típico de las ciencias naturales»[40]. Ahora bien, esta imagen del mundo, y los conceptos jurídicos y políticos que le corresponden, eran propios de una sociedad liberal estable, próspera y pacífica que, en la Alemania de 1922, hacía tiempo que había dejado de existir. Para Schmitt, la teología o la metafísica del liberalismo político y del positivismo jurídico estaban desfasadas, acabadas. Y ese es el punto de partida de las tesis propiamente políticas que Schmitt formula al final del libro.

3. Si la figura del pensador reaccionario español Juan Donoso Cortés se incorpora en estas páginas a lo que Schmitt llamará más tarde su santoral de autores «anacrónicos»[41], esto se debe a que Donoso Cortés fue el primero en comprender que, tras la oleada revolucionaria de 1848 –que también fue, conviene recordarlo, el año de publicación del *Manifiesto comunista* de Marx y Engels–, el tiempo del liberalismo había terminado. La aparición

40. *Ibid.*
41. C. Schmitt, *Glossarium*, p. 115. Este «santoral» particular incluía también a Hobbes, Bodin y «todos los anacrónicos».

de un movimiento revolucionario que acabaría tomando el poder en Rusia en 1917 representaba ya para Donoso una amenaza demasiado poderosa como para que el liberalismo político pudiera hacerle frente con su optimismo ilustrado, su Estado de derecho, sus instituciones parlamentarias y su confianza en la discusión y el consenso. En un discurso pronunciado en las Cortes españolas en 1849 –que Schmitt califica en una ocasión como «el discurso más extraordinario de la literatura mundial»[42]–, Donoso reclamaba la dictadura como el único régimen político capaz de hacer frente a aquella amenaza revolucionaria. Pero a diferencia de otros autores contrarrevolucionarios, Donoso no pretendía legitimar ese régimen autocrático apelando a la tradición, ni a títulos dinásticos, ni siquiera a la religión católica (al menos según la interpretación de Schmitt, discutible en este aspecto)[43]. La dictadura que defiende Donoso en respuesta a los acontecimientos de 1848 no tiene otro fundamento de legitimación que la decisión de preservar el orden social en peligro.

Ahora bien, esta nueva constelación política prerrevolucionaria, que el liberalismo no entiende ni sabe cómo abordar, reclama su propia teología política. ¿Cuál es,

---

42. *Ibid.*, p. 52.
43. Donoso Cortés es un pensador claramente católico. Rechaza, como correctamente vio Carl Schmitt, el retorno de la monarquía en cualquiera de sus variantes, pero su dictadura está al servicio de un programa ideológico muy preciso: el catolicismo. De ahí que la interpretación radicalmente decisionista del pensamiento de Donoso Cortés que propone Schmitt haya sido criticada frecuentemente. Cf. K. Löwith, «El decisionismo ocasional de Carl Schmitt», en: *Heidegger, pensador de un tiempo indigente*, México: FCE, 2006, pp. 52 y sigs.; J. M.ª Baño León, «Carl Schmitt: la autoridad del poder», estudio introductorio en C. Schmitt, *Ensayos sobre la Dictadura 1916-1932*, pp. xix-xx.

para Carl Schmitt, esa teología política del siglo XX? ¿Qué teología política correspondería a la situación social de la Europa de entreguerras y se ajustaría a la política dictatorial anticipada por Donoso Cortés? El propio Donoso sugiere una respuesta a esta pregunta en su *Discurso* de 1849, en el que establece una similitud morfológica entre el concepto político de dictadura y el concepto teológico de milagro:

¿Gobierna Dios siempre con esas mismas leyes que Él a sí mismo se impuso en su eterna sabiduría y a las que nos sujetó a todos? No, señores; pues algunas veces, directa, clara y explícitamente manifiesta su voluntad soberana quebrantando esas leyes que Él mismo se impuso y torciendo el curso natural de las cosas. Y bien, señores: cuando obra así, ¿no podría decirse [...] que obra dictatorialmente?[44]

Tanto la teología católica como el pensamiento político autoritario admiten la posibilidad de una intervención excepcional –de Dios en un caso, del gobierno en el otro– que suspende la legalidad –la de la naturaleza, o la del Estado de derecho– para imponer un fin superior. El principio hermenéutico de la teología política constata aquí la similitud morfológica de milagro y dictadura, pero a esta altura de la argumentación de Schmitt parece evidente que el propio concepto de «teología política» ha adquirido un significado nuevo, que va más allá de su

44. J. Donoso Cortés, «Discurso sobre la dictadura», en: *Discursos políticos*, Madrid: Tecnos, 2002, p. 9.

acepción metodológica y corresponde más bien a una filosofía política sustantiva, y en concreto contrarrevolucionaria[45]. Si el absolutismo del siglo XVII se miró, como en un espejo, en la teología de un Dios omnipotente, y si los siglos XVIII y XIX reflejaron sucesivamente las instituciones del despotismo ilustrado o del Estado de derecho liberal en la metafísica deísta y en la cosmovisión científica moderna, en el siglo XX la lucha de clases parece situar a la sociedad europea frente a una batalla política definitiva cuyo trasunto teológico ya solo puede plasmarse en la imagen del Apocalipsis o del Juicio Final. Las diatribas del furioso y visionario Donoso Cortés apuntan en esta dirección, como destaca el propio Carl Schmitt:

> El decisionismo típico del espíritu de Donoso le lleva a considerar siempre el caso extremo, a esperar el Juicio Final. Por eso desprecia a los liberales y respeta, en cambio, al socialismo ateo anarquista como a un enemigo mortal al que atribuye grandeza diabólica[46].

45. Sigo en este punto a J. Habermas, «Carl Schmitt: los terrores de la autonomía», p. 78: «Lo que Schmitt pretendía [con su teología política] era volver a poner en juego la filosofía política de la contrarrevolución, una filosofía política motivada directamente por la teología». También Heinrich Meier (*Die Lehre Carl Schmitts*, pp. 13-47, p. 260) atribuye a la teología política de Schmitt un contenido político sustantivo, en concreto un programa político católico y antimoderno. Una interpretación diferente puede encontrarse en M. Herrero, *The Political Discourse of Carl Schmitt*, Londres y Nueva York: Rowman & Littlefield, 2015, pp. 157 y sigs. Para esta autora, «solo la ignorancia de la teoría de Schmitt sobre la teología política podría conducir a la pretensión de que esta analogía [entre conceptos teológicos y políticos] implica una implementación directa de concepciones teológicas en la realidad política. [...] Lo único que puede afirmarse utilizando la teología política de Schmitt es que las reflexiones teológicas pueden intervenir como un argumento adicional en el debate político» (p. 166).
46. C. Schmitt, *Teología política*, p. 56.

Las visiones apocalípticas de Donoso encuentran eco en las páginas de la *Teología política* de Carl Schmitt, a quien años más tarde el teólogo Jacob Taubes definirá como un «apocalíptico de la contrarrevolución»[47]. Pero conviene no dejarse deslumbrar por la transfiguración teológica de una posición política que puede exponerse en un lenguaje bastante más mundano. Glosando a Donoso, escribe Schmitt lo siguiente: «frente al mal radical solo cabe la dictadura»[48]. Esta frase revela con bastante claridad el programa político contenido en *Teología política*, a condición de que se la concrete un poco. Su significado viene a ser este: después de 1848, y más aún después de 1917, el liberalismo ya no es capaz de afrontar la amenaza de la revolución comunista, y por tanto ha muerto. Y frente al mal radical del comunismo, solo cabe optar por una dictadura antiliberal como la que representaba el fascismo en el espectro ideológico de la época en la que escribe Schmitt. De manera que, bajo el ropaje de la exaltación apocalíptica, *Teología política* perfilaba una elección política perfectamente identificable que ya apuntaba claramente más allá de (y en contra de) la democracia liberal de la República de Weimar. Si Schmitt fue alguna vez un *Vernunftrepublikaner*, a la altura de 1922 estaba dejando de serlo.

47. J. Taubes, «Carl Schmitt – Ein Apokalyptiker der Gegenrevolution», en: H. Kopp-Oberstebrink, Th. Palzhoff y M. Treml (eds.), *Jacob Taubes – Carl Schmitt. Briefwechsel mit Materialien*, Múnich: Fink, 2012, p. 244.
48. C. Schmitt, *Teología política*, p. 57.

3. Contra la democracia liberal

A partir de *Teología política* tenemos que leer a Carl Schmitt no solo como a un discípulo de Thomas Hobbes, sino también, y en no menor medida, de Juan Donoso Cortés, puesto que este pensador reaccionario español convenció a Schmitt de que desde 1848 –y todavía más después de 1917– el liberalismo resultaba incapaz de encarar los violentos antagonismos de las sociedades capitalistas modernas. Ante la quiebra del liberalismo ya solo cabía decidirse por una de las dos alternativas autoritarias a las que Donoso Cortés se refería como la «dictadura de la insurrección y la dictadura del Gobierno», o como «la dictadura que viene de abajo y la dictadura que viene de arriba»[1]. En la más precisa terminología política del siglo XX, hablaríamos tal vez de una elección entre el comunismo y el fas-

---

1. J. Donoso Cortés, «Discurso sobre la dictadura», p. 29.

cismo. Y en efecto, los libros de Schmitt inmediatamente posteriores a *Teología política* muestran que el fascismo, en su variante italiana entonces incipiente, ofrecía para nuestro autor una adecuada alternativa al liberalismo.

Pero Schmitt nunca se limita a asumir las ideas propuestas por otros, y por eso su apropiación del pensamiento antiliberal es creativa, incluso un tanto ecléctica. En 1923 publica *Catolicismo romano y forma política*, una defensa de la influencia política de la Iglesia católica en los Estados modernos. Y ese mismo año, especialmente fecundo, Schmitt publica *Sobre el parlamentarismo*[2], obra en la que matiza su propuesta dictatorial de *Teología política* mostrando que, además de la alternativa de Donoso entre la dictadura «de arriba» y la de «abajo», también es concebible un régimen autoritario dotado de legitimación popular o democrática[3]. Este planteamiento conduce a Schmitt a llevar a cabo una de las más interesantes y

2. La traducción española de este libro no termina de acertar con el título. En 1990, la editorial Tecnos publicó una primera edición con el escueto título de *Sobre el parlamentarismo*. En 2018, una segunda edición de esa misma traducción (acompañada de algunos importantes anexos) se publicó con el título de *Los fundamentos histórico-espirituales del parlamentarismo en su situación actual*. La traducción más exacta sería algo como *La situación histórico-espiritual del parlamentarismo actual*, y quizás la más correcta y elegante sería *El parlamentarismo actual desde el punto de vista de la historia de las ideas*, si asumimos (como sugiere J.-F- Kervégan en *¿Qué hacemos con Carl Schmitt?, op. cit.*) que el adjetivo *geistesgeschichtlich* no hace referencia a la historia del «espíritu», sino a la del pensamiento político. Aquí mantendremos, por brevedad y por comodidad, el título propuesto en la edición de 1990.

3. G. Balakrishnan, *The Enemy*, p. 41, distingue tres respuestas de Carl Schmitt a la amenaza de la revolución: la dictadura, el catolicismo político y la integración de las masas en alguna forma de democracia plebiscitaria iliberal. Seguimos aquí, aproximadamente, esta propuesta de interpretación del pensamiento de Schmitt en los años veinte.

controvertidas operaciones teóricas de toda su obra, consistente en disolver el vínculo conceptual entre democracia y liberalismo para mostrar la coherencia, e incluso la necesidad histórica, de una concepción iliberal o antiliberal de la democracia, que estaría anticipada en el modelo plebiscitario teorizado por Max Weber y se realizaría en los regímenes fascistas a partir de la década de 1920. Pero este modelo de democracia iliberal se asienta sobre una concepción no menos iliberal de la política, cuyo núcleo lo constituye la identificación de un enemigo contra el cual se libra una lucha a muerte en sentido simbólico y, en el caso extremo, también físico. Dicha concepción es la que desarrolla *El concepto de lo político*, cuya primera versión se publicó en 1927. Estos tres libros de Carl Schmitt están, pues, entrelazados, y al menos los dos últimos son imprescindibles para entender su pensamiento político. Lo que este autor un tanto oportunista y un tanto escurridizo pensaba realmente –sobre la legitimación del Estado moderno, sobre la democracia o sobre la política– parece estar contenido en ellos.

Catolicismo político: una forma premoderna de autoridad

Carl Schmitt siempre se declaró personalmente católico. En un pasaje de *Glossarium* se describió a sí mismo en estos términos: «Soy católico no solo por conocimiento, también por origen histórico, por la raza, si puedo decirlo así»[4]. Y en otra entrada posterior añade: «Esta es la clave secreta de toda mi existencia intelectual y de mis publicaciones: la lucha por afilar verdaderamente el catolicismo (contra neutralizadores, cucañeros estéticos, abortistas, incineradores de cadáveres y pacifistas)»[5]. No obstante, solo durante los años de docencia en Bonn se aproximó al catolicismo político y al Zentrum, el partido que representaba esta opción ideológica en el mapa político de la República de Weimar. Fundado en la época del Segundo Imperio con el propósito de defender a la población católica de la hostil *Kulturkampf* o «guerra cultural» bismarckiana, el Zentrum era un partido conservador, pero alejado del antirrepublicanismo de otros partidos situados a su derecha: el Partido Popular Alemán (DVP), el Partido Nacional Popular Alemán (DNVP) y por supuesto el Partido Nacionalsocialista Obrero Alemán (NSDAP). A diferencia de estas otras formaciones, el Zentrum era leal a la República y formó parte de la conocida como «coalición de Weimar», es decir, la coalición electoral de socialdemócratas, liberales y conservadores católicos que posibilitó la formación de gobiernos en el muy fragmentado y polarizado Parlamento nacional (Reichstag) y en algunos de los *Länder* o Estados federados[6]. Durante sus años como docente en Bonn, una ciudad mayoritariamente católica, Carl Schmitt parece haberse identi-

---

4. C. Schmitt, *Glossarium*, p. 164.
5. *Ibid.*, p. 207. Hemos modificado la traducción de este pasaje.
6. Cf. J. Bendersky, *Carl Schmitt*, pp. 65 y sigs.; E. D. Weitz, *La Alemania de Weimar*, Madrid: Turner, 2019, pp. 104 y sigs.

ficado con los postulados de este partido, aunque en aquella época tenía también un motivo personal, que ya hemos mencionado, para acercarse a la Iglesia: esperaba una anulación eclesiástica de su primer matrimonio con Paula Dorotić para poder celebrar un matrimonio católico con su segunda mujer, Duska Todorović, con quien se casó en 1926. Schmitt no logró esa anulación, y esta decepción personal tal vez contribuyó también a que su acercamiento al catolicismo político fuese breve[7].

En cualquier caso, fruto de aquella aproximación fue el ensayo *Catolicismo romano y forma política,* en el que Schmitt se interroga por el origen de la autoridad de la Iglesia católica y por la asombrosa capacidad de adaptación de esta institución a las más diversas situaciones políticas, una habilidad que le habría permitido sobrevivir durante dos milenios. Schmitt ejecuta en estas páginas otra pieza de su hermenéutica «teológico-política», que aplica en este caso al concepto de representación: frente a la concepción moderna, democrática y secular de la representación política en instituciones deliberativas, Schmitt analiza y rehabilita una forma premoderna de representación encarnada en la Iglesia católica, más próxima a la actualización simbólica de una tradición dotada de autoridad que a la defensa de ideas o intereses.

La peculiaridad de la forma eclesiástica de representación puede apreciarse comparando la Iglesia católica con el Estado moderno, y para ello puede servirnos la so-

7. H. Quaritsch expone una opinión diferente en *Positionen und Begriffe Carl Schmitts*, pp. 32 y sigs.

ciología de Max Weber, un autor que influyó mucho en Schmitt durante este periodo[8]. Como es sabido, Max Weber distingue tres fuentes de legitimación del poder: la tradición, la legalidad y el carisma[9]. Aunque toda organización política puede contener una mezcla de las tres en proporciones diversas, el Estado burocrático moderno tiende a apoyarse en las dos últimas, es decir, en la legalidad y en el carisma, a medida que la secularización (o lo que Weber denomina el «desencantamiento del mundo») va secando las fuentes tradicionales y religiosas de la autoridad política. La legitimación basada en la legalidad es una consecuencia de la burocratización del Estado y, más en general, de todas las instituciones de la sociedad moderna. Según Weber, la burocracia es la única forma eficaz de administrar sociedades complejas en las que conviven millones de individuos, y esta es la razón de su inexorable expansión en el mundo moderno, que Weber sintetiza en su conocida y sombría metáfora de la «jaula de hierro»[10]. Pero la administración burocrática no se impone solo de manera coactiva, sino que destila

8. Cf. M. Weber, *Economía y sociedad*, México: FCE, 1993; M. Weber, *Escritos políticos*, Madrid: Alianza Editorial, 1991. Schmitt asistió a los seminarios universitarios de Weber en Múnich y participó en una importante publicación colectiva en memoria de Weber que vio la luz en 1923: C. Schmitt, «Soziologie des Souveränitätsbegriffes und Politische Theologie», en: M. Palyi (ed.), *Hauptprobleme del Soziologie. Erinnerungsgabe für Max Weber*, Múnich / Leipzig: Duncker & Humblot, 1923, vol. 2, pp. 3-36.

9. Cf. M. Weber, *Economía y sociedad*, pp. 170 y sigs.

10. *Ibid.*, pp. 730-731. El pasaje clásico en el que aparece la metáfora de la «jaula de hierro» se encuentra en las últimas páginas de M. Weber, «La ética protestante y el espíritu del capitalismo», en: *Ensayos sobre sociología de la religión*, vol. 1, Madrid: Taurus, 1987, p. 200.

su propia legitimación. En efecto, los ciudadanos de los Estados modernos aceptan la dominación de las rígidas burocracias que los administran bajo el supuesto, normalmente implícito, de que las normas aprobadas de acuerdo con los procedimientos establecidos y regulados por el Estado son, en principio, normas legítimas y merecedoras de acatamiento. La legalidad es por sí misma una fuente de legitimidad. Pero no es la única: junto a ella, y como un complemento no enteramente desacralizado en un mundo cada vez más prosaico, Weber distingue la legitimación carismática, basada en las cualidades de una personalidad a la que se considera «en posesión de fuerzas [...] extraordinarias y no asequibles a cualquier otro [...] y, en consecuencia, como líder *[Führer]*»[11]. En el mundo moderno, el carisma de los líderes políticos es una fuente de legitimación tan poderosa como la legalidad, aunque en cierto modo ambos tipos de legitimación actúan en direcciones opuestas: las burocracias ejercen una dominación impersonal y prosaica –«municipal y espesa», diría el poeta Rubén Darío–, mientras que el liderazgo carismático insufla en la política un elemento personalista capaz de contrarrestar el poder de la administración burocrática y evitar que esta se cierre sobre sí misma dando lugar a sistemas sociales completamente rígidos, petrificados.

Los Estados modernos se asientan en esa combinación peculiar, y no exenta de tensiones, de racionalidad burocrática e irracionalismo carismático. La Iglesia católica, en

11. M. Weber, *Economía y sociedad*, p. 193.

cambio, es una institución premoderna, anterior al «desencantamiento del mundo», y por eso dispone todavía de una fuente de legitimación que no se reduce ni a la legalidad ni al carisma. Su estructura administrativa prefigura desde la Edad Media los rasgos del posterior Estado burocrático moderno, pero hay diferencias importantes entre ambas instituciones por lo que respecta al tipo de autoridad que encarna cada una de ellas. De una organización que, al fin y al cabo, es más religiosa que política cabría esperar que explotase sistemáticamente el recurso de la autoridad carismática, pero, según Schmitt, ni los sacerdotes ni el papa son líderes carismáticos en el sentido de Weber, puesto que su carisma procede de los cargos que ocupan en la institución, en lugar de ser la cualidad que les habilita para ocuparlos. Por otra parte, los prelados tampoco son meros funcionarios comparables a burócratas modernos, puesto que su autoridad retiene siempre un carácter personal que se extingue en las organizaciones burocráticas, crecientemente impersonales:

> Por el hecho de que su cargo es considerado independiente del carisma, el sacerdote adquiere una dignidad que parece abstraer totalmente de lo que es la persona en concreto. No obstante, él no es el funcionario y comisario característico en el pensamiento republicano, y tampoco su dignidad es impersonal, como la del funcionario moderno, sino que su cargo se remonta, en una cadena ininterrumpida, a la misión personal que encomendara el propio Cristo[12].

12. C. Schmitt, *Catolicismo romano y forma política*, Madrid: Tecnos, 2011, p. 17.

La autoridad de la Iglesia no se deriva, pues, ni de la legalidad ni del carisma. Más bien emana, según Schmitt, del tipo de *representación* que encarna esta institución: «el Papa no es el profeta [carismático], sino el representante de Cristo»[13]. Esta capacidad representativa, que explica la milenaria autoridad eclesiástica y su «inconcebible poder»[14], es inseparable de la referencia a algo sagrado, a un elemento trascendente: «hay algo preexistente a la realidad dada de lo material, algo trascendente, y esto implica siempre una autoridad que viene de arriba»[15]. Si se analiza esta idea desde la óptica de la sociología weberiana, cabe interpretar que Schmitt reivindica la legitimación *tradicional*, típica de la Iglesia católica, contra sus dos competidoras más modernas y exitosas: la legalidad y el carisma. Y efectivamente, para Schmitt el «*pathos* de la autoridad»[16] eclesiástica debe su eficacia política al tradicionalismo de dicha institución, incluso a su deliberado anacronismo. Los actos públicos de la Iglesia católica –desde las misas hasta los concilios– exhiben un estilo discursivo preilustrado que privilegia la función ceremonial y prescinde de toda pretensión argumentativa: «lo decisivo sería precisamente el discurso que no argumenta ni razona, sino [...] el discurso representativo»[17]. El lengua-

---

13. *Ibid.*
14. *Ibid.*, p. 4.
15. *Ibid.*, p. 34.
16. *Ibid.*, p. 23.
17. *Ibid.*, p. 29. Para una comparación entre la esfera pública «representativa» y la esfera pública «burguesa» y deliberativa, cf. J. Habermas, *Strukturwandel der Öffentlichkeit*, Frankfurt: Suhrkamp, 1990, pp. 54-85.

je ceremonial aúna voluntades, pero no en la medida en que argumenta y convence, sino en la medida en que actualiza una y otra vez una tradición dotada de una autoridad incuestionada.

Se diría que la Iglesia católica es el último bastión de la legitimación tradicional en un mundo secularizado, pero la tesis más audaz de este ensayo de Schmitt afirma que, en realidad, ninguna institución moderna puede prescindir enteramente de esa fuente premoderna de autoridad. Las instituciones aparentemente secularizadas también están penetradas de elementos representativos, de los cuales obtienen su legitimidad y su capacidad de crear vínculos. Por eso incluso la muy atea Unión Soviética necesitaba evocar el mundo premoderno y el trabajo pre-industrial:

> El carácter no figurativo y sin representación de la empresa moderna saca sus símbolos de una época que no es la suya, dado que la máquina carece de tradición, y lo hace de una forma tan poco plástica, que hasta la Unión Soviética, como es sabido, no encontró otro símbolo para su insignia que la hoz y el martillo, el cual corresponde al estado de la técnica existente hace mil años, pero de ningún modo da expresión al mundo del proletariado industrial[18].

Las instituciones de la democracia liberal tampoco escapan a este diagnóstico. Los diputados de un Parlamen-

---

18. C. Schmitt, *Catolicismo romano y forma política*, pp. 27-28.

to defienden los intereses de sus votantes, pero la autoridad que se les atribuye, y que hace de ellos algo más que meros gestores o testaferros, solo se explica por el trasfondo no completamente secularizado de la idea de representación política, relacionado con una entidad trascendente y cuasisagrada como el «pueblo», o la «voluntad general», o la «soberanía popular»:

El significado común del principio de representación es que los diputados son representantes de todo el pueblo y gozan, por ello, de una dignidad independiente respecto de los electores, sin que esa dignidad deje de derivarse del pueblo (no de los electores individuales)[19].

La democracia parlamentaria moderna está empapada, lo sepa o no, de elementos cuya raíz es religiosa o teológica, y sus categorías políticas fundamentales confirman la hipótesis schmittiana según la cual «los conceptos centrales de la moderna teoría del Estado son conceptos teológicos secularizados»[20]. Ahora bien, si el Estado secular no puede prescindir de ese elemento representativo premoderno que encarna ejemplarmente la Iglesia católica, entonces los antagonismos de la sociedad moderna tal vez

19. *Ibid.*, p. 33. En cambio, debido al incurable materialismo y economicismo del pensamiento marxista, el régimen soviético tiende a extinguir incluso los últimos restos de autoridad política representativa y a sustituirlos por una administración ya completamente burocrática, un objetivo que queda bien resumido en el lema saint-simoniano (y engelsiano) de la sustitución del «gobierno de los hombres» por la «administración de las cosas». Cf. *ibid.*, p. 45.
20. C. Schmitt, *Teología política*, p. 37.

podrían zanjarse (aunque no reconciliarse) si una institución como la Iglesia se fusionase con el Estado reforzando así la autoridad de ambos. Un partido católico conservador como el Zentrum tal vez representaba esta opción en el panorama político de la República de Weimar, pero en la época en que Schmitt publica este ensayo ya eran posibles otras alianzas más ambiciosas entre la Iglesia y el Estado, como la que terminaría concretándose en la Italia de Mussolini (tras los Pactos de Letrán) o en otras variantes de fascismo clerical, como el *Estado Novo* portugués o como el nacionalcatolicismo español.

En una reseña del otro libro de Schmitt publicado aquel mismo año, el ensayo *Sobre el parlamentarismo*, el jurista Richard Thoma sostenía que esa combinación de autoritarismo (o fascismo) y catolicismo era el modelo político que Schmitt tenía en mente: bajo las argumentaciones schmittianas, Thoma barruntaba la convicción de que «una alianza entre el dictador de la nación y la Iglesia católica [podía] en el fondo llegar a ser la solución para un restablecimiento definitivo del orden, la disciplina y la jerarquía»[21]. En cambio, para Schmitt la democracia liberal resultaba incapaz de resolver las tensiones políticas de las modernas sociedades de masas. En su ensayo *Sobre el parlamentarismo*, Schmitt reduce este sistema político a «una mala fachada del dominio de los partidos y de

---

21. R. Thoma, «Sobre la ideología del parlamentarismo», en: C. Schmitt, *Los fundamentos histórico-espirituales del parlamentarismo en su situación actual y la polémica con Thoma sobre el significado de la democracia*, Madrid: Tecnos, 2018, p. 112. En esa misma línea, cf. R. Campderrich, «Estudio preliminar», en: C. Schmitt, *Catolicismo romano y forma política*, p. LVI.

los intereses económicos»[22], y se propone explicar sus deficiencias a partir de sus propias contradicciones internas, es decir, conceptuales. Si la democracia parlamentaria de Weimar no funcionaba, esto no se debía, según Schmitt, a circunstancias contingentes más o menos subsanables, sino a la naturaleza híbrida y constitutivamente inestable de un sistema político que pretendía combinar los principios del liberalismo con los de la democracia de un modo que se había vuelto imposible en las sociedades de masas del siglo xx.

Las contradicciones conceptuales de la democracia liberal

La palabra griega «democracia» significa literalmente «gobierno del pueblo», pero todos sabemos que en el mundo moderno la democracia no significa exactamente eso. En los grandes Estados modernos, por democráticos que sean, no gobierna «el pueblo», sino en todo caso sus representantes. Y como la elección de dichos representantes nunca es unánime, un principio fundamental de la democracia es la regla de la mayoría, según la cual son legítimos los gobiernos que cuentan con un respaldo mayoritario, medido por el número de votos obtenidos en elecciones libres. Pero este principio no es suficiente para definir la democracia en el sentido que hoy damos

22. C. Schmitt, *Sobre el parlamentarismo*, Madrid: Tecnos, 1990, p. 25.

a este término, puesto que no consideraríamos democrático un régimen político en el que un gobierno o un Parlamento democráticamente elegidos conculcasen o pisoteasen los derechos de las minorías. Nuestra idea actual de la democracia incluye, por tanto, otros elementos además del «gobierno del pueblo» e incluso de la regla de la mayoría.

La revista británica *The Economist* publica desde 2006 un conocido índice que mide la calidad democrática de los Estados sobre la base de cinco criterios: proceso electoral y pluralismo, funcionamiento de los gobiernos, niveles de participación política, tipo de cultura política y respeto de las libertades civiles[23]. De estos cinco criterios, tal vez solo el primero y el tercero enlazan directamente con la idea del gobierno del pueblo, mientras que los otros tres parecen proceder de otras tradiciones de pensamiento político. Esto es especialmente claro en el último de ellos, el respeto de las libertades civiles, es decir: de los derechos fundamentales, como la libertad de opinión, de expresión, de reunión, de conciencia o de culto religioso. Desde el punto de vista de la historia de las ideas, la formulación de estos derechos, y la afirmación de que un Estado solo es legítimo si los respeta y protege, han corrido a cargo del pensamiento político liberal, y no tanto de la tradición de pensamiento democrático. Asociamos esos derechos a las ideas de Locke o de Mill más que a las de Rousseau o Marx, y eso implica que la concepción de la democracia que hoy aceptamos (mayoritaria-

---

23. Economist Intelligence Unit (2023), *Democracy Index 2023: Age of Conflict*; https://www.eiu.com/n/campaigns/democracy-index-2023/.

mente) es la democracia liberal. Nadie toma en serio la pretensión democrática de los Estados que no respetan los derechos fundamentales de la tradición liberal, por mucho que al conculcarlos se amparen en la voluntad popular o en la regla de la mayoría, y por eso nos parece inconcebible describir los regímenes fascistas o comunistas del siglo XX como democracias, pese a la omnipresente apelación al «pueblo» en la fraseología fascista, y pese a la autodenominación de los Estados comunistas como «democracias populares». Pero en la Europa de entreguerras, el descrédito de la democracia liberal estaba tan extendido que un autor como Carl Schmitt podía defender seriamente una concepción de la democracia sin esfera pública deliberativa, ni pluralismo ideológico, ni partidos políticos, ni procesos electorales, ni derecho a la disidencia[24]. Es decir: sin prácticamente *ninguno* de los principales elementos que definen nuestra concepción de la democracia, y que paradójicamente –como observó Carl Schmitt– proceden en buena medida del liberalismo político. El ensayo *Sobre el parlamentarismo* explora la combinación de elementos heterogéneos que definen a las democracias liberales, y a la luz de las tensiones que se dan entre ellos concluye postulando una concepción *iliberal* de la democracia que, a juicio de Schmitt, realizarían los regímenes fascistas.

El Parlamento es la institución idónea para analizar las tensiones de la democracia liberal. Según Schmitt, la po-

---

24. Cf. K. Sontheimer, *Antidemokratisches Denken in der Weimarer Republik*, p. 16.

sición central que ocupa el Parlamento en el entramado institucional de las democracias liberales se justifica sobre la base de algunos supuestos filosóficos heredados del racionalismo ilustrado del siglo XVIII. Entre esos supuestos –que Schmitt glosa a partir de la obra de un liberal decimonónico como François Guizot– destaca, en primer lugar, 1) la confianza en la «discusión pública»[25] o en la «deliberación pública de argumento y contraargumento»[26] como medio para dirimir las diferencias de opinión y formar en el Estado una voluntad política común. En una terminología diferente de la que emplea Schmitt, y más próxima a la teoría de la democracia deliberativa de nuestra época, diríamos que el parlamentarismo se basa en la presunción de racionalidad de las decisiones políticas que van precedidas por una deliberación pública, a condición de que dicha deliberación cumpla determinadas condiciones[27]. Entre ellas destaca 2) la *publicidad*: solo cuando la deliberación sobre asuntos de interés general se desarrolla ante el público de un modo transparente, puede afirmarse que el poder político queda efectivamente sometido a la supervisión o el «control de los ciudadanos»[28]. Este requisito de publicidad se opo-

---

25. *Ibid.*, p. 43.
26. *Ibid.*
27. Cf. por ejemplo J. Habermas, *Facticidad y validez*, Madrid: Trotta, 1998, cap. VII; o más recientemente J. Habermas, *Ein neuer Strukturwandel der Öffentlichkeit und die deliberative Politik*, Berlín: Suhrkamp, 2022.
28. C. Schmitt, *Sobre el parlamentarismo*, p. 43. Cf. también J. Locke, *The Second Treatise of Civil Government*, cap. 9, sección 131, en: *Two Treatises of Government*, Nueva York / Londres: Hafner, 1966; así como I. Kant, Segundo Apéndice a *Hacia la paz perpetua*, Madrid: Biblioteca Nueva, 1999.

ne al secretismo político de los *arcana imperii* y la «razón de Estado» del absolutismo, y explica también 3) la importancia de la prensa y de la opinión pública en el ideario del parlamentarismo. En efecto, solo los medios de comunicación libres, no secuestrados por presiones políticas o por intereses económicos, posibilitan un debate público racional y la ilustración de la opinión pública sobre los temas que interesan a todos. 4) Otro de los principales supuestos del parlamentarismo es la idea liberal del Estado de derecho: desde el *Segundo tratado sobre el gobierno civil* de John Locke, el liberalismo político defiende el principio del «imperio de la ley» *(rule of law)*, conforme al cual solo es legítimo el poder que se ejerce dentro del marco establecido por leyes generales y públicas. «Quienquiera que ostente el poder legislativo o supremo en un Estado –escribe Locke– está obligado a gobernar mediante leyes establecidas de manera permanente, promulgadas y conocidas por el pueblo, y no mediante decretos improvisados»[29]. En el Estado de derecho, y a diferencia de lo que sucedía en el absolutismo, ya no es «el rey en persona», sino la «ley impersonal», la que gobierna y ostenta la soberanía[30]. Y por último 5), y en estrecha relación con el punto anterior, dado que la deliberación pública en el Parlamento es el procedimiento que conduce a establecer leyes racionalmente justificadas, el parlamentarismo sitúa el poder legislativo por

29. J. Locke, *The Second Treatise of Civil Government*, p. 186.
30. C. Schmitt, *Sobre el parlamentarismo*, p. 58.

encima del ejecutivo, invirtiendo así la jerarquía institu-cional de los Estados autocráticos o absolutistas.

A la luz de estas consideraciones, Schmitt insiste en que el parlamentarismo no se justifica simplemente con el ar-gumento funcional, frecuentemente aducido, de que una comunidad política amplia y populosa no puede tomar decisiones reuniéndose «bajo el tilo de la aldea»[31], y por tanto no tiene más remedio que recurrir a las instituciones de la democracia representativa. Para Schmitt, la justifi-cación del parlamentarismo es más filosófica que pragmá-tica, y se apoya ante todo en la presunción de racionalidad de los procesos deliberativos. Ahora bien, precisamente es esta presunción de racionalidad la que queda invali-dada con la evolución de los sistemas parlamentarios en el paso del siglo XIX al siglo XX. En las democracias cen-sitarias de los albores de la sociedad burguesa quizás re-sultaba verosímil la perspectiva de alcanzar acuerdos ra-zonables que dirimiesen las diferencias de opinión o de intereses de un modo que todas las partes pudieran con-siderar aceptable, puesto que los miembros de la burgue-sía patricia que deliberaban en aquellas antiguas institu-ciones parlamentarias del siglo XVIII o XIX pertenecían a partidos diferentes, pero a una misma clase social. En cam-bio, la posibilidad del entendimiento se esfuma en las democracias del siglo XX, en las que el acceso de las clases populares a los derechos políticos conduce a la formación de grandes partidos de masas con ideologías e intereses

31. *Ibid.*, p. 42.

completamente irreconciliables[32]. Los diputados de un partido liberal no pueden esperar convencer de la corrección de sus ideas a los diputados comunistas, ni estos pueden alcanzar acuerdos basados en razones con los diputados de partidos fascistas. Por eso, según Schmitt, en las democracias modernas se debilitan los procedimientos deliberativos, y la actividad parlamentaria tiende a transformarse en una pura competencia por el poder político, dirigida en la sombra por «poderosos grupos de poder social o económico», y en la que la «sugestión persuasiva» o las estrategias demagógicas para obtener el favor de los electores tienen mucha más importancia que «la discusión» o la deliberación racional[33]. «Todo el mundo sabe –escribe Schmitt– que ya no se trata de convencer al adversario de lo correcto y verdadero, sino de conseguir la mayoría para gobernar con ella»[34]. Y en otro pasaje:

La situación del parlamentarismo es hoy tan crítica porque la evolución de la moderna democracia de masas ha convertido la discusión pública argumentada en una formalidad vacía. Algunas normas del derecho parlamentario actual, especialmente las relativas a la independencia de los diputados y de los debates, dan, a consecuencia de ello, la impresión de ser un decorado superfluo, inútil e incluso vergonzoso, como si alguien hubiera pintado con llamas rojas los radiadores de

32. Este análisis de Schmitt coincide en lo esencial con el de un marxista como McPherson. Cf. C. B. McPherson, *La democracia liberal y su época*, Madrid: Alianza Editorial, 2003.
33. C. Schmitt, *Sobre el parlamentarismo*, p. 9.
34. *Ibid.*, p. 10.

una moderna calefacción central para evocar la ilusión de un vivo fuego[35].

Estos argumentos de Schmitt coinciden con los de otros autores de su época, como Max Weber o Joseph Schumpeter[36]. Weber observó que la extensión de los derechos políticos a millones de electores reforzaba inevitablemente el papel de los partidos, que a principios del siglo XX se convirtieron en las grandes organizaciones burocráticas que hoy conocemos. También advirtió que en las democracias de masas adquiere un protagonismo creciente el liderazgo carismático, y que la comunicación política tiende a reducirse a propaganda, o incluso −como analizaría Schumpeter algunos años después− a algo muy similar a la publicidad comercial[37]. Pero los escritos de Weber o de Schumpeter muestran que es posible diagnosticar las debilidades del parlamentarismo sin abandonar el compromiso con la propia democracia parlamentaria. La posición de Schmitt es diferente. Si la democracia de masas entra en contradicción con los supuestos liberales y deliberativos del sistema parlamentario, no habría que buscar el modo de adaptar la deliberación pública a las nuevas condiciones de sociedades más complejas[38], sino más

35. *Ibid.*, p. 9.
36. Cf. M. Weber, «Parlamento y Gobierno en una Alemania reorganizada», en: *Escritos políticos, op. cit.*; J. Schumpeter, *Capitalismo, socialismo y democracia*, 2 vols., Barcelona: Página Indómita.
37. Cf. Schumpeter, *Capitalismo, socialismo y democracia*, caps. 20 y 21.
38. Esto es lo que reclamaba por ejemplo Richard Thoma en su recensión del libro de Carl Schmitt publicada en 1925. Cf. R. Thoma, «Sobre la ideología del parlamentarismo», pp. 109-110. Thoma acusaba a Schmitt de haberse precipita-

bien romper la asociación de liberalismo y democracia y explorar formas de democracia iliberal y no parlamentaria:

> La fe en el parlamentarismo, en un *government by discussion*, es propia de las ideas del liberalismo. No es propia de la democracia. Es preciso separar ambos, democracia y liberalismo, a fin de comprender la heterogénea construcción que constituye la moderna democracia de masas[39].

Democracia y liberalismo deben pensarse por separado. Puede haber formas de liberalismo no democrático (o «liberalismo autoritario», como lo denominó Hermann Heller)[40] en las que el Estado de derecho o el imperio de la ley se combinen con el reconocimiento de derechos políticos solo para una parte muy exigua de la población, o en las que muchos asuntos sustanciales –como las cuestiones relativas a las relaciones de producción o a la distribución de la riqueza social– queden sustraídos a la voluntad política democrática[41]. Y puede haber formas iliberales de democracia, y esto es lo que interesa a Schmitt, quien obtiene, mediante la disociación de los conceptos de liberalismo y democracia, la posibilidad conceptual de una dictadura que cuente con una legitimación democrática, aunque prescinda de las instituciones parlamen-

---

do al expedir «el certificado de defunción para la idea del Estado parlamentario» (p. 110).

39. C. Schmitt, *Sobre el parlamentarismo*, p. 12.

40. H. Heller, «Autoritärer Liberalismus?», *Die Neue Rundschau*, 1, 3, pp. 289-298.

41. C. B. McPherson, *La democracia liberal y su época, op. cit.*

tarias y desprecie, junto con estas, todos los principios normativos del liberalismo político:

> En el siglo XIX los conceptos de parlamentarismo y democracia estaban de tal manera unidos que eran aceptados como una misma cosa [...]. [Pero] puede existir una democracia sin eso que se ha venido a llamar parlamentarismo moderno, al igual que puede existir un parlamentarismo sin democracia; por otra parte, la dictadura no es el decisivo opuesto de la democracia, del mismo modo que tampoco la democracia lo es de la dictadura[42].

Schmitt depura la idea de democracia de todas las adherencias procedentes de la tradición liberal. Ignora a Locke y recurre al modelo propuesto por Rousseau en *El contrato social*, una obra que presenta la democracia como un régimen político de autogobierno en el que los derechos individuales son tan irrelevantes como prescindibles son la discusión pública, los procedimientos deliberativos o las instituciones parlamentarias. Para Rousseau –al menos en la interpretación iliberal de Schmitt[43]– la característica más importante de la democracia no es la deliberación que busca el acuerdo entre intereses opuestos, sino la identidad entre gobernantes y gobernados, que a su vez solo es posible sobre la base

---

42. C. Schmitt, *Sobre el parlamentarismo,* p. 40.
43. Cf. D. Bates, «Rousseau and Schmitt: Sovereigns and Dictators», en: H. Rosenblat y P. Schweigert, *Thinking with Rousseau*, Cambridge: Cambridge University Press, 2017, pp. 276-294.

de una compacta homogeneidad y unanimidad del *demos*, del pueblo, del sujeto político. Solo cuando el pueblo comparte una misma forma de vida y unos mismos valores puede la voluntad popular considerase unánime, y solo entonces puede concebirse a los gobernantes como ejecutores de una voluntad popular en la que no hay fisuras ni matices. La homogeneidad del pueblo es, pues, la verdadera clave de la democracia rousseauniana, más importante incluso que la idea de autogobierno o la identidad numérica de gobernantes y gobernados, puesto que en un Estado moderno, compuesto por millones de individuos, esa identidad numérica y ese autogobierno son irrealizables, pero sí puede concebirse una identidad de *voluntades*, a condición de que el *demos* sea verdaderamente homogéneo. Más aún: Rousseau insiste –y Carl Schmitt lo subraya– en que allí donde el *demos* es homogéneo y su voluntad es unánime, la deliberación es superflua e incluso sospechosa: «la unanimidad tiene que llegar incluso hasta el punto de que las leyes sean elaboradas *sans discussion,* según Rousseau»[44]. En cambio, cuando existen diferencias de opinión, cabe sospechar la existencia de partidos, camarillas y facciones que corrompen la *volonté générale* y la pulverizan en una heterogénea pluralidad de intereses particulares enfrentados[45].

Este modelo iliberal de democracia no solo es conceptualmente posible, sino que hacia él tienden, según Carl

44. C. Schmitt, *Sobre el parlamentarismo*, p. 18.
45. Cf. J.-J. Rousseau, *El contrato social*, Libro ii, cap. 3, Barcelona: Altaya, 1993, pp. 28-30.

Schmitt, las democracias de masas del siglo xx, en las cuales declina el elemento liberal deliberativo, refugiado en instituciones parlamentarias cada vez más caducas e ineficaces, al tiempo que cobra importancia el elemento demagógico y plebiscitario, la aclamación directa de los líderes carismáticos por parte del pueblo. «Quizás, después de todo, la época de la discusión haya terminado», escribe Schmitt en el prólogo a la segunda edición de la obra, publicada en 1926[46]. La era del parlamentarismo ha concluido, pero no la era de la democracia, cuya verdadera realización no debe buscarse ya en esos regímenes híbridos y contradictorios que son las democracias liberales, sino en los dos regímenes que, en las décadas de 1920 y 1930, parecían llamados a suplantarlas: el comunismo y el fascismo, los cuales eran, «como cualquier dictadura, antiliberales, *pero no necesariamente antidemocráticos*»[47].

Para Schmitt, la superioridad del fascismo y el comunismo sobre la desacreditada y caduca democracia liberal residía en la condición inequívocamente antiliberal de ambas ideologías, así como en su capacidad de movilización de fuerzas políticas irracionales y emocionales. En este aspecto, el fascismo y el comunismo no eran muy diferentes. Es verdad que, durante el siglo xix y hasta la Segunda Internacional, el marxismo se había comprendido a sí mismo como una ideología heredera de la Ilustración. Su proyecto político podía ser antiliberal, pero su justificación filosófica seguía siendo racionalista: la dictadura

46. C. Schmitt, *Sobre el parlamentarismo,* p. 3.
47. *Ibid.*, p. 21. Las cursivas son mías.

del proletariado siempre pretendió ser una «dictadura educativa»[48], cuyo cometido era imponer los verdaderos intereses de la clase obrera incluso por la fuerza y contra la voluntad de sus beneficiarios. Pero esa vocación racionalista desaparece, a juicio de Schmitt, en el bolchevismo, que presenta rasgos irracionalistas tan opuestos al racionalismo deliberativo liberal como a la dictadura educativa marxista. Por eso en el siglo XX el referente del pensamiento revolucionario ya no es, según Schmitt, el propio Marx, sino un autor tan ambiguo políticamente como George Sorel, cuyas *Reflexiones sobre la violencia* (1908) sedujeron a la izquierda comunista tanto como a la derecha fascista. Sorel muestra que el motivo que impulsa toda tentativa de revolución comunista no es el interés económico racional de las clases trabajadoras, sino una fuerza mucho más poderosa: la imagen (mítica o apocalíptica) de una destrucción violenta del orden burgués, de un «tremendo cataclismo de toda la vida social»[49]. Como señaló Walter Benjamin –en un ensayo que Schmitt no cita, pero que tal vez conociera cuando escribió su libro sobre el parlamentarismo[50]–, Sorel es el teórico

48. *Ibid.*, p. 84.
49. *Ibid.*, p. 87. Sobre Sorel, cf. también C. Schmitt, «Die politische Theorie des Mythus», en: *Positionen und Begriffe im Kampf mit Weimar – Genf – Versailles 1923-1939*, Berlín: Duncker & Humblot, 1994, pp. 11-21.
50. W. Benjamin, «Zur Kritik der Gewalt», en: *Angelus Novus*, Frankfurt: Suhrkamp, 1988. Sobre este ensayo de Benjamin, cf. J. L. López de Lizaga, «Reforma, revolución, terror. Sobre la "violencia divina" de Walter Benjamin», *Afinidades*, n.º 2 (2010), pp. 54-69. H. Hofmann (citando a Agamben) apunta la posibilidad de que Schmitt conociese este ensayo de Benjamin. Cf. H. Hofmann, «Souverän ist, wer über den Ausnahmezustand entscheidet», p. 176. Sobre la relación entre Schmitt y Benjamin, cf. por ejemplo E. Traverso, «"Relaciones peli-

de una violencia revolucionaria que no apunta a fundar un orden nuevo, sino a destruir, en un acto de justa cólera o «violencia divina», el viejo y profundamente injusto orden social. Ahora bien, desde el momento en que el bolchevismo renuncia al racionalismo ilustrado y recurre al mito político, se interna en un terreno en el que tiene perdida de antemano la batalla contra el fascismo, su gran rival antiliberal, pues este dispone de un mito más poderoso que el de la revolución: el mito nacional. «Hemos creado un mito [...]. Nuestro mito es la nación», afirmó Mussolini en un discurso de 1922 que cita Schmitt[51]. El triunfo del fascismo en Italia muestra que, cuando se llega a la confrontación directa entre ambas fuerzas míticas, el fascismo se impone, porque «la energía de lo nacional es mayor que el mito de la lucha de clases»[52]. En cualquier caso, para Schmitt la suerte de la democracia liberal estaba echada: perdería la batalla contra sus nuevos rivales, porque su caduco racionalismo ilustrado, su liberalismo, su Estado de derecho y sus instituciones parlamentarias carecían de la fuerza mítica que el fascismo y el comunismo podían movilizar a su favor[53].

Este estudio de Carl Schmitt sobre el parlamentarismo, tan agudo como discutible, no solo es un interesante do-

grosas". Walter Benjamin y Carl Schmitt en el crepúsculo de Weimar», *Acta Poética*, 28, 1-2 (2007), pp. 93-109.

51. C. Schmitt, *Sobre el parlamentarismo*, p. 96; C. Schmitt, «Die politische Theorie des Mythus», p. 20.

52. C. Schmitt, *Sobre el parlamentarismo*, p. 95.

53. Una fuerza mítica que, como ya vimos, también explica el éxito histórico y el «inconcebible poder» de una institución tan antigua como la Iglesia católica.

cumento de la historia de las ideas en el siglo xx, sino que contiene también una advertencia para cualquier época, incluida la nuestra. Los procedimientos deliberativos de resolución de conflictos y de formación de la voluntad política caducan y pierden su eficacia cuando los antagonismos sociales rebasan cierto umbral impreciso, pero real. Rebasado ese punto, las sociedades desgarradas ya no atienden a argumentos ni buscan acuerdos, sino que reclaman mitos, fábulas políticas enfrentadas a otras fábulas en una lucha a muerte que, con suerte, solo es simbólica, pero que fácilmente puede convertirse antes o después en violencia física. No en vano el ensayo *Sobre el parlamentarismo* condujo a Schmitt –y nos conduce a nosotros– a abordar una pregunta que tal vez constituye el verdadero núcleo de la filosofía de este autor, y que concierne al propio concepto de lo político. Si en la década de 1920 la política deliberativa, el intercambio de argumentos o la búsqueda razonada de consensos eran reliquias de la época liberal y parlamentaria anterior a la Primera Guerra Mundial –o incluso anterior a 1848–, ¿cómo habría que concebir la política en la época de la sociedad de masas, la demagogia, el liderazgo carismático y los mitos políticos? ¿Qué es la política cuando el liberalismo ha muerto? Pocos años después de publicar su crítica del parlamentarismo, Schmitt responde a esta pregunta en el que hoy es su libro más conocido.

El concepto de lo político: la filosofía política del antiliberalismo

El concepto de lo político surgió de una conferencia que Schmitt impartió en Berlín en mayo de 1927. El libro tuvo varias ediciones en vida de Schmitt: en 1927, 1932, 1933 y 1963. Entre las tres primeras el texto difiere bastante. Nosotros seguiremos, como es habitual, la versión de 1932, que Schmitt modificó convenientemente en 1933 para darle un giro más afín al nacionalsocialismo. La edición de 1963 recupera la versión de 1932[54]. El libro puede leerse de principio a fin como un ataque implacable contra el liberalismo, pero la argumentación de Schmitt presenta desde el principio algunas ambigüedades, tal vez deliberadas, que recorren todo el texto, y que intentaremos destacar en nuestra exposición. La primera de ellas afecta a la concepción schmittiana de la enemistad política: en efecto, no queda completamente claro si el enemigo político debe ser tolerado o destruido. A esa primera ambigüedad le sigue otra que concierne a la crítica del liberalismo, al que Schmitt reprocha una ingenua pretensión de despolitizar las relaciones sociales, al tiempo que le acusa de trazar hipócritamente (es decir, sin reconocerlo) sus propias distinciones de amigos y enemigos, creando así antagonismos políticos que –como

---

54. Todas las versiones están publicadas conjunta y sinópticamente en C. Schmitt, *Der Begriff des Politischen. Synoptische Darstellung der Texte*, Berlín: Duncker & Humblot, 2018. La conferencia de 1927 que dio origen al libro, titulada también «Der Begriff des Politischen», está recogida en C. Schmitt, *Positionen und Begriffe*, pp. 75-83.

veremos en capítulos posteriores– pueden llegar a ser especialmente agudos y violentos. Pero los ingenuos no pueden ser hipócritas y los hipócritas nunca son ingenuos, y al mezclar ambas acusaciones Schmitt mantiene su crítica del liberalismo en una extraña indefinición que marcará toda su filosofía posterior. Schmitt se refirió en alguna ocasión a *El concepto de lo político* como su mejor trabajo[55]. Tal vez lo sea, pero de lo que no hay duda es de que mediante la confrontación con este ensayo cada lector debe decidir si acepta o rechaza la filosofía política de este autor.

(I)

La crítica del liberalismo está ya implícita en la definición de la política –o de «lo político», como prefiere decir Schmitt[56]– que ha dado a este libro su enorme fama: «la

---

55. Cf. R. Mehring, *Carl Schmitt*, p. 213. No obstante, según K. Sontheimer (*Antidemokratisches Denken in der Weimarer Republik*, pp. 147 y sigs.) el escrito más influyente de Carl Schmitt en esa época fue el ensayo sobre el parlamentarismo.
56. Algunos autores sostienen que Schmitt no escogió la expresión «lo político» para establecer una diferencia conceptual frente a «la política», pese a que toda una línea de recepción del pensamiento schmittiano, sobre todo francesa, atribuye mucha importancia a esa distinción. Cf. sobre esto S. Moyn, «Concepts of the Political in Twentieth-Century European Thought», en: J. Meierhenrich y O. Simons (eds.), *The Oxford Handbook of Carl Schmitt*, Oxford: University Press, 2016, p. 293. Otros remontan al propio Schmitt dicha distinción, por ejemplo J.-F. Kervégan, *¿Qué hacemos con Carl Schmitt?*, cap. 6, quien menciona dos pasajes en los que Schmitt distingue (de un modo, por lo demás, no muy claro) entre «política» y «policía». En el prólogo de 1963 a *El concepto de lo político* leemos lo siguiente: «en el interior de este tipo de Estados [los Estados europeos de los siglos XVII-XIX] lo que había de hecho era únicamente policía, no política» (p. 40). Y en el ensayo de 1978 *La revolución legal mundial* escribe Schmitt: «la política universal llega a su fin, convirtiéndose en policía universal; un progreso

distinción política específica, aquella a la que pueden reconducirse todas las acciones y motivos políticos, es la distinción de *amigo y enemigo*»[57]. Schmitt sostiene que toda política se articula en torno a esta distinción, que más bien es una contraposición, puesto que los enemigos no son simplemente distintos, sino que están enfrentados entre sí. Pero la política no tiene un contenido propio –no hay cuestiones, temas o problemas que sean políticos en sí mismos, o que no lo sean–, sino que consiste en una *relación* de enfrentamiento o en «cierto grado de intensidad»[58] que pueden alcanzar los antagonismos sociales. Cualquier asunto puede politizarse, porque la política es un estado de las relaciones sociales como el punto de ebullición es un estado de la materia líquida. Y hay política cuando una cuestión, sea cual sea, divide a las sociedades e induce a los individuos a agruparse y formar frentes de amigos y enemigos. Esos frentes solo pueden formarlos los impli-

dudoso» (p. 13). A esos dos pasajes que menciona Kervégan podemos añadir otra referencia en el prólogo de Schmitt a la edición italiana de 1971 de *El concepto de lo político* (cf. C. Schmitt, *Der Begriff des Politischen. Synoptische Darstellung der Texte*, p. 51): «El perfil clásico del Estado se desmoronó cuando perdió su monopolio de la política. Se abrieron paso nuevos sujetos de la lucha política, sujetos de otro tipo, con o sin Estado, con o sin un comportamiento estatal *[Staatsgehabe]*. De ahí surgió un nuevo nivel de reflexión para el pensamiento teórico. Ahora se distinguió "la política" de "lo político"». Tal vez podría interpretarse que para Schmitt «lo político» corresponde a la decisión que agrupa a los amigos, designa a los enemigos y funda un orden, mientras que «la policía» corresponde a la gestión rutinaria, administrativa, de ese orden ya fundado. No obstante, a mi juicio esta distinción no tiene una importancia sistemática para el pensamiento del propio Schmitt (aunque la tenga para algunos de sus seguidores), y por eso no se refleja en sus textos en una distinción terminológica constante entre «lo político» y «la política».
57. C. Schmitt, *El concepto de lo político*, Madrid: Alianza Editorial, 1998 (2024), p. 56.
58. *Ibid.*, p. 68.

cados, y de hecho toda agrupación o «unidad política» se define mediante la designación de sus propios enemigos. El Estado no dispone, en este sentido, del monopolio de lo político, puesto que también los partidos, los sindicatos, las iglesias u otras asociaciones pueden formar frentes de amigos y enemigos sobre la base de criterios como «la religión, la economía, la lengua, la cultura», etc.[59] A esto se refiere Schmitt cuando afirma, en la primera línea del ensayo, que «el concepto del Estado supone el de lo político», y no al revés[60]. El Estado no es otra cosa que la expresión o articulación institucional de una comunidad política que siempre le precede en alguna medida, y que supone ya, siquiera implícitamente, una distinción de amigos y enemigos[61]. No obstante, la posición de Schmitt es ambigua en este punto, puesto que al mismo tiempo atribuye al Estado un papel preponderante en la decisión acerca de quién es el enemigo, tanto exterior como interior, de una comunidad política[62]. El Estado «contiene en el caso decisivo la pauta concluyente»[63]; es «una unidad, y de hecho es la unidad determinante»[64],

---

59. C. Schmitt, «Staatsethik und pluralistischer Staat», en: *Positionen und Begriffe*, p. 159.
60. C. Schmitt, *El concepto de lo político*, p. 49.
61. La *Teoría de la Constitución* expondrá la misma idea en otra terminología: el Estado es, ante todo, su Constitución (en sentido «positivo» o político, y no como mero conjunto de leyes constitucionales), y «toda Constitución emana de un poder (es decir, fuerza o autoridad) constituyente y se establece por su voluntad». C. Schmitt, *Teoría de la Constitución*, p. 42.
62. Cf. E. Kennedy, *Carl Schmitt en la República de Weimar*, p. 32; J.-F. Kervégan, *Hegel, Carl Schmitt*, pp. 78 y sigs.
63. C. Schmitt, *El concepto de lo político*, p. 49.
64. C. Schmitt, «Der Begriff des Politischen», en: *Positionen und Begriffe*, p. 77.

y es la única instancia capaz de fundar un orden y mantener a raya los restantes antagonismos políticos que recorren la sociedad, evitando que se recrudezcan hasta alcanzar una «enemistad extrema (es decir, la guerra civil)»[65].

En cualquier caso, tanto si nos situamos en un nivel subestatal como en el nivel estatal que suele considerar el propio Schmitt, politización equivale a polarización, a identificación de un enemigo. Una polarización que, cuando alcanza el punto de ebullición propiamente político, ya no admite una coexistencia pacífica, ni compromisos con el enemigo, ni mediaciones de ningún tipo, porque por definición los conflictos entre enemigos políticos son aquellos que ya no pueden resolverse «en virtud del juicio o sentencia de un tercero no afectado o imparcial»[66]. Esta concepción schmittiana de lo político resulta más comprensible –aunque no necesariamente más convincente– si se la interpreta como la adaptación de la lógica de la guerra interestatal a las relaciones entre adversarios políticos en el interior de un Estado y en tiempos de paz, como muestra de un modo especialmente claro la conferencia de 1927 que dio origen al libro[67]. El enemigo político en sentido schmittiano no es simplemente el oponente, o el rival en la confrontación electoral, o el militante de un partido diferente. El enemigo político es aquel con quien ya no se tiene nada en común. Es «el otro, el extraño, y para determinar su esencia bas-

65. C. Schmitt, «Staatsethik und pluralistischer Staat», p. 160.
66. C. Schmitt, *El concepto de lo político*, p. 57.
67. Cf. sobre esto H. Quaritsch, *Positionen und Begriffe Carl Schmitts*, p. 65.

ta con que sea existencialmente distinto y extraño en un sentido particularmente intenso»[68]. Es aquel cuya mera existencia se percibe como una amenaza, como «una negación del propio modo de existencia», y a quien ya solo cabe «rechazar o combatir para preservar la forma esencial de vida»[69]. Considerada de este modo, la definición de lo político implica una toma de partido contra el liberalismo, si entendemos que el liberalismo consiste, como decía Ortega y Gasset, en la «decisión de convivir con el enemigo»[70]. Precisamente esto, convivir con el enemigo, es lo que ya *no* hacen dos Estados que entran en guerra, y es lo que tampoco hacen los enemigos políticos schmittianos. Schmitt tal vez replicaría que su ensayo se atiene a una descripción sin valoración, y por tanto no implica ninguna toma de partido normativa ni a favor ni en contra del liberalismo o de cualquier otra ideología. Los schmittianos repiten a menudo esa interpretación de los escritos de Schmitt, y sostienen que quienes introducen argumentaciones normativas o valorativas son, en cambio, sus adversarios liberales[71]. Pero para cualquier lector desprejuiciado resulta evidente que *El concepto de lo po-*

---

68. C. Schmitt, *El concepto de lo político*, p. 57.
69. *Ibid.*
70. J. Ortega y Gasset, *La rebelión de las masas*, Madrid: Espasa-Calpe, 1981, p. 115.
71. Así, por ejemplo, R. Mehring, *Carl Schmitt*, p. 207: «*El concepto de lo político* no desarrolla una filosofía política». O también E.-W. Böckenförde, *El surgimiento del Estado como proceso de secularización*, Madrid: Trotta, 2024, p. 67: «Si se lee la obra *(El concepto de lo político)* de manera fenomenológicamente analítica y no como teoría normativa, es simplemente persuasiva». El propio Schmitt sugiere en varias ocasiones esta interpretación de sus escritos. Cf. sobre esto E. Kennedy, *Carl Schmitt en la República de Weimar*, p. 82.

lítico no contiene *solo* un análisis conceptual, sino que asume decididamente una posición política, en concreto antiliberal. No es, en ese sentido, una obra ni más ni menos normativa que la de cualquier otro filósofo político, sea liberal o no.

(II)

Si bien toda política se define por el antagonismo, el texto de Schmitt mantiene cierta ambigüedad que probablemente se deriva de la arriesgada decisión de aplicar a las relaciones políticas el marco conceptual de las relaciones bélicas. En efecto, a veces parece que Schmitt no concibe la confrontación entre enemigos políticos como una lucha a muerte: el conflicto político irreconciliable solo se da «en último extremo»[72], y eso implica que hay niveles de confrontación en los que el antagonismo no es tan agudo como para negar al enemigo su derecho a existir. Pero otras veces Schmitt parece afirmar abiertamente que la lógica de la confrontación política conduce a la destrucción del enemigo, y no solo en el sentido de su anulación como fuerza política, sino incluso en el sentido de su aniquilación literal, física: «los conceptos de amigo, enemigo y lucha –escribe Schmitt en unas líneas especialmente elocuentes– adquieren *su sentido real* por el hecho de que están y se mantienen en conexión

72. C. Schmitt, *El concepto de lo político*, p. 57.

con *la posibilidad real de matar físicamente*»[73]. Así pues, se plantea en este punto una pregunta crucial para cualquier intento de interpretación de esta obra: ¿de qué tipo de confrontación política está hablando realmente Carl Schmitt? ¿Es la enemistad política un antagonismo que reconoce al otro su derecho a la existencia, o es una lucha a muerte (en sentido simbólico o físico) contra un enemigo a quien ya solo se percibe como una amenaza que debe ser eliminada? Si escogemos la primera interpretación de la idea schmittiana de antagonismo, leeremos *El concepto de lo político* como una obra compatible en última instancia con el liberalismo, pese a todo su *pathos* antiliberal. Esta lectura cuasiliberal o semiliberal de *El concepto de lo político* es posible, y encuentra apoyo en algunos otros textos de Schmitt, pero es inconsistente con la crítica explícita del liberalismo que contiene este ensayo y, en general, toda la obra schmittiana. En cambio, si escogemos la segunda interpretación, solo podremos leer este escrito de Schmitt como un tratado de filosofía política antiliberal.

Ciertamente, no han faltado intérpretes que atemperan el antiliberalismo de *El concepto de lo político*. Tal es la lectura de quienes ven en Carl Schmitt a un precursor o un pionero de una concepción agonística de la política como la que ha desarrollado en nuestra época una autora como Chantal Mouffe –quien, no obstante, y como veremos más adelante, reconoce que es imprescindible re-

---

73. *Ibid.*, p. 63. Las cursivas son mías.

visar las ideas schmittianas para hacerlas compatibles con la democracia liberal–. En la misma línea se sitúan la interpretación propuesta por Ernst-Wolfgang Böckenförde, jurista alemán y discípulo de Schmitt, y la del historiador Joseph W. Bendersky en su excelente biografía de Carl Schmitt; e incluso, paradójicamente, la de un autor de extrema derecha como Alain de Benoist[74]. Más adelante tendremos ocasión de analizar la apropiación de las ideas schmittianas en algunos autores contemporáneos, pero *por lo que respecta al propio Schmitt*, y teniendo también en cuenta la posición que este autor ocupó en el pa-

---

74. Como ejemplo de estas lecturas atemperadas del pensamiento de Carl Schmitt, y especialmente de su concepción de lo político, cf. Ch. Mouffe, *El retorno de lo político*, Barcelona: Paidós, 1999; Ch. Mouffe, «Carl Schmitt and the Paradox of Liberal Democracy», en: Ch. Mouffe (ed.), *The Challenge of Carl Schmitt, op. cit.*, y Ch. Mouffe, *La paradoja democrática*, Barcelona: Gedisa, 2016. Cf. E.-W. Böckenförde, «Der Begriff des Politischen als Schlüssel zum staatsrechtlichen Werk Carl Schmitts», en: H. Quaritsch (ed.), *Complexio Oppositorum*, pp. 283-300. También resulta interesante (aunque más como testimonio de una de las líneas de recepción de Schmitt en la posguerra que por su rigor analítico) el artículo de H. Lübbe, «Carl Schmitt liberal rezipiert», en: H. Quaritsch (ed.), *Complexio Oppositorum*, pp. 427-440. Cf. también J. Bendersky, *Carl Schmitt. Theorist for the Reich*. Este libro es, a mi juicio, la mejor biografía y uno de los mejores estudios que se han escrito sobre Schmitt, pero está lastrado por una interpretación demasiado inocua del pensamiento político schmittiano. Las páginas dedicadas a *El concepto de lo político* (pp. 88 y sigs.) son muy representativas a este respecto. En general, Schmitt aparece retratado como «un típico *Vernunftrepublikaner* conservador» (p. 73), y su compromiso con el nacionalsocialismo se presenta casi como un desliz pasajero e incomprensible. Pero esta lectura es difícil de sostener a la luz de los textos, y más aún tras la publicación póstuma, en 1991, de las anotaciones privadas de Schmitt durante los años 1947-1958 *(Glossarium, op. cit.)*. A la luz de estas publicaciones más recientes, el propio Bendersky corrige parcialmente su anterior imagen de Schmitt. Cf. J. Bendersky, «Schmitt's Diaries», en: J. Meierhenrich y O. Simons (eds.), *The Oxford Handbook of Carl Schmitt*, pp. 117-146. Por su parte, Alain de Benoist protesta contra la demonización de Schmitt por parte de Yves-Charles Zarka y otros autores franceses en «Una nueva campaña infamatoria contra Carl Schmitt», *Empresas Políticas*, n.º 4 (2005), pp. 47-62.

norama del pensamiento antiliberal durante la República de Weimar, nos inclinamos a descartar la lectura atemperada o cuasiliberal de su obra principal[75]. A nuestro juicio, *El concepto de lo político* ha de leerse más bien como una obra clásica del pensamiento político antiliberal, y quizás como la exposición más lograda de una concepción fascista de la política. Y a nuestro favor podemos invocar el hecho de que esta es la interpretación que escogieron, en el momento de la publicación del libro, tanto sus partidarios como sus detractores.

Por ejemplo, en una elogiosa carta enviada a Schmitt en 1930, Ernst Jünger –otro de los autores más representativos de la «revolución conservadora», y completamente hostil a la democracia liberal de Weimar– describió el libro mediante una extraña pero muy expresiva metáfora: era «una mina que explota sin ruido. Como por arte de magia, se ve cómo los cascotes se desmoronan, y la destrucción ya ha ocurrido antes de hacerse audible»[76]. Aunque Jünger no lo dice, lo más probable es que los cascotes que se desmoronan en el ensayo schmittiano sean los de

---

75. Cf. K. Sontheimer, *Antidemokratisches Denken in der Weimarer Republik*, pp. 141 y sigs. Sontheimer muestra que los mismos argumentos antiliberales de Schmitt aparecen en los escritos de otros autores de su época hostiles hacia la democracia liberal. Con frecuencia esos autores son más burdos que Schmitt, pero sus ideas son las mismas, o muy similares. El estudio de esos autores menores aclara la posición política precisa que Schmitt ocupó en su época y evita las interpretaciones que desfiguran su pensamiento al proyectar hacia el pasado ideas que pertenecen a una época posterior (la nuestra), a otro contexto histórico y a otras preocupaciones políticas.
76. Carta de E. Jünger a C. Schmitt del 14 de octubre de 1930, cit. en G. Balakrishnan, *The Enemy*, pp. 132-133. Sontheimer presenta a Ernst Jünger como a un «nacionalista revolucionario». Cf. K. Sontheimer, *Antidemokratisches Denken in der Weimarer Republik*, pp. 123 y sigs.

la democracia liberal de Weimar, y por extensión los del pensamiento político liberal en general. Y de un modo no muy diferente leyó el libro de Schmitt en la época de su publicación el jurista socialdemócrata Hermann Heller, si bien su valoración era contraria a la de Jünger. En dos artículos publicados poco después de la primera edición de *El concepto de lo político*, Heller ubicaba a Carl Schmitt en la órbita ideológica del fascismo, junto a autores como Vilfredo Pareto o George Sorel. Este juicio de Heller se basaba en la definición schmittiana de lo político por medio del «par conceptual amigo-enemigo», una distinción que, según Heller, «pone el acento en el enemigo existencialmente heterogéneo y al cual hay que aniquilar en caso de conflicto»[77]. Contra esta concepción fascista de la política, que importa las categorías de la guerra entre Estados a las relaciones políticas entre los ciudadanos en el interior de un Estado, Heller recuerda que el término «política» procede de la palabra griega *polis* ('ciudad'), no de *pólemos* ('guerra'), y que al menos en las democracias liberales la política consiste en la coordinación de vo-

---

77. H. Heller, «Bemerkungen zur Staats- und rechtstheoretischen Problematik der Gegenwart», *Archiv des öffentlichen Rechts*, 55, 3 (1929), pp. 321-354, p. 338; Cf. H. Heller, «Politische Demokratie und soziale Homogenität» [1928], en: *Gesammelte Schriften*, vol. 2, Leiden: Sijthoff, 1971. En el panorama de la teoría jurídica y política de la República de Weimar, Heller ocupa una interesante posición intermedia entre Schmitt y Kelsen: afirma (como Schmitt) que la legitimidad de la ley entraña un momento político, pero esto no le impide comprometerse (como Kelsen) con la democracia y el Estado social de derecho. Cf. sobre esto D. Dyzenhaus, *Legality and Legitimacy. Carl Schmitt, Hans Kelsen and Hermann Heller in Weimar*, Oxford: Oxford University Press, 1997, pp. 161 y sigs.; J. L. Monereo Pérez, *La defensa del Estado social de derecho. La teoría política de Hermann Heller*, Barcelona: El Viejo Topo, 2009.

luntades e identidades heterogéneas, tanto o más que en la autoafirmación de la identidad de un grupo contra un enemigo exterior o interior. El *demos* homogéneo de una democracia liberal se constituye precisamente *a través* de esa coordinación de heterogeneidades:

Carl Schmitt no ha comprendido como política la esfera de la formación de la unidad intraestatal. Si todas las acciones políticas pudieran reducirse a la distinción de amigo y enemigo, siendo el enemigo *«algo existencialmente otro y extraño en un sentido especialmente intenso»*, que debe ser rechazado o combatido, y eventualmente aniquilado, a fin de preservar la propia forma existencial de vida, entonces el origen y la existencia de la unidad política serían algo sumamente apolítico. Schmitt solo ve el estatus político concluido, pero este no es algo estático, sino algo que debe configurarse de nuevo cada día, *un plébiscite de tous les jours*. El proceso dinámico de formación y autoafirmación del Estado como unidad en la pluralidad de sus miembros es política en un sentido como mínimo equivalente al de la autoafirmación hacia el exterior. «Política» procede de *polis*, no de *pólemos*, aunque la raíz lingüística común siga siendo significativa[78].

Esta crítica de Heller apunta, a nuestro juicio, en la dirección correcta. Heller concede a Schmitt que las democracias requieren cierta homogeneidad del *demos*, y que dicha homogeneidad no está definida de antemano –mediante

---

78. H. Heller, «Politische Demokratie und soziale Homogenität», p. 425.

criterios raciales, nacionales, religiosos o de clase social–, sino que debe construirse o constituirse. Pero para Heller la homogeneidad no se construye mediante la distinción de amigos y enemigos y la consiguiente identificación, exclusión y expulsión del diferente, sino mediante el mutuo reconocimiento de los ciudadanos como tales, es decir, como conciudadanos, a pesar de su heterogeneidad étnica, religiosa, de clase social, o de cualquier otro tipo. Y este argumento de Heller tiene también su importancia para juzgar las ideas de Schmitt sobre el parlamentarismo. En efecto, Heller objeta a Schmitt que el parlamentarismo moderno no se funda únicamente en la confianza en los procesos deliberativos, cuya racionalidad es siempre más presunta que real, sino en la disposición al reconocimiento del otro *a pesar de las diferencias*, y en el respeto del adversario sin que por ello deje de ser un adversario:

> Carl Schmitt está lejos de hallar el «centro espiritual» del parlamentarismo cuando [...] designa como la *ratio* del Parlamento la fe en la publicidad de la discusión y la fe en la posibilidad de alcanzar la verdad mediante la libre competencia de las opiniones. [...] En realidad la base histórico-espiritual del parlamentarismo no es la fe en la discusión pública como tal, sino la creencia en la existencia de un fundamento común para la discusión, y con ello en la posibilidad de un *fair play* para el adversario en política interior, con el cual se cree posible ponerse de acuerdo excluyendo el recurso a la nuda violencia[79].

79. *Ibid.*, p. 427. Cf. D. Dyzenhaus, *Legality and Legitimacy*, p. 190.

Contra el enfoque fascista schmittiano, Hermann Heller reivindica en estos pasajes una concepción liberal de la política que vincula la democracia con el respeto al adversario y destaca la importancia de fijar un «fundamento común para la discusión», es decir, un conjunto de principios normativos que puedan ser reconocidos por todos –John Rawls hablará, muchos años después, de «razón pública»[80]–, y que ofrezcan un marco de referencia común en el que puedan expresarse y equilibrarse las diferencias políticas. Lo cual no significa que esas diferencias y antagonismos puedan o deban desaparecer, porque si la homogeneidad del *demos* no es un *factum* prepolítico, sino una construcción que depende de las voluntades y los acuerdos –*un plébiscite de tous les jours*, como dice Heller retomando la célebre definición de «nación» propuesta por Ernest Renan[81]–, será siempre revisable y precaria. El socialdemócrata Heller sabe que en sociedades de clases «la homogeneidad social nunca puede significar la superación de la estructura necesariamente antagónica de la sociedad»[82]. Pero el liberalismo político no aspira a borrar las diferencias, sino a fijar un marco común en el que puedan coexistir sin destruirse mutuamente por la violencia. «El fin inmediato de toda política –escribe Heller en 1924– es [...] la *máxima* exclusión

---

80. J. Rawls, *El liberalismo político*, Barcelona: Crítica, 2003, pp. 247 y sigs. Cf. también J. Rawls, «Una revisión de la idea de razón pública», en: *El derecho de gentes*, Barcelona: Paidós, 2001.

81. E. Renan, *¿Qué es una nación?*, Madrid: Sequitur, 2014.

82. H. Heller, «Politische Demokratie und soziale Homogenität», p. 428.

posible de la coacción física, de la violencia»[83]. Y algunos años después, en un importante ensayo sobre el fascismo italiano, añade lo siguiente: «la política es siempre una organización de la oposición de voluntades sobre la base de una voluntad común»[84].

Schmitt podría haber ignorado estas críticas, o haberlas despachado acusando a Heller de incurrir en la presunta ingenuidad política que Schmitt y los schmittianos suelen reprochar a los liberales. Pero curiosamente se sintió ofendido por esta lectura de *El concepto de lo político* que resaltaba sus elementos antiliberales y aproximaba esta obra a un fascismo hacia el cual, por otra parte, el propio Schmitt ya había expresado públicamente su admiración[85]. En aquella época Schmitt tenía cierta relación personal con Heller, quien era entonces catedrático de Derecho en la Universidad de Berlín, y se conserva una carta en la que Schmitt responde a la crítica de Heller con gran frialdad, y en la que parece ofrecer una interpretación distinta de su concepto de enemistad política y, por tanto, de la política misma. «No recuerdo haber dicho que el enemigo debe ser destruido», puntualiza Schmitt, y añade que «en la esfera del espíritu» no es capaz de pensar juntas «la existencia y la aniquilación», lo cual no deja

83. H. Heller, «El sentido de la política», en: *El sentido de la política y otros ensayos*, Valencia: Pre-Textos, 1996, p. 57.

84. H. Heller, *Europa y el fascismo*, Granada: Comares, 2006, p. 1.

85. Como mínimo en C. Schmitt, *Sobre el parlamentarismo*, p. 96, y más tarde en C. Schmitt, «Wesen und Werden des faschistischen Staates» [1929], en: *Positionen und Begriffe*, pp. 124-130. Hay traducción al español de este escrito: C. Schmitt, «El ser y el devenir del Estado fascista», en: H. O. Aguilar (ed.), *Carl Schmitt, teólogo de la política*, México: FCE, 2001, pp. 75-81.

de ser una forma enrevesada de decir que al enemigo político no necesariamente hay que liquidarlo[86]. Años más tarde, tras el atroz periodo del nazismo y la Segunda Guerra Mundial, Carl Schmitt volverá varias veces sobre este asunto en sus diarios. «La aniquilación del enemigo –leemos en una entrada de 1948– [...] es la pretensión de una *creatio ex nihilo*, un nuevo mundo como tabula rasa. Quien quiera aniquilarme no es mi enemigo sino mi satánico perseguidor»[87]. Y en un pasaje posterior, en el que Schmitt cita un verso de su admirado Theodor Däubler, leemos lo siguiente: «El enemigo es nuestra propia pregunta encarnada. Eso significa *in concreto*: solo mi hermano puede cuestionarme; solo mi hermano puede ser mi enemigo»[88].

Estos pasajes no son muy claros, pero sugieren una concepción de la enemistad política menos violenta y extrema que la expuesta en el ensayo de 1927. Decir que se trata de una concepción liberal, cuasiliberal o compatible en algún sentido con el liberalismo sería seguramente excesivo y erróneo, pero tal vez conviene distinguir en los escritos de Schmitt, ya desde *El concepto de lo político*, dos formas de enemistad. En un artículo de los años sesenta, el politólogo estadounidense George Schwab propuso diferenciarlas mediante los términos ingleses *foe* y *enemy*, que no tienen equivalente en alemán ni en espa-

---

86. Cit. en J. Bendersky, *Carl Schmitt*, p. 93; y cf. también R. Mehring, *Carl Schmitt*, p. 214.
87. C. Schmitt, *Glossarium*, p. 237. Anotación del 11/08/1948.
88. *Ibid.*, p. 271. Anotación del 13/02/1949. La frase «el enemigo es nuestra propia pregunta encarnada» es un verso de Theodor Däubler que Schmitt había citado ya en una anotación fechada unos meses antes (p. 265).

ñol (aunque sí, por ejemplo, en latín, lengua que distingue entre *hostis* e *inimicus*)[89]. El término *foe* designa en inglés el enemigo al que Schmitt se referirá, en escritos posteriores, como «enemigo absoluto», es decir, el enemigo contra el cual se libra una lucha encarnizada, despiadada y sin restricción alguna[90]. En cambio, el *enemy* es el enemigo al que se combate, pero cuya causa se reconoce como legítima, aunque sea opuesta a la causa propia. La diferencia no es solo semántica, sino que tiene consecuencias prácticas: el combate contra un *enemy* se atiene a las leyes de la guerra, mientras que el *foe* es el enemigo en las guerras de exterminio, guerras brutales en las que el uso de la violencia no respeta ningún límite. La distinción entre estos dos tipos de enemigos, y entre dos tipos de guerra, tendrá –como veremos– mucha importancia en la teoría de las relaciones internacionales que Carl Schmitt desarrollará sobre todo a partir de los años treinta. Pero es evidente que esta distinción propuesta por Schwab se mantiene dentro del ámbito semántico del lenguaje militar, y por tanto parece inadecuada para concebir las relaciones entre adversarios políticos en el interior de un Estado y en tiempos de paz. Dicho de otro modo: esa segunda forma de hostilidad que designa el término *enemy*, y que

89. G. Schwab, «Enemy oder Foe: Der Konflikt der modernen Politik», en: H. Barion, E.-W. Böckenförde, E. Forsthoff y W. Weber (eds.), *Epirrhosis. Festgabe für Carl Schmitt*, Berlín: Duncker & Humblot, 1968, vol. 2, pp. 665-682. Schmitt admite esta distinción (y menciona expresamente a Schwab) en el Prólogo a la reedición de 1963 de *El concepto de lo político*, p. 48. Cf. también M. Herrero, *The Political Discourse of Carl Schmitt*, pp. 108-109.
90. Cf. por ejemplo C. Schmitt, *Teoría del partisano*, Madrid: Trotta, 2022.

parece corresponder a una mentalidad militar caballeresca, contrapuesta a otra mentalidad militar guiada por un afán exterminador o genocida, sigue ofreciendo un paradigma equivocado para pensar la política en un Estado democrático y en una sociedad heterogénea. Por eso –y pese a la ofendida reacción de Schmitt a la reseña de Heller– la interpretación más coherente de la confrontación de amigos y enemigos analizada en *El concepto de lo político* parece ser la que más se acerca al fascismo y más se aleja del liberalismo. Un liberalismo contra el cual, además, dirige Schmitt todas sus armas en la edición ampliada de 1932, especialmente en la parte final del libro. Veámoslo.

(III)

No sin cierta inconsistencia, Schmitt acusa al liberalismo simultáneamente de ingenuidad y de hipocresía. El liberalismo es ingenuo en la medida en que confía en *despolitizar* las sociedades, transformando el antagonismo propiamente político –la lucha a muerte entre enemigos– en una competencia puramente económica, o en una diferencia de pareceres ideológicos que en principio debe poder resolverse mediante la deliberación y el diálogo: «el liberalismo intenta disolver el concepto de enemigo, por el lado de lo económico en el de un competidor, y por el lado del espíritu en el de un oponente en la discusión»[91].

---

91. C. Schmitt, *El concepto de lo político*, p. 58.

Esta ingenuidad política descansa en una antropología filosófica optimista que el liberalismo comparte con el anarquismo, y que se origina en una Ilustración que Schmitt presenta en estas páginas de un modo un tanto caricaturesco. De acuerdo con dicha antropología filosófica optimista, el hombre es «bueno por naturaleza», y por tanto toda autoridad y toda institución estatal son superfluas y, en el fondo, ilegítimas[92]. Por el contrario, la concepción schmittiana de lo político se inscribe en una tradición de pensamiento a la que pertenecen autores como Maquiavelo, Hobbes, Hegel o Donoso Cortés[93], conscientes todos ellos de que el ser humano es «malo por naturaleza» –tal como enseña la doctrina cristiana del pecado original[94]– y de que, por tanto, las instituciones estatales llamadas a contener la maldad humana son tan imprescindibles como inevitable es la confrontación política de amigos y enemigos. «Teóricos de la política como Maquiavelo, Hobbes, y frecuentemente también Fichte, lo único que hacen con su "pesimismo" es presuponer la realidad o la posibilidad real de la distinción entre amigo y enemigo»[95]. El liberalismo es ingenuo porque ignora todo esto, y se vuelve incapaz de formular una «teoría política propiamente dicha»[96].

Pero lo anterior no impide a Schmitt acusar al liberalismo de ser, al mismo tiempo, un pensamiento politiza-

92. *Ibid.*, p. 89.
93. *Ibid.*, p. 90.
94. *Ibid.*, p. 93.
95. *Ibid.*
96. *Ibid.*, p. 90.

do que identifica y combate a sus propios enemigos, aunque no lo reconozca. El liberalismo es, pues, un pensamiento político hipócrita, y Schmitt le recuerda constantemente, en este y otros textos, lo que podríamos denominar la *inevitabilidad* de lo político. Los liberales trazan sus propias distinciones políticas y sus agrupamientos de amigos y enemigos: cuando defienden, por ejemplo, la separación de Estado y religión, se enfrentan políticamente a quienes rechazan esa separación; cuando condenan la guerra entre naciones en nombre de un pacifismo cosmopolita, no hacen otra cosa que armarse de razones para declarar enemigos a quienes no son pacifistas ni cosmopolitas, y así sucesivamente. Lo reconozca o no, bajo su retórica apolítica el liberalismo está enteramente politizado, porque en una época en la que el liberalismo ha muerto, ya nadie –ni siquiera los liberales– puede sustraerse a la inevitable confrontación de amigos y enemigos: «Este sistema, presuntamente apolítico y en apariencia incluso antipolítico, está al servicio de agrupaciones de amigos y enemigos, bien ya existentes, bien nuevas, y no podrá tampoco escapar a la consecuencia interna de lo político»[97].

¿Cómo debemos juzgar esta crítica del liberalismo? La lucidez y la ceguera se entretejen en las páginas de este ensayo tan fascinante como desconcertante. Naturalmente, si aceptamos la argumentación de Schmitt, su crítica al liberalismo queda completamente blindada frente a

---

97. C. Schmitt, *El concepto de lo político*, p. 106.

cualquier objeción, puesto que toda réplica favorable a una concepción liberal y no fascista de la política –es decir: favorable al respeto del adversario y contraria a su identificación como enemigo a abatir o destruir– quedará automáticamente descalificada, bien como una despolitización ingenua y fallida, bien como una politización inconfesada e hipócrita. Dicho de otro modo: si resulta imposible escapar a la dialéctica de amigos y enemigos incluso cuando se afirma expresamente que no se acepta esa dialéctica como definición de la política, entonces Schmitt es irrefutable. Pero Schmitt no es irrefutable, y para darse cuenta de ello basta con rechazar no ya su particular concepción de lo político, sino su particularísima caracterización del liberalismo. Hermann Heller dio en el clavo en aquella reseña –que, con razón, tanto irritó a Schmitt– en la que puntualizaba que el liberalismo no niega la existencia de los antagonismos políticos, ni confía ingenuamente en erradicarlos mediante la economía y la moral, el mercado y el diálogo. Tampoco es verdad que el liberalismo no tenga sus propios enemigos, o que no sepa o no admita que los tiene. El liberalismo político no rechaza los antagonismos políticos, ni oculta su existencia, pero rechaza la violencia, la represión de la disidencia, la destrucción simbólica o física del adversario como condición para establecer una unidad política homogénea que solo podrá ser verdaderamente compacta si es coactiva. Recordemos de nuevo a Ortega: el liberalismo no niega la enemistad, pero decide que, *pese a ella*, la política consiste en «convivir con el enemigo».

La historia de Europa en el siglo xx quizás habría sido diferente si las ideas de un liberal como Ortega o de un socialdemócrata como Heller hubieran tenido más eco que las de Carl Schmitt cuando llegó el momento decisivo. Los historiadores han enumerado muchas veces las causas del fracaso de la República de Weimar, una democracia liberal débil, insegura y acosada desde el principio. Entre esas causas suele mencionarse la inoperancia del Parlamento debida a la fragmentación y polarización de los partidos, la violencia política cotidiana, los golpes de Estado de la ultraderecha y las tentativas revolucionarias de la izquierda comunista, la asfixia económica propiciada por las draconianas condiciones de paz impuestas por los vencedores de la Primera Guerra Mundial, etc. Pero en este catálogo de infortunios no puede faltar otro, de tipo puramente ideológico, que sin embargo desempeñó un papel en el colapso de la República tan relevante como el de otros factores económicos o sociales, aparentemente más sólidos y contundentes. Ese factor ideológico fue la desafección y la deslealtad de amplios sectores conservadores de la sociedad alemana y de una parte importante de los intelectuales, que llevaron a cabo toda una campaña de desprestigio de la democracia liberal. El politólogo Kurt Sontheimer destacó la importancia de esta desafección: «la debilidad interna y la muerte de la democracia de Weimar están inseparablemente vinculadas a la eficacia del pensamiento antidemocrático»[98]. Y ya

98. K. Sontheimer, *Antidemokratisches Denken in der Weimarer Republik*, p. 13.

antes que él, el historiador Golo Mann había expresado la misma idea de un modo más drástico: «De las muchas lecciones que la catástrofe de Weimar contiene todavía para nosotros, una es esta: que los intelectuales tienen que querer participar y ayudar, en lugar de simplemente mofarse»[99]. Las democracias liberales no funcionan sin una base suficiente de legitimación social, y no es posible que esa base de legitimación se forme o se consolide si los intelectuales no ponen algo de su parte. La «traición de los intelectuales» que Julien Benda denunció en un célebre ensayo, publicado –curiosamente– en el mismo año que *El concepto de lo político*, consistió también en esto[100].

99. G. Mann, cit. en K. Sontheimer, *ibid.*
100. J. Benda, *La traición de los clérigos*, Barcelona: Círculo de Lectores, 2000.

4. Hacia la catástrofe

Los años de docencia en la Universidad de Bonn convirtieron a Carl Schmitt en un profesor exitoso, y sus publicaciones de aquella época le granjearon también el respeto de los juristas. Pero sus ambiciones apuntaban más alto: Schmitt aspiraba a conquistar el mundo académico berlinés, porque Berlín era entonces la metrópoli, el centro económico, cultural y político de la República. Es verdad que, años después, confesaría tener sentimientos ambiguos hacia una ciudad que siempre le atrajo y en la que, no obstante, nunca terminó de sentirse cómodo[1]. Pero a finales de la década de 1920, Schmitt no desaprovechó la ocasión de trasladarse a la capital con el objetivo de consolidar su prestigio académico y –como explicará él mismo– «conocer de cerca el objeto de mi disciplina acadé-

---

1. Cf. C. Schmitt, *Ex captivitate salus*, Madrid: Trotta, 2010, p. 43.

mica, es decir: el Estado»[2]. La oportunidad para hacerlo se presentó tras la conferencia sobre «El concepto de lo político», que Schmitt impartió en mayo de 1927 en la Escuela Superior de Comercio de la capital. Unos meses más tarde, aquella institución le ofreció un puesto como profesor. Se trataba de un centro de menor prestigio que una universidad, pero Schmitt aceptó la oferta, y se incorporó a su puesto docente en el semestre de verano de 1928.

Schmitt llegó a Berlín poco antes de que se disipase la efímera estabilidad de los años veinte –durante los cuales se logró contener la inflación y suavizar las condiciones del pago de las reparaciones de guerra fijadas en el Tratado de Versalles[3]– y la República iniciase su viraje hacia la catástrofe. La crisis económica de 1929 precipitaría el final, pero ya antes, en 1928, la situación política era muy compleja. Uno de los problemas institucionales más graves de la democracia de Weimar era la inoperancia del Parlamento[4]. La fragmentación y polarización de los partidos políticos, que mostraban muy poca disposición a la negociación y el acuerdo, dificultaban cada vez más la formación de mayorías de gobierno, y a partir de 1930, cuando el partido nazi obtuvo ciento siete escaños, fue ya imposible formarlas[5]. Ante esta situación, el pre-

2. C. Schmitt, cit. en: R. Mehring, *Carl Schmitt*, p. 205.
3. E. Kennedy, *Carl Schmitt en la República de Weimar*, p. 153.
4. Cf. M. Fulbrook, *Historia de Alemania*, pp. 239 y sigs.; E. D. Weitz, *La Alemania de Weimar*, pp. 147 y sigs.
5. F. Neumann, *Behemoth*, Barcelona: Anthropos, 2014, p. 23. Para una opinión diferente, cf. O. Beaud, *Los últimos días de Weimar. Carl Schmitt ante el ascenso del nazismo*, Madrid: Escolar y Mayo, 2017, p. 22.

sidente Hindenburg recurrió a los poderes excepcionales que le concedía el controvertido artículo 48 de la Constitución y nombró un gobierno que ya no contaba con el respaldo de una mayoría parlamentaria. Aquella decisión excepcional se convirtió en la norma: dio inicio a un periodo fuertemente presidencialista durante el cual los gobiernos fueron nombrados por el presidente del Reich sin el apoyo de los diputados del Reichstag. Naturalmente, aquella situación dificultaba también la actividad legislativa, y por eso durante los años siguientes los sucesivos cancilleres –Brüning, Papen, Schleicher– gobernaron mediante decretos leyes, ignorando al Reichstag y apoyándose permanentemente en los poderes presidenciales excepcionales, que fueron ampliándose a medida que las circunstancias agravaban la espiral de la crisis económica, política e institucional. Los datos sobre la actividad del Reichstag durante los últimos años de la República son elocuentes: en 1930 fueron noventa y ocho las leyes aprobadas en él, frente a cinco decretos leyes presidenciales, mientras que en 1932 solo se aprobaron cinco leyes en el Reichstag, frente a sesenta decretos leyes[6]. Hindenburg recurrió al artículo 48 no solo para restablecer el orden en un clima de constante violencia política, sino también para aprobar decretos en materia económica y financiera. Y en julio de 1932 –en una maniobra política dirigida contra la socialdemocracia, pero que también se proponía frenar un posible triunfo electoral del Partido Nacionalsocialista en el

---

6. Cf. H. Möller, *La República de Weimar*, Madrid: Antonio Machado Libros, 2015, p. 262.

Parlamento regional prusiano[7]–, el presidente destituyó al gobierno socialdemócrata de Prusia y nombró al canciller del Reich como autoridad suprema en el Estado más grande y poblado de Alemania. Esta maniobra, conocida como el «golpe de Estado de Prusia» *(Preussenschlag)*, se apoyaba en una interpretación del artículo 48 muy amplia y muy controvertida entre juristas, y muestra hasta qué punto la República de Weimar, ya antes de 1933, había virado hacia un régimen presidencialista autoritario.

Carl Schmitt pudo asistir a estos acontecimientos ya instalado en el centro político de la República, y ciertamente desde una posición que nada tenía que ver con la que había ocupado durante su primer año de estudiante universitario en aquella misma ciudad. Ahora Schmitt no quería limitarse a contemplar desde la barrera unos acontecimientos que, además, se ajustaban asombrosamente a los análisis que él mismo había publicado en los años anteriores. El Reichstag fuera de combate y el creciente poder del presidente del Reich confirmaban sus teorías sobre el colapso de la democracia liberal, sobre la dictadura y sobre el estado de excepción. Incluso es probable que algunas de las decisiones de los protagonistas de la política alemana de aquellos años estuvieran influidas por las ideas de Schmitt, que para entonces ya era un jurista muy reputado[8]. Schmitt no quiso, pues, desaprovechar la opor-

---

7. Cf. J. Bendersky, *Carl Schmitt*, pp. 154-155; G. Balakrishnan, *The Enemy*, pp. 164 y sigs.
8. Cf. G. Balakrishnan, *The Enemy*, p. 78. Otto Meissner, un secretario de Estado muy próximo a Hindenburg, probablemente plagió los argumentos de Schmitt

tunidad de ejercer su influencia sobre la clase política, y desde su llegada a Berlín buscó el contacto con el poder.

Sus esfuerzos en esa dirección tuvieron éxito. Conoció y cultivó una amistad personal con Johannes Popitz –un secretario de Estado conservador que más tarde participaría en la fallida conspiración de julio de 1944 para matar a Hitler–, y poco después se convirtió en consejero del círculo del presidente Hindenburg. El asesoramiento de Schmitt era más bien informal, pero fue recabado oficialmente por la cancillería y la presidencia en al menos dos ocasiones muy importantes políticamente. La primera de ellas tuvo lugar en 1930, cuando Schmitt redactó, a instancias del gobierno, un informe en el que defendía la constitucionalidad del recurso al artículo 48 para aprobar medidas económicas[9]. Y la segunda fue en el otoño de 1932, tras el ya mencionado «golpe de Estado de Prusia». Para algunos juristas y diputados de tendencia liberal, el sometimiento del Estado prusiano al control directo del canciller del Reich excedía el alcance de los poderes excepcionales que la Constitución atribuía al presidente, y esta discrepancia dio lugar a un conflicto jurídico entre el Reich y Prusia –es decir, entre la administración federal y uno de los Estados federados– ante el Tribunal Estatal *(Staatsgerichtshof)*, que tenía su sede en Leipzig. Carl Schmitt fue uno de los juristas que representaron al Reich en aquel litigio[10].

en algún informe del año 1926. Cf. también O. Beaud, *Los últimos días de Weimar*, p. 27.

9. Cf. J. Bendersky, *Carl Schmitt*, pp. 124-126.

10. *Ibid.*, pp. 154 y sigs., pp. 165-166. Cf. también E. Kennedy, *Carl Schmitt en la República de Weimar*, p. 42. El Tribunal Estatal se decidió por una sentencia

Si hasta aquel momento Schmitt había sido considerado un jurista conservador, próximo al partido católico Zentrum, su apoyo profesional al régimen presidencialista de Hindenburg modificó su imagen pública. Había alcanzado por fin la notoriedad política, no solo académica, que había estado buscando, pero los sectores sociales más leales a la República comenzaron a verlo como a un ideólogo de las facciones más autoritarias de la derecha alemana, las cuales parecían estar llevando a cabo, por la vía de los hechos, la sustitución de la democracia parlamentaria por una dictadura. En este punto podemos recordar de nuevo a Hermann Heller, quien, en un interesante artículo publicado en 1933, interpretaba las ideas de Schmitt sobre la dictadura, el estado de excepción o la obsolescencia del parlamentarismo como munición ideológica en la ofensiva de las élites económicas alemanas contra el Estado de bienestar de Weimar[11]. Y otro indicio de la radicalización política de Schmitt durante esta época puede hallarse en el hecho de que, tras instalarse en Ber-

salomónica, cuando no abiertamente contradictoria, que mantenía los poderes del Reich sobre Prusia al tiempo que restablecía el gobierno prusiano. Aquella sentencia no satisfizo a ninguna de las partes.

11. H. Heller, «Autoritärer Liberalismus?», *op. cit.* El autoritarismo que Schmitt defendía resultaba, según Heller, imprescindible para imponer el desmantelamiento de las políticas sociales, puesto que «en formas democráticas el pueblo alemán no soportaría durante mucho tiempo este *Estado neoliberal*» (p. 297; las cursivas son mías). Este juicio sobre Carl Schmitt enlaza con la lectura marxista de la obra schmittiana que ofrecerá Ingeborg Maus después de la Segunda Guerra Mundial. Cf. I. Maus, «Zur "Zäsur" von 1933 in der Theorie Carl Schmitts», *Kritische Justiz*, 2 (1969), pp. 113-124; I. Maus, *Bürgerliche Rechtstheorie und Faschismus: Zur sozialen Funktion und aktuellen Wirkung der Theorie Carl Schmitts*, Múnich: Fink, 1976.

lín, entró en contacto con personajes abiertamente hostiles a la República como Ernst Jünger, Ernst Niekisch y otras figuras representativas de la «revolución conservadora»[12]. Exceptuando a Ernst Jünger, la categoría intelectual de Carl Schmitt era muy superior a la de cualquier otro integrante de aquella variopinta *troupe* de nacionalistas revolucionarios, nostálgicos de la Alemania guillermina y reaccionarios neomedievales, pero lo cierto es que Schmitt se encontraba políticamente más cerca de ellos que de sus adversarios liberales.

El constitucionalista Schmitt se instala, pues, en la capital del Reich manteniendo una actitud sumamente ambivalente hacia la Constitución de Weimar, y esto tiene importancia para interpretar su evolución durante los años siguientes. Sus publicaciones más importantes de este periodo, *El defensor de la Constitución* (1931) y *Legalidad y legitimidad* (1932), apuntan en una misma dirección: solo una solución autoritaria podía asegurar el orden amenazado por la descomposición de la democracia parlamentaria. Es verdad que la solución autoritaria por la que apostaba Schmitt estaba amparada por la propia Constitución, y de ahí que, tras la Segunda Guerra Mundial, Schmitt se presentase como un defensor de la República de Weimar en vísperas del Tercer Reich, intentando de ese modo atenuar su compromiso posterior con el nazismo[13]. Pero con-

---

12. Cf. R. Mehring, *Carl Schmitt*, pp. 255 y sigs.; J. Bendersky, *Carl Schmitt*, pp. 135 y sigs.

13. Así en su último artículo, publicado en 1978, y sobre el que volveremos más adelante: C. Schmitt, «La revolución legal mundial», *Revista de Estudios Políticos*, 10 (1979), pp. 5-24.

viene señalar que el orden constitucional que Schmitt quería salvaguardar ya no era la democracia liberal que establecía la Constitución de Weimar, sino más bien un régimen presidencial dictatorial como el que se fue imponiendo gradualmente en los últimos años de la República, y que acabó favoreciendo el triunfo del nazismo, en lugar de impedirlo.

El presidente del Reich como guardián de la Constitución

El régimen autoritario amparado en los poderes excepcionales del artículo 48 encontró en Carl Schmitt un valedor muy competente. En *El defensor de la Constitución*, libro publicado en 1931, Schmitt fundamenta dicho régimen partiendo de un asunto que la Constitución de Weimar no había dejado completamente resuelto: la cuestión de si la institución llamada a decidir acerca de la constitucionalidad de las leyes debía ser un tribunal. Eran partidarios de ello juristas como Hans Kelsen, quien había inspirado el Tribunal Constitucional creado en Austria tras la Primera Guerra Mundial, mientras que Carl Schmitt sostenía que esa competencia debía quedar en manos del presidente del Reich[14]. Bajo su apariencia jurídica, este asunto entrañaba una controversia completa-

14. Cf. G. Gómez Orfanel, «Estudio de contextualización», en: C. Schmitt y H. Kelsen, *La polémica Schmitt / Kelsen sobre la justicia constitucional*, Madrid: Tecnos, 2020, p. 379.

mente política, puesto que lo que estaba en juego era el alcance del poder presidencial y su relación con los otros poderes del Estado. Pero Schmitt aborda el problema por la vía, aparentemente más abstracta e inocua, de la teoría del razonamiento jurídico, ámbito en el cual retoma los argumentos decisionistas que ya había desarrollado en obras anteriores como *El valor del Estado y el significado del individuo* o *Teología política*[15].

Schmitt sostiene, en efecto, que el control de constitucionalidad no debe quedar a cargo de ningún tribunal, porque ese control nunca se circunscribe a cuestiones jurídicas, sino que implica, más bien, decisiones políticas. Solo una errónea concepción del razonamiento jurídico, como la que asumía el iuspositivismo en esta época, podía desconocer este hecho. Los positivistas jurídicos –a quienes Schmitt siempre presenta simultáneamente como ideólogos del Estado de derecho liberal– conciben el razonamiento jurídico como la subsunción de los hechos juzgados bajo alguna ley, o como la subsunción de una norma bajo alguna otra norma de rango superior. En condiciones ideales, este procedimiento debería poder realizarse de un modo casi automático, reduciendo al máximo el margen para la interpretación o la intervención subjetiva de los jueces, puesto que «el fundamento de validez de una norma no puede ser más que otra norma»[16]. Ahora bien, este modelo de jurisdicción cuasimecánica –cuya

---

15. C. Schmitt, *El defensor de la Constitución*, en: C. Schmitt y H. Kelsen, *La polémica Schmitt / Kelsen sobre la justicia constitucional*, pp. 73 y sigs.
16. C. Schmitt, *Teología política*, p. 23.

inadecuación para captar la especificidad del estado de excepción ya había mostrado Schmitt en *Teología política*– resulta inaplicable cuando de lo que se trata es de resolver conflictos de normas, como los que se dirimen precisamente en las controversias constitucionales. La solución en esos casos no puede provenir de una subsunción mecánica y libre de valoraciones, sino solo de una decisión que siempre entraña una dimensión política:

> En la decisión de una pugna semejante no existe, en modo alguno, el proceso típicamente judicial de la subsunción procesal y concreta al hecho. No se produce subsunción alguna, sino que simplemente se comprueba la existencia de la pugna y se resuelve cuál de las normas contradictorias ha de mantener su vigencia y cuál otra dejará de ser aplicada[17].

Toda controversia sobre la inconstitucionalidad de una ley entraña un elemento político. Requiere una toma de partido *a favor* de algo (de una norma, o de una determinada interpretación de esa norma, y por tanto de unos determinados intereses) y *en contra* de alguna otra cosa (norma, interpretación, interés). Su solución no consiste –piensa Schmitt– en un dictamen razonable y suficientemente justificado, sino más bien en una decisión que zanje el conflicto de forma autoritaria: «su valor no radica en una argumentación incontestable, sino en la autoritaria eliminación

---

17. C. Schmitt, *El defensor de la Constitución*, p. 84.

de la duda»[18]. Por eso un tribunal que se pronunciase sobre la constitucionalidad de una ley estaría oficiando de hecho como un poder legislativo, o como «un legislador constitucional en funciones de alta política»[19].

En un interesante ensayo publicado aquel mismo año con el título de *¿Quién debe ser el defensor de la Constitución?*, Hans Kelsen objetó a Schmitt que, a partir de lo anterior, solo podría concluirse que un Tribunal Constitucional tendría una función más política que cualquier tribunal ordinario, pero no que no pudiera dirimir la constitucionalidad de las leyes: «Tales argumentos –escribe Kelsen– parten del supuesto erróneo de que existe una contradicción esencial entre la función jurisdiccional y las funciones "políticas"»[20]. Probablemente Kelsen tenía razón, pero en cualquier caso Schmitt concluía que, si se admite la naturaleza política de toda jurisdicción constitucional, sería más coherente que la decisión acerca de la constitucionalidad de las leyes quedase directamente en manos de una instancia política. Ahora bien, por razones que enlazan con la crítica de la democracia parlamentaria desarrollada por Schmitt en sus obras de la década anterior, dicha instancia política no podía ser el Parlamento. En efecto, en las monarquías parlamentarias del siglo XIX, los Parlamentos podían representar el espíritu de las Constituciones liberales contra la tenta-

---

18. *Ibid.*, p. 90 (traducción modificada).
19. *Ibid.*, p. 93.
20. H. Kelsen, *¿Quién debe ser el defensor de la Constitución?*, en: C. Schmitt y H. Kelsen, *La polémica Schmitt / Kelsen sobre la justicia constitucional*, p. 315.

ción, siempre presente, de una restauración del absolutismo, pero en las polarizadas democracias de masas del siglo XX era precisamente el Parlamento el que debía ser contrapesado, limitado o mantenido a raya en nombre de, o en defensa de, la Constitución. Pero entonces, descartado el poder legislativo y el poder judicial, ya solo queda en el Estado un poder que pudiera oficiar de garante de la Constitución: el poder ejecutivo, cuyo máximo representante era, en el régimen de Weimar, el presidente del Reich. «No es exactamente la Justicia, sino acaso el Gobierno, quien puede arbitrar soluciones»[21].

Toda la carga política de este ensayo de Schmitt se muestra en este punto de la argumentación. Schmitt no interpretaba la figura del presidente del Reich como una jefatura de Estado situada de un modo *neutral* por encima de las controversias constitucionales o de la refriega política, sino más bien como una instancia política *decisoria*, cuya función debía ser zanjar los antagonismos de manera autoritaria, tomando partido en cada caso por una de las partes en conflicto, y en contra de la otra u otras. Es decir, que la solución a las controversias constitucionales, o a las fracturas sociales, o a la parálisis de un sistema parlamentario polarizado, no debía buscarse «en una objetividad apolítica», sino en «una política informada-objetiva que [tuviese] presentes los intereses de la colectividad y que [fuese] capaz de adoptar decisiones»[22]. El fascismo italiano aportaba, también en esta ocasión, un

21. C. Schmitt, *El defensor de la Constitución*, p. 155.
22. C. Schmitt, *El defensor de la Constitución*, p. 217.

modelo a seguir: en su ensayo de 1929 titulado «Esencia y devenir del Estado fascista», Schmitt afirmaba que la ventaja del Estado fascista sobre las democracias liberales consistía en su capacidad para erigirse en la instancia que ponía fin autoritariamente a los conflictos sociales y políticos: «el Estado fascista no decide como un tercero neutral, sino como un tercero superior. Esa es su supremacía»[23]. Y en el entramado institucional establecido por la Constitución de Weimar, solo el presidente del Reich reunía las condiciones para asumir una función autoritaria análoga a la del Estado fascista italiano: en efecto, el presidente del Reich gozaba de legitimación democrática, puesto que era un cargo elegido por sufragio universal directo, y al mismo tiempo tenía a su disposición los poderes excepcionales que le permitían gobernar por decreto sin el apoyo del Parlamento.

A juicio de Schmitt, el poder presidencial autoritario se había vuelto indispensable cuando ya era evidente la descomposición del sistema parlamentario y algunos partidos anticonstitucionales, como el partido de Adolf Hitler, estaban a un paso de alcanzar el poder por medios legales. *Legalidad y legitimidad* (1932), el último libro de Schmitt perteneciente al periodo de Weimar, daba la voz de alarma sobre una eventualidad que los hechos confirmarían muy poco después.

---

23. C. Schmitt, «Wesen und Werden des faschistischen Staates», en: *Positionen und Begriffe*, p. 128.

La «plusvalía política» y la liquidación de la democracia por medios legales

Publicado poco antes del final de la República de Weimar, *Legalidad y legitimidad* tiene un gran interés como documento histórico: es la advertencia de un observador político que supo pronosticar *in situ* lo que sucedería si un partido anticonstitucional como el Partido Nacionalsocialista accedía al poder en Alemania. Pero el libro también resulta interesante más allá de ese contexto, puesto que sienta las bases de una teoría de la democracia «militante» o «defensiva» (en alemán *wehrhafte Demokratie*), según la cual los Estados democráticos no deben tolerar las ideologías ni las formaciones políticas que no son, a su vez, tolerantes y democráticas. Y puede leerse también como un breve tratado sobre la marrullería política, pues describe con agudeza algunos de los medios de los que puede servirse un gobierno para perjudicar a la oposición política utilizando a su favor las instituciones del Estado y dificultando la alternancia en el poder.

Dicha alternancia en el poder es, según Schmitt, la verdadera clave de la legitimidad en las modernas democracias de masas. El paso del Estado constitucional liberal del siglo XIX –que Schmitt denomina «Estado legislativo»[24]– a la democracia de masas del siglo XX –o

---

24. C. Schmitt, *Legalidad y legitimidad*, Granada: Comares, 2006, p. 1. En las citas de esta obra hemos modificado a menudo esta traducción española.

«Estado pluralista de partidos»[25], en la terminología schmittiana– implica un cambio estructural de las condiciones de legitimación de las leyes y del poder político. Ya vimos que el «Estado legislativo» se asentaba en un tipo de legitimación que Max Weber denominó «racional-legal», y que en una terminología más moderna podemos denominar «legitimación procedimental». Allí donde predomina este tipo de legitimación, los ciudadanos consideran válidas y merecedoras de acatamiento las leyes que han sido establecidas por procedimientos, a su vez, legalmente estipulados. Schmitt sintetiza el núcleo de este tipo procedimental de legitimación en los siguientes términos: «toda la majestuosidad y la soberanía de la ley penden exclusiva y directamente [...] de la fe en la justicia y la razón del legislador mismo y de toda instancia partícipe en el procedimiento legislativo»[26]. Pues bien, según Schmitt, esta legitimación se erosiona y se transforma a medida que se extienden los derechos políticos a capas cada vez más amplias de la población. En las modernas democracias de masas se abre paso la idea de que la legitimidad de una ley ya no depende de la legalidad del procedimiento legislativo, sino de que la ley recoja y exprese la voluntad popular. Por supuesto, cabría objetar a Schmitt que en una democracia liberal ambos tipos de legitimidad suelen estar conectados: si existen derechos políticos universalmente reconocidos y mecanismos eficaces de formación de la voluntad política, las

25. *Ibid.*, p. 88.
26. *Ibid.*, p. 19.

leyes aprobadas legalmente pueden considerarse también como leyes que reflejan la voluntad popular[27]. Pero Schmitt no contempla esta posible conexión de elementos liberales y elementos democráticos en el Estado democrático de derecho, sino que –como ya vimos al tratar su ensayo de 1923 *Sobre el parlamentarismo*– más bien insiste en disociar ambas tradiciones de pensamiento político.

Ahora bien, la legitimación democrática que, según Schmitt, toma el relevo de la legitimación procedimental se enfrenta al pluralismo de intereses, valores e ideologías que caracteriza a las democracias de masas. A diferencia de lo que sucede en la democracia idealizada de *El contrato social* rousseauniano, en la cual «el pueblo homogéneo tiene en sí todas las propiedades que contienen una garantía de justicia y razonabilidad de la voluntad expresada por él»[28], en las democracias reales el *demos* es siempre plural, heterogéneo y antagónico, y por eso la legitimación democrática no tiene más remedio que echar mano de la regla de la mayoría: sobre el papel, «en una democracia la ley es la voluntad del pueblo existente en cada caso», pero «en la práctica esto significa *la voluntad de la correspondiente mayoría de los ciudadanos votantes*»[29]. Pero cuando no existe una voluntad popular uná-

---

27. Esto es lo que sostiene, por ejemplo, Jürgen Habermas, cuya filosofía política debe mucho al desafío a la democracia liberal planteado por Carl Schmitt en obras como *Sobre el parlamentarismo* o *Legalidad y legitimidad*. Cf. J. Habermas, *Facticidad y validez*, pp. 589 y sigs.
28. C. Schmitt, *Legalidad y legitimidad*, p. 23.
29. *Ibid.*, p. 22 (traducción modificada; cursivas mías).

nime, sino meras mayorías contingentes, siempre existe el riesgo –ya señalado por filósofos como Tocqueville o Mill[30]– de que la mayoría se imponga tiránicamente sobre las minorías. En las democracias liberales actuales, ese riesgo se previene a través del control de constitucionalidad de las leyes, el cual garantiza que ninguna ley conculca derechos fundamentales de una minoría, por muy mayoritario que sea su respaldo. Pero para Schmitt –quien, como ya sabemos, descarta un control de constitucionalidad que, de todas formas, apenas existía en la República de Weimar[31]– la tiranía de las mayorías solo puede prevenirse garantizando al adversario político la igualdad de oportunidades de acceder al poder. Es decir: un gobierno democrático respaldado por una mayoría de votantes –pero nunca por *todo* el pueblo– solo puede gobernar legítimamente en la medida en que garantice el principio de que «todas las opiniones, tendencias y movimientos concebibles tengan incondicionalmente *las mismas oportunidades de alcanzar la mayoría*»[32]. Considerada de este modo, la democracia es simplemente un sistema político en el que una mayoría puede legislar y gobernar a su antojo, *incluso contra la minoría*, a condición de que, a su debido tiempo, esté dispuesta a ceder el poder si las elec-

30. Cf. A. de Tocqueville, *La democracia en América*, 2 vols., Madrid: Alianza Editorial, 2017; J. S. Mill, *Sobre la libertad*, Madrid: Alianza Editorial, 2013.
31. A. Weber, «La jurisdicción constitucional de la República Federal de Alemania», *Anuario Iberoamericano de Justicia Constitucional*, 7 (2003), pp. 495-538, p. 496: «La República de Weimar [...] solo tuvo un Tribunal Supremo para el Imperio alemán, con competencias para decidir sobre conflictos federales entre los *Länder*, y atribuciones limitadas en cuanto al juicio político».
32. C. Schmitt, *Legalidad y legitimidad*, p. 26.

ciones permiten formar una mayoría diferente. Pero a juicio de Schmitt, en toda democracia existirá siempre la tentación de incumplir esa mínima regla de *fair play*, y quienes ocupen temporalmente el poder tenderán a aprovechar su legitimación democrática para llevar a cabo una política antidemocrática que neutralice al adversario y bloquee la alternancia.

Quien ocupa el poder dispone de un instrumento muy eficaz para llevar a cabo ese bloqueo de la alternancia: la *plusvalía* o *prima* política que obtienen el gobierno y el partido gobernante por el mero hecho de ostentar el poder[33]. Schmitt define esta prima política como «la recompensa supralegal sobre la posesión legal del poder legal y sobre la obtención de la mayoría»[34]. En efecto, todo gobierno tiene acceso a recursos institucionales que le están vedados al adversario político, y que pueden emplearse contra este. Es difícil identificar con precisión cuáles son esos recursos, porque la plusvalía política es, por definición, «supralegal», es decir, va más allá de las competencias atribuidas constitucionalmente a un gobierno democrático. Pero eso no significa que dichos recursos no existan. Jean-François Kervégan menciona el control de los medios de comunicación públicos, o la fijación del calendario electoral, como ejemplos de las ventajas políticas que proporciona el poder en nuestros días[35]. En el contexto, mucho más crispado, de la República de Wei-

---

33. *Ibid.*, p. 30.
34. *Ibid.*
35. Cf. J.-F. Kervégan, *¿Qué hacemos con Carl Schmitt?*, p. 146.

mar, Carl Schmitt analizó algunos otros[36]. Quien ostenta el poder ejecutivo obtiene *eo ipso* 1) la autoridad para determinar –en su beneficio, llegado el caso– el significado de cláusulas generales, o de conceptos jurídicos y políticos imprecisos y discrecionales, tales como «seguridad», «orden público», «medidas necesarias», «estado de emergencia» o «intereses vitales»[37]. Estos conceptos imprecisos son de la máxima importancia, puesto que su definición en determinadas circunstancias puede justificar medidas como la suspensión de leyes ordinarias o de libertades constitucionales, y por tanto pueden utilizarse para movilizar los mecanismos represivos del Estado contra un adversario político. Además, 2) el titular del poder ejecutivo dispone siempre de una muy ventajosa «presunción de legalidad en casos dudosos»: incluso si un gobierno se extralimitase en la aplicación de medidas excepcionales, tendría de su parte una presunción de legalidad que, en todo caso, solo quedaría rebatida *ex post* por los tribunales. Y de ahí se sigue otra de las ventajas que proporciona la plusvalía política: 3) dado que las medidas decididas por el ejecutivo han de ser cumplidas inmediatamente «incluso cuando se prevé la posibilidad

---

36. C. Schmitt, *Legalidad y legitimidad*, pp. 30 y sigs.
37. Cf. S. Grundmann y D. Mazeaud (eds.), *General clauses and standards in European contract law: comparative law, EC law and contract law codification*, La Haya: Kluwer Law International, 2005, p. 6: «Las cláusulas o normas generales (*Generalklauseln, clauses générales*) son normas jurídicas que no están formuladas con precisión, términos y conceptos que, de hecho, ni siquiera tienen un núcleo claro». Cf. también B. Rüthers, *Rechtstheorie*, p. 516: las cláusulas generales son «lagunas legales intencionadas» cuyo objetivo es posibilitar una jurisprudencia más elástica y adaptada a las circunstancias.

de reclamaciones y de protección judicial»[38], su objetivo puede haberse logrado ya, y de forma quizás irreversible, cuando los tribunales sentencien que las medidas adoptadas eran ilegales. Ocupar el poder siempre permite a los gobernantes practicar una política de hechos consumados, porque «en una competición entre el ejecutivo y la justicia, esta llegaría casi siempre demasiado tarde»[39].

Este ventajismo más o menos marrullero tal vez sea un recurso marginal mientras la lucha política democrática se atenga al *fair play* y al reconocimiento de los derechos del adversario (como recomendaba Hermann Heller contra la concepción schmittiana de lo político). Pero allí donde la política consista, como sostiene Schmitt, en un enfrentamiento de amigos y enemigos, todo actor político tendrá motivos para emplear a su favor, y contra el adversario, la plusvalía política que proporciona el poder. Y en los casos más extremos –y cuando Schmitt publicó su libro, la República de Weimar estaba a punto de convertirse en el ejemplo paradigmático de esto–, existirá la tentación de utilizar la legalidad y las instituciones del Estado para conculcar abiertamente el principio de igualdad de oportunidades políticas e impedir que el adversario, convertido ahora en enemigo político, alcance la mayoría y se produzca una alternancia en el poder:

La pretensión de legalidad transforma toda resistencia y defensa en injusticia e «ilegalidad». Si la mayoría puede dis-

38. *Ibid.*
39. *Ibid.*

poner a su antojo de la legalidad y la ilegalidad, ante todo puede declarar ilegal, es decir, *hors-la-loi* [fuera de la ley], a su competidor político y excluirlo de ese modo de la homogeneidad democrática del pueblo. Quien domina el 51 % podría ilegalizar legalmente al 49 % restante. Podría cerrar a su espalda, de manera legal, la puerta de la legalidad por la que ha entrado, y tratar como a un delincuente común al partido opuesto, que acaso patea con sus botas la puerta cerrada[40].

Todo este análisis de la plusvalía política podría interpretarse como un manual maquiavélico para políticos sin muchos escrúpulos, pero en su momento Schmitt lo planteó como una advertencia contra los partidos anticonstitucionales. Según Schmitt, para evitar el contrasentido de que el aprovechamiento de la plusvalía política terminase por destruir el propio «Estado pluralista de partidos», los partidos anticonstitucionales no debían beneficiarse del principio de igualdad de oportunidades de acceso al poder. El Estado debía, pues, abandonar la «ficción de la igualdad de oportunidades para cualesquiera contenidos, fines y corrientes, sin distinción»[41]. Con este argumento, y por paradójico que resulte, el autoritario Schmitt se convertía en uno de los fundadores de la idea de una «democracia militante»: a su juicio, la democracia liberal de Weimar no debía ser neutral y tolerante hacia todas las opciones políticas, sino que debía enfrentarse a

---

40. *Ibid.*, p. 28 (traducción modificada).
41. *Ibid.*, pp. 94-95.

aquellas que pretendían liquidarla[42]. Aunque la inspiración es schmittiana, el término «democracia militante» no se debe a Schmitt, sino al politólogo alemán Karl Loewenstein, quien lo acuñó en una publicación de 1938, y que curiosamente –como veremos más adelante– fue uno de los principales promotores de la detención e investigación de Schmitt como posible criminal de guerra en 1945-1947. Esta concepción militante o defensiva de la democracia se impuso en Alemania después de la Segunda Guerra Mundial, puesto que quedó plasmada en la Ley Fundamental de 1949, cuyo artículo 9 prohíbe «las asociaciones cuyos fines o cuya actividad [...] estén dirigidos contra el ordenamiento constitucional»[43]. Influyó posteriormente en importantes debates jurídicos, como la controversia sobre la prohibición de los partidos políticos anticonstitucionales que tuvo lugar en los años cincuenta (el Partido Comunista y el ultraderechista Partido Nacionalsocialista del Reich), o sobre la aprobación de leyes de emergencia en 1968[44]. Y sigue presente en la política alemana a día de hoy, como muestra la reciente prohibición (en julio de 2024) de la revista ul-

42. Olivier Beaud cuestiona la interpretación de *Legalidad y legitimidad* como un intento de defender la Constitución de Weimar, y presenta a Schmitt más bien como el teórico del golpe de Estado presidencial que Hindenburg no se decidió a dar. Cf. O. Beaud, *Los últimos días de Weimar*, pp. 59 y sigs., pp. 80 y sigs., p. 147.
43. Ley Fundamental de la República Federal de Alemania, art. 9.2; https://www.btg-bestellservice.de/pdf/80206000.pdf.
44. Cf. J. Bendersky, *Carl Schmitt*, pp. 283 y sigs.; H. Hofmann, *Legitimität gegen Legalität*, pp. xxi-xxii; Cf. J.-W. Müller, *A Dangerous Mind. Carl Schmitt in Post-War European Thought*, New Haven y Londres: Yale University Press, 2003, pp. 65 y sigs.

traderechista *Compact*, que el Ministerio del Interior alemán justificó haciendo prevalecer el principio de la democracia militante sobre la libertad de prensa[45].

Sin embargo, cuando Schmitt publicó *Legalidad y legitimidad*, no estaba tan interesado en proponer una teoría de la democracia militante como en destacar el papel del presidente del Reich como garante de un orden constitucional amenazado por la pulsión autodestructiva del «Estado pluralista de partidos», es decir: por la democracia. Schmitt insiste una vez más en que la posibilidad de una dictadura presidencial está contemplada en la propia Constitución de Weimar, cuyo artículo 48 permitía al presidente legislar «*contra legem*, es decir, contra el legislador ordinario del Estado legislativo parlamentario»[46], y conculcar en caso de necesidad cualquier derecho constitucional. Schmitt encuentra, pues, en la propia Constitución de 1919 las premisas para la transformación de la democracia liberal de Weimar en un nuevo Leviatán hobbesiano, en el cual el poder ejecutivo y el poder legislativo quedasen concentrados en una misma persona que «reuniese en sí la legislación y la aplicación de la ley y pudiese ejecutar directamente sus normas legales»[47].

---

45. La prohibición fue posteriormente suspendida mientras se resuelve el recurso interpuesto por los editores de la revista ante el Tribunal Administrativo Federal *(Bundesverwaltungsgericht)*. Cf. M. Bauer (14 de agosto de 2024): «Warum Compact vorerst wieder erscheinen darf», *Tagesschau*; https://www.tagesschau.de/inland/innenpolitik/compact-verbot-aufgehoben-104.html.

46. C. Schmitt, *Legalidad y legitimidad*, p. 67.

47. *Ibid.*, p. 71.

Fijémonos en lo que esto significa. Una década antes, en el ensayo sobre *La dictadura*, Schmitt había interpretado los poderes presidenciales extraordinarios como una dictadura comisarial, habilitada para decretar medidas concretas en situaciones excepcionales, pero no para promulgar leyes ni suplantar al poder legislativo. Pues bien, estas cautelas se suprimen en *Legalidad y legitimidad*. Como si renunciase tácitamente a aquella distinción entre la dictadura comisarial y la dictadura soberana que en otros escritos había mantenido cuidadosamente, Schmitt escribe ahora lo siguiente:

> La praxis actual tiene su fundamento último en que, en la realidad de la vida estatal, el propio legislador ha abandonado hace tiempo la distinción interna entre ley y medida. [...] El dictador facultado para dictar medidas obtiene también un derecho extraordinario para legislar[48].

Con estos argumentos, ¿defendía Carl Schmitt la Constitución de Weimar o más bien contribuía a su liquidación mediante un régimen dictatorial? ¿No hay algo paradójico en la propuesta de atajar mediante una dictadura el riesgo de autodestrucción del «Estado pluralista de partidos»? Tal vez Schmitt tenía razón cuando veía una contradicción potencialmente suicida en un pluralismo que concedía las mismas oportunidades de acceder al poder incluso a las tendencias políticas más abiertamente hos-

48. *Ibid.*, pp. 83-84.

tiles a la Constitución, pero no menos contradictorio parece su intento de contrarrestar la marrullería política de una democracia herida y polarizada reforzando hasta límites dictatoriales una jefatura del Estado que ni siquiera pretendía ser neutral, sino que estaba completamente politizada. O para decirlo de otro modo: la idea de salvaguardar una democracia mediante un poder político autoritario se parece bastante a la idea de poner el zorro a cuidar del gallinero. O al menos así lo veía Hans Kelsen, quien sostenía que la teoría schmittiana según la cual «el jefe de Estado, y ningún otro órgano, sería el defensor natural de la Constitución» se limitaba a desempolvar una vieja doctrina constitucional del siglo XIX, formulada por Benjamin Constant, que ya en su momento tenía el inequívoco propósito de «compensar la pérdida de poder que el jefe de Estado había experimentado en el tránsito de la monarquía absoluta a la monarquía constitucional»[49]. En un contexto de pugna política entre los partidarios del absolutismo y los del constitucionalismo, aquella doctrina de Constant no protegía las Constituciones liberales, sino que, por el contrario, las debilitaba, al poner su salvaguarda en manos de la institución que más motivos tenía para incumplirlas. Para Kelsen, Schmitt se limitaba a adaptar la doctrina de Constant a las condiciones de una República democrática cuya Constitución atribuía al presidente poderes ilimitados. Y en efecto, desde una óptica liberal como la de Hans Kelsen, la teoría schmittiana

---

49. Cf. H. Kelsen, *¿Quién debe ser el defensor de la Constitución?*, p. 303.

que hacía del presidente del Reich el garante de la Constitución no parece otra cosa que la justificación de una dictadura. Nada en ella parece acorde con el espíritu de una Constitución liberal y democrática. Franz Neumann compartía la impresión de Kelsen sobre las tesis de Schmitt cuando, algunos años más tarde, escribió lo siguiente:

> No podía calificarse al presidente –como querían los teóricos antidemocráticos– de «defensor de la Constitución». No representaba a la democracia y estaba lejos de ser el jefe neutral del Estado, situado por encima de las luchas de partido y los intereses especiales. Durante toda la República de Weimar, y en especial durante la época de Hindenburg, la presidencia era evidentemente partidista[50].

No obstante, las ideas de Schmitt tuvieron algún eco en la política del momento. Antes de ser destituido en enero de 1933, el canciller Schleicher, a quien Schmitt asesoraba, sugirió a Hindenburg que se amparase en el artículo 48 de la Constitución para declarar el estado de excepción, prohibir el Partido Nacionalsocialista y el Partido Comunista, disolver el Parlamento y transformar la República de Weimar en una dictadura[51]. Se trataba, pues, de

---

50. F. Neumann, *Behemoth*, pp. 20-21. Cf. también J. Fijalkowski, *Los componentes ideológicos en la filosofía política de Carl Schmitt,* p. 40; O. Beaud, *Los últimos días de Weimar,* p. 24; G. Gómez Orfanel, «Estudio de contextualización», en: C. Schmitt y H. Kelsen, *La polémica Schmitt / Kelsen sobre la justicia constitucional,* p. 380.
51. Cf. J. Bendersky, *Carl Schmitt,* pp. 184-185; H. A. Turner, *A treinta días del poder,* Barcelona: Edhasa, 2000.

dar un golpe de Estado presidencial. ¿Se inspiraba aquel consejo de Schleicher en las ideas de Schmitt? Es posible[52], pero en cualquier caso Hindenburg desoyó el consejo, destituyó a Schleicher y en su lugar nombró canciller a Adolf Hitler[53], quien supo explotar al máximo la plusvalía política que le otorgaba el poder institucional, e hizo exactamente lo que Carl Schmitt había vaticinado cuando escribió estas líneas: «Al final lo importante es quién tiene en sus manos el poder legal cuando llega el momento en que se arroja por la borda todo el sistema de la legalidad para constituir a continuación su poder sobre nuevos fundamentos»[54].

La dictadura había llegado por fin. Pero no era como Schmitt había esperado, puesto que él nunca creyó que Hitler fuese el dictador que salvaguardaría la Constitución de Weimar. ¿Por qué, entonces, apoyó el régimen nazi? En enero de 1933 comienza el periodo más oscuro de la historia de Alemania, pero también de la vida y la obra de Carl Schmitt.

---

52. Cf. O. Beaud, *Los últimos días de Weimar*, pp. 28-29.
53. Cf. sobre esto J. Bendersky, *Carl Schmitt*, p. 185. Bendersky señala que, por extraño que parezca retrospectivamente, al actuar de ese modo Hindenburg se atenía a los procedimientos establecidos en la Constitución en lugar de ejecutar el golpe de Estado propuesto por Schleicher.
54. C. Schmitt, *Legalidad y legitimidad*, p. 35.

5. El pacto con el diablo

En un pasaje de *Mefisto*, novela publicada en 1936 que narra la historia de un actor arribista en el Tercer Reich, Klaus Mann describe del siguiente modo a los asistentes a las «fiestas y recepciones de los altos funcionarios nazis»:

[Se congregaban] simpatiquísimos asesinos que ahora ocupaban altos puestos en la policía secreta; un maestro recién salido del manicomio y ahora ya ministro de Cultura; juristas para los que el derecho era un prejuicio liberal; médicos para los cuales el arte de curar era un fraude judío; filósofos que hablaban de la «raza» como de la única verdad objetiva[1].

1. K. Mann, *Mefisto*, Barcelona: Debolsillo, 2006, p. 264. Hemos modificado ligeramente la traducción.

Carl Schmitt podría encarnar perfectamente a uno de esos juristas para los que el derecho era un prejuicio liberal, y podemos imaginarlo en alguna de aquellas reuniones de figurones indignos, de advenedizos que en muchos casos ocuparon los más altos cargos del Estado tras depurar a rivales más aptos y honestos que ellos. Pero a diferencia de muchos de sus correligionarios durante aquella época, Schmitt poseía una de las mentes más agudas de su tiempo. ¿Qué hacía entre aquellos canallas? A fin de cuentas, era un reputado jurista católico que hasta 1933 se había significado por su colaboración con políticos conservadores y autoritarios, pero opuestos al nacionalsocialismo[2]. No tenía motivos personales ni ideológicos para la disidencia ni para exiliarse de la Alemania nazi, pero habría podido mantener cierta prudencia y permanecer en silencio, o limitarse a ocupar un segundo plano y atravesar el largo invierno del Tercer Reich con la discreción que escogieron otros[3]. Hasta cierto punto esa fue su actitud a partir de 1937, cuando las cosas le vinieron mal dadas y terminó su idilio con el régimen. Pero durante los primeros años, Carl Schmitt colaboró y me-

---

2. También es posible —aunque ahora nos parezca difícil de aceptar— que en 1933 la verdadera naturaleza del régimen nazi solo fuese evidente para los disidentes, los encarcelados o los exiliados, pero no para todo el mundo, y menos aún para alguien con la mentalidad política de Schmitt. Cf. sobre esto H. Quaritsch, *Positionen und Begriffe Carl Schmitts*, pp. 86 y sigs.; E. Kennedy, *Carl Schmitt en la República de Weimar*, p. 45.

3. Así lo señalan, por ejemplo, R. Mehring, *Carl Schmitt*, p. 309; G. Balakrishnan, *The Enemy*, pp. 178 y 181. Balakrishnan recuerda que, a diferencia de Carl Schmitt, figuras tan inequívocamente conservadoras como Ernst Jünger o Johannes Popitz nunca se afiliaron al partido nazi.

dró sin escrúpulos en el nuevo Estado, convirtiéndose en uno de sus ideólogos oficiales, quizás el más inteligente de todos ellos, o en todo caso el único –aparte de Heidegger– que todavía recordamos. Un periódico del régimen le caracterizó entonces como *Kronjurist* o jurista oficial del Tercer Reich, un calificativo que desde entonces ha estado asociado al nombre de Carl Schmitt, y que le hace justicia al menos por lo que respecta al periodo que comprende los años 1933 a 1936[4].

Al igual que sucede con Martin Heidegger, existe desde hace décadas una interminable controversia académica en torno al verdadero alcance del compromiso de Schmitt con el nazismo. Como ya señalamos en la introducción de este libro, la cuestión disputada es si dicho compromiso contamina la totalidad de la obra schmittiana o si debe interpretarse como un episodio pasajero, que puede aislarse e incluso extirparse quirúrgicamente del resto de su obra, dejando intacto el significado de su producción anterior y posterior. Se discute, pues, si en 1933 se produce una *cesura* en la obra de Schmitt o si, por el contrario, hay una *continuidad* teórica entre sus publicaciones del periodo nazi y sus escritos anteriores y

---

4. Cf. G. Balakrishnan, *The Enemy*, p. 182. En realidad el calificativo ya le había sido atribuido a Schmitt en 1932 por su colaboración con los gobiernos de Papen y Schleicher (cf. J. Bendersky, *Carl Schmitt*, pp. 170-171). Poco tiempo después, el exiliado Waldemar Gurian retomaría este calificativo para atacarle. Cf. W. Gurian, «Carl Schmitt, der Kronjurist des III. Reiches», en: H. Hürten (ed.), *Deutsche Briefe 1934-1938*, Mainz: Matthias Grünewald, 1969, vol. I, pp. 52-54. Por su parte, Quaritsch niega que Schmitt llegase a tener en el Tercer Reich la influencia política y la relevancia pública que sugiere ese calificativo. Cf. H. Quaritsch, *Positionen und Begriffe Carl Schmitts*, p. 109.

posteriores. Y como en todo proceso judicial, en este «caso Carl Schmitt» –como lo denominó Andreas Koenen[5]– hay fiscales (partidarios de la tesis de la continuidad) y abogados defensores (partidarios de la tesis de la cesura). Los primeros insisten en leer los escritos de Schmitt anteriores a 1933 como la gestación de un pensamiento jurídico y político que solo podía desembocar en el nacional-socialismo[6]. Los segundos, por el contrario, interpretan los actos y los escritos de Schmitt durante el periodo nazi casi como deslices forzados por las circunstancias y que poco tienen que ver con sus verdaderas ideas[7]. A nuestro juicio, ninguna de estas dos posiciones extremas resulta convincente. Quienes leen a Schmitt como si siempre hubiera sido un ideólogo del totalitarismo olvidan que, durante los años finales de la República de Weimar, colaboró con un sector político conservador opuesto a Hitler, y omiten también la evidencia textual de la revisión a la que sometió sus propias ideas a partir de 1933, a fin de hacerlas compatibles con los postulados del nuevo régimen[8]. Pero no es mejor –en realidad es bastante peor– el esfuerzo de difuminar o minimizar el compromiso de Schmitt con el nazismo asumiendo su propia y exculpatoria reconstrucción autobiográfica, elaborada tras el final de la Se-

5. Cf. A. Koenen, *Der Fall Carl Schmitt*, pp. 7 y sigs.; H. Hofmann, *Legitimität gegen Legalität*, pp. XIII y sigs.
6. En esta línea se sitúan, por ejemplo, las interpretaciones de Fijalkowski, Maus, Rüthers o Zarka.
7. Entre ellos Bendersky, Quaritsch o Benoist.
8. Las ideas de Schmitt eran contrarias a la democracia liberal de Weimar, pero también al nacionalsocialismo, como muestra por ejemplo Beaud en *Los últimos días de Weimar, op. cit.*

gunda Guerra Mundial, y en el fondo muy parecida a la de Heidegger. Como veremos más adelante, según dicha imagen retrospectiva Schmitt se habría acercado al nacionalsocialismo con el objetivo de contrarrestar su virulencia criminal desde una más sensata posición conservadora y católica[9]. En esta línea se sitúa, por ejemplo, una entrada del *Glossarium* fechada en 1955, en la que Schmitt escribe lo siguiente:

Cuando [...] me siguen preguntando [...] por qué colaboré en 1933 con el otro lado, les contesto: para que vosotros siguierais teniendo un compañero en la parte alemana; un compañero de pensamiento y conversación [...], incluso un compañero de destino[10].

Pero esta interpretación autocomplaciente se derrumba ante la simple lectura de los escritos que Schmitt produce a partir de 1933. Muchos de ellos exhiben un estilo que podríamos calificar de *adulación académica*, y que combina una ínfima calidad teórica con el más arrastrado servilismo político. El escritor austríaco Franz Blei, que

9. Como veremos más adelante, Schmitt sugiere esta justificación de su compromiso con el nazismo en sus respuestas en los interrogatorios a los que fue sometido en Núremberg tras la Segunda Guerra Mundial. Cf. C. Schmitt, *Respuestas en Núremberg*, Madrid: Escolar y Mayo, 2016. J. Bendersky (*Carl Schmitt*, p. 205) asume esta interpretación para explicar por qué Schmitt aceptó en 1933 (al igual que Popitz) el cargo de consejero de Estado de Prusia.
10. C. Schmitt, *Glossarium*, pp. 491-492. También va en esta línea la imagen melvilliana de Benito Cereno con la que Schmitt se refiere a sí mismo en sus escritos de posguerra, por ejemplo en C. Schmitt, *Ex captivitate salus*, Madrid: Trotta, 2010.

fue amigo de Schmitt antes del periodo nazi, caracterizó la producción schmittiana de esa época como un «sacrificio del intelecto»[11]. En efecto, muchos de esos textos podrían haber sido escritos por cualquier paniaguado del régimen, y si destacan por algo, es solo por la gravedad de lo que Schmitt hace en ellos: legitimar como catedrático de Derecho los atropellos legislativos de Hitler.

Pero no es imprescindible optar por una de las dos posiciones contrapuestas en este «caso Carl Schmitt», puesto que nada impide admitir que Schmitt no fue un mero precursor del nazismo, sin que ello implique minimizar la gravedad de su compromiso con dicho régimen a partir de 1933. No hay que escoger, por tanto, entre la continuidad y la cesura, sino que seguramente es más correcto hacer lo que propuso Hasso Hofmann en una de las mejores monografías que se han escrito sobre Schmitt: asumir «cierta continuidad en todos los cambios» que atraviesan su obra[12]. Lo más razonable es mostrar la lógica que conecta las ideas políticas de Schmitt con el nazismo, pero sin dejar de señalar las diferencias que existen entre esas ideas y la ideología nazi. Por nuestra parte, intentaremos mostrar que el giro principal en el pensamiento de Carl Schmitt en 1933 concierne a la relación entre Estado y partido, de la que depende la diferencia entre el autoritarismo de Schmitt y el totalitarismo nacionalsocialista.

Desde una perspectiva menos teórica y más personal, lo que sucedió aquel año fatídico de 1933 tal vez puede

11. Cf. R. Mehring, *Carl Schmitt*, p. 317.
12. H. Hofmann, *Legitimität gegen Legalität*, p. xxxi.

describirse de este modo: Carl Schmitt pactó con el diablo. Quizás lo hizo por convicción, o quizás por cobardía, o por oportunismo, o tal vez –y esto es lo más verosímil– por una mezcla de todos estos motivos. El aura mefistofélica que siempre ha rodeado su figura, y que él mismo supo cultivar después de la guerra, se debe en buena medida a ese pacto, pues la alianza de una inteligencia poderosa con la brutalidad política suele provocar una fascinación un tanto esteticista[13]. Por eso no le faltaba razón al escritor y jurista Bernhard Schlink cuando señaló, en un artículo muy crítico con Schmitt, que la obra de este autor suscita hoy más interés que la de otros contemporáneos suyos no *a pesar* de su adhesión al nazismo, sino precisamente *a causa* de ella[14]. Pero en los pactos con el diablo lo único claro es que el diablo siempre sale ganando. Todo lo demás es engañoso, y podría decirse que también Carl Schmitt se engañó. En la primavera de 1933, y a cambio de satisfacer por fin todas sus ambiciones personales y profesionales, vendió su alma a un régimen político criminal que ni siquiera encajaba con sus ideas. Obtuvo lo que esperaba de aquella transacción, pero perdió su alma y produjo escritos en los que legitimó lo indefendible y con los cuales se ganó el desprecio de sus colegas juristas exiliados, y el de las generaciones posteriores. Es verdad que, más tarde, Schmitt se retiró a un segundo plano, abandonando así –por continuar con la imagen

13. Cf. sobre esto R. Mehring, *Carl Schmitt*, pp. 472 y sigs.; J.-W. Müller, *A Dangerous Mind*, pp. 15 y sigs.
14. B. Schlink, «Why Carl Schmitt?», *Constellations* 2, 3 (1996), pp. 429-441.

de Klaus Mann– la placentera reunión a la que había sido invitado en 1933. No lo hizo por convicción, sino más bien por miedo, pero en cualquier caso lo hizo, y gracias a aquella retirada Schmitt pudo producir de nuevo obras teóricamente valiosas. Cuando la autoridad militar estadounidense le preguntó, años después, por sus escritos de la primera época del nazismo, Schmitt declaró que se avergonzaba de ellos[15]. Esta declaración era seguramente oportunista –estaba en juego nada menos que su imputación en los juicios de Núremberg–, pero no hipócrita. Pero de los pactos con el diablo nadie sale indemne, y tampoco Schmitt se recuperó nunca del todo. Sus escritos de la inmediata posguerra mostrarán una falta de autocrítica, un victimismo y un resentimiento que resultan asombrosos, y su obra posterior, aunque interesante, está lastrada por cierta ceguera: la de quien vaticina la inminente barbarie cuando la barbarie ya ha sucedido y uno mismo ha contribuido a ella.

El jurista oficial

Sabemos por su diario personal que Carl Schmitt percibió como una catástrofe el nombramiento de Hitler como canciller del Reich. El 27 de enero de 1933, pocos días antes de dicho nombramiento, Carl Schmitt anotó lo siguiente: «la situación es terrible. Schleicher dimite. Lle-

---

15. C. Schmitt, *Respuestas en Núremberg*, p. 76.

gan Papen o Hitler. El viejo [Hindenburg] se ha vuelto loco»[16]. No obstante, en los meses siguientes Schmitt experimentó una especie de conversión al nacionalsocialismo que coincide con una sucesión vertiginosa de acontecimientos políticos[17]. Aunque suele decirse que Hitler accedió al poder democráticamente, el proceso no fue tan limpio como sugiere esa descripción. Hindenburg nombró canciller a Hitler, pero el partido nazi estaba en minoría en el nuevo gobierno, y no obtuvo la deseada mayoría absoluta en las elecciones parlamentarias del 5 de marzo de 1933. Pero Hitler compensó su relativa debilidad parlamentaria con la aprobación de una ley que liquidaba *de facto* el sistema parlamentario: la *Ley habilitante* (o de plenos poderes) *(Ermächtigungsgesetz)* del 24 de marzo de 1933, que permitía al canciller aprobar leyes sin el apoyo del Parlamento durante un periodo de cuatro años que posteriormente fue renovado *sine die*. Si uno se pregunta cómo es posible que aprobase su propio suicidio un Parlamento en el cual el partido nazi no tenía mayoría absoluta, la respuesta puede encontrarla en la connivencia y la cobardía de los diputados liberales y conservadores, pero también en el hecho de que la votación se produjo ya en un clima de terror, y en ausencia de un buen número de diputados socialdemócratas y de la totalidad de los diputados del Partido Comunista, que

16. Cit. en p. Noack, *Carl Schmitt*, Frankfurt/M.: Propyläen, 1993, p. 159.
17. Para lo que sigue, cf. M. Fulbrook, *Historia de Alemania*, pp. 248 y sigs.; R. Kühnl, *Der deutsche Faschismus in Quellen und Dokumenten*, Colonia: Papyrossa, 2000.

habían huido o habían sido encarcelados arbitrariamente al amparo del estado de excepción decretado tras el incendio del Reichstag a finales de febrero[18]. Solo los diputados socialdemócratas presentes en la cámara votaron en contra de la ley. Su portavoz, Otto Wels, pronunció una frase que merece ser recordada: «Pueden quitarnos la libertad y la vida, pero no el honor»[19].

A este primer golpe contra la Constitución de Weimar –que nunca fue oficialmente derogada en el Tercer Reich, sino más bien desactivada en un rápido proceso de desmontaje– siguieron otros durante los meses siguientes. Una *Ley para la restauración de los funcionarios profesionales*, aprobada el 7 de abril, puso en marcha la purga de judíos y opositores políticos en la administración pública. También en abril se suprimió la organización federal del Reich mediante el nombramiento de una decena de gobernadores que asumieron el poder en los distintos Estados federados, en un proceso de centralización que culminó meses más tarde con la supresión del Reichsrat, la cámara de representación territorial (equivalente a nuestro Senado). El 14 de julio se aprobó una *Ley contra la formación de nuevos partidos* que establecía un régimen de partido único. Y un año después, tras la muerte de Hindenburg en agosto de 1934, se aprobó una *Ley de la jefatura del Estado* que reunía los cargos del canciller y

18. F. Neumann, *Behemoth*, p. 39; E. Kennedy, *Carl Schmitt en la República de Weimar*, p. 47.
19. Puede escucharse la grabación original de esta frase en la web de la Fundación Friedrich Ebert: https://www.fes.de/adsd50/otto-wels.

del presidente del Reich en una única figura institucional que pasaba a denominarse oficialmente Führer y que entre otras cosas daba a Hitler el mando del ejército.

Mientras se sucedían todas estas tropelías legales o semilegales, Schmitt iba abandonando sus reticencias y, de paso, escalando puestos. Su conversión fue rápida. Pocos días después de que se aprobase la Ley habilitante, Schmitt publicó *motu proprio* en una importante revista académica un artículo que disipaba cualquier duda jurídica acerca del texto legal, pero sobre todo cualquier duda acerca de la docilidad del propio Schmitt hacia el nuevo régimen[20]. Por esas mismas fechas, a finales de marzo de 1933, Schmitt fue requerido por el vicecanciller Franz von Papen para formar parte de una comisión encargada de articular jurídicamente el nombramiento de los gobernadores que pondrían los Estados federados bajo el control directo de la cancillería del Reich, y poco después se afilió al Partido Nacionalsocialista[21]. Y a partir de entonces, el ascenso es meteórico: en los meses siguientes es nombrado miem-

20. C. Schmitt, «Das Gesetz zur Behebung der Not von Volk und Reich vom 24. März 1933», en: *Gesammelte Schriften 1933-1936*, Berlín: Duncker & Humblot, 2021, pp. 3-6.
21. A menudo se ha afirmado que Schmitt se afilió al partido nazi tras recibir una carta personal de Martin Heidegger en la que este le animaba a hacerlo (cf. por ejemplo B. Rüthers, *Carl Schmitt en el Tercer Reich*, Bogotá: Universidad Externado de Colombia, 2004, p. 28). Esta afirmación se basa, al parecer, en una confusión de Bendersky. Se conserva una carta en la que Heidegger pide a Schmitt su colaboración para llevar a cabo la *Gleichschaltung* o uniformización ideológica en las Facultades de Derecho, pero esa carta está fechada en agosto de 1933, cuando Schmitt ya llevaba varios meses (desde mayo) afiliado al partido. Cf. E. Faye, *Heidegger. La introducción del nazismo en la filosofía*, Madrid: Akal, 2018, pp. 253 y sigs.

bro del Consejo de Estado de Prusia, director de la Oficina Científica y de la Sección de Profesores Universitarios de la Asociación de Juristas Nacionalsocialistas, editor de la *Revista Jurídica Alemana* y coeditor de la *Revista de derecho público exterior y derecho internacional*. Y en octubre de 1933, tras un breve periodo de actividad docente en la universidad de Colonia, Carl Schmitt alcanza por fin la cima de su carrera profesional: se le ofrece una cátedra de Derecho Público en la Universidad de Berlín[22].

Aunque tiene su lógica en el contexto de una dictadura, resulta curioso que la calidad de los escritos de Schmitt durante este periodo sea inversamente proporcional a la promoción profesional que debían justificar. El artículo sobre la Ley habilitante de marzo de 1933 es ya un buen ejemplo de esto. En este breve texto, Schmitt subraya que dicha ley establece un nuevo poder legislativo, incluso de rango constitucional, y no sujeto a ninguna restricción (salvo el periodo de vigencia de cuatro años). Esto implicaba reconocer que la ley eliminaba la separación de poderes y subvertía completamente la Constitución de Weimar. Pocos años antes, Schmitt tal vez se hubiera opuesto a una forma de dictadura que, en sus propios términos, ya no cabía interpretar como comisarial, sino solo como soberana, pero ahora aplaudía la nueva ley como «expresión del triunfo de la *revolución* nacio-

---

22. El propio Carl Schmitt recuerda estos cargos en el primer interrogatorio y en el segundo informe que redactó a petición de su interrogador en Núremberg, en 1947. Cf. Carl Schmitt, *Respuestas en Núremberg*, p. 95 y p. 65, n. 6.

nal»[23]. Y en otros escritos de este periodo Schmitt avala también los aspectos más ideológicos del nuevo régimen, como el racismo y el antisemitismo. Insiste en su tesis, expuesta en *El concepto de lo político*, de que la homogeneidad es la característica que define a toda comunidad política genuina, pero ahora esa homogeneidad, cuyo significado siempre había permanecido indeterminado, adquiere inequívocos tintes raciales. Así, en otro artículo fechado en mayo de 1933, un Schmitt que ya tiene carnet del partido elogia las nuevas disposiciones sobre «funcionarios, médicos y abogados» que «depuran la vida pública de elementos heterogéneos *no arios*» y elogia una política educativa que reserva el acceso a escuelas y universidades a estudiantes arios, asegurando así la homogeneidad racial de «las futuras generaciones de alemanes»[24].

Dado que estos artículos pertenecen a los primeros meses del régimen, rebaten la tesis, defendida por algunos estudiosos, según la cual Schmitt solo empleó expresiones racistas y antisemitas como un peaje a la ortodoxia ideológica, y solo cuando vio comprometida su propia seguridad[25]. Lo cierto es, más bien, que desde el principio del régimen nazi estos escritos concretan la distinción de

23. C. Schmitt, «Das Gesetz zur Behebung der Not von Volk und Reich vom 24. März 1933», p. 4.
24. C. Schmitt, «Das gute Recht der deutschen Revolution», en: *Gesammelte Schriften 1933-1936*, p. 28.
25. Así J. Bendersky, *Carl Schmitt*, cap. 10. Ya hemos señalado que el propio Benderky revisa su punto de vista posteriormente. Cf. J. Bendersky «Schmitt's Diaries», en: J. Meierhenrich y O. Simons (eds.), *The Oxford Handbook of Carl Schmitt*, pp. 117-146.

amigos y enemigos en términos de una contraposición de lo ario y lo no ario. Así, en el mismo artículo en el que aplaude la depuración racial de los funcionarios del Estado, escribe Schmitt lo siguiente:

> De nuevo aprendemos a distinguir. Ante todo, aprendemos a distinguir a amigos y enemigos. A partir de ahora, el Derecho alemán y el Estado alemán ya no se basan en una vacía y formal «igualdad de todos ante la ley» o en una confusionaria «igualdad de todos los que portan un rostro humano», sino en la objetiva y sustancial homogeneidad de la totalidad del pueblo alemán, unitario y homogéneo en sí mismo[26].

Schmitt llevó a la práctica este aprendizaje de la distinción de amigos y enemigos colaborando con el régimen en la depuración de juristas y profesores universitarios por motivos raciales e ideológicos[27], y en otro trabajo publicado por aquellas mismas fechas, titulado «Los intelectuales alemanes»[28], legitima como jurista medidas tales como la quema de libros, o como la privación de la nacionalidad alemana a los exiliados contrarios al régi-

---

26. C. Schmitt, «Das gute Recht der deutschen Revolution», en: *Gesammelte Schriften 1933-1936*, p. 28. Bernd Rüthers (*Carl Schmitt en el Tercer Reich*, p. 56) recuerda que Schmitt publicaba este artículo en las mismas fechas en las que su colega Kelsen era expulsado de la universidad de Colonia. Schmitt fue el único profesor de la Facultad de Derecho que no protestó contra aquella expulsión.
27. Cf. G. Balakrishnan, *The Enemy*, p. 182; E. Faye, *Heidegger. La introducción del nazismo en la filosofía*, cap. VI.
28. C. Schmitt, «Die deutschen Intellektuellen», en: *Gesammelte Schriften 1933-1936*, pp. 32-35.

men, con el argumento de que un intelectual independiente y crítico no puede ser (o seguir siendo) alemán,
por más que haya nacido en Alemania y tenga el alemán
como lengua materna. «Que se sirvan de la lengua alemana –escribe Schmitt– ya no hace de ellos alemanes,
como tampoco la falsificación de moneda alemana convierte en alemán al falsificador. Ellos nunca han pertene-
cido al *pueblo* alemán»[29]. Se podrá acusar a este converso
y vociferante Schmitt de simplista, pero no de incoheren-
te: si se asume la concepción schmittiana de lo político
depurándola de toda adherencia liberal, una vez trazada
con claridad la línea que separa a amigos y enemigos, lo
lógico es expulsar de la comunidad política a estos últimos.

Recrearse inquisitorialmente en el análisis de los peores textos de un autor importante no es muy honesto intelectualmente, y además no merece la pena. Pero el Schmitt
nacionalsocialista alcanza cotas de vileza cuya referencia
no puede omitirse, porque retratan al personaje y permiten atisbar el alcance de una quiebra moral de la que
no se recuperó nunca. Hay, a nuestro juicio, dos documentos imprescindibles para observar esa quiebra. El primero de ellos es un artículo titulado «El Führer protege el
derecho», publicado en la *Revista Jurídica Alemana* el 1 de
agosto de 1934, y en el que Schmitt legitima los asesinatos cometidos durante la famosa «noche de los cuchillos largos». Las circunstancias son bien conocidas.
Hitler temía la oposición interna de las SA (*Sturmabtei-*

29. *Ibid.*, p. 32. Las cursivas son mías.

lung o «Sección de Asalto»), un ala del nacionalsocialismo que no controlaba completamente y cuya organización paramilitar inquietaba, además, al ejército. Para atajar aquella amenaza, y de paso congraciarse con los militares, Hitler ordenó una matanza que llevaron a cabo en la noche del 30 de junio de 1934 otros grupos paramilitares (las SS), junto con efectivos de la Gestapo y del ejército[30]. Entre el centenar de víctimas no solo había miembros de las SA, sino también otros personajes públicos hostiles a Hitler, entre ellos el excanciller Kurt von Schleicher, a quien –como se recordará– Carl Schmitt había asesorado en el último periodo de la República de Weimar. El asesinato de Schleicher debió de inquietar profundamente a Schmitt, quien tal vez temió por su propia vida[31], y quizás eso explica su reacción sobreactuada. Hitler, que a veces hacía gala de un desconcertante legalismo, consideró necesario legalizar *ex post facto* aquellos asesinatos de adversarios políticos, de modo que el 3 de julio su gobierno aprobó una inaudita *Ley de medidas de defensa del Estado* que constaba de un único y escueto artículo:

Las medidas adoptadas el 30 de junio y el 1 y 2 de julio de 1934 con el objetivo de aplastar los ataques de alta traición y de traición a la nación son conformes a derecho en cuanto medidas de defensa del Estado en una situación de excepción[32].

30. Cf. M. Fulbrook, *Historia de Alemania*, pp. 251-252; H. Schulze, *Breve historia de Alemania*, Madrid: Alianza Editorial, 2001, p. 202.
31. Cf. R. Mehring, *Carl Schmitt*, pp. 356 y sigs.
32. Ley de medidas de defensa del Estado (3 de julio de 1934); https://de.wikisource.org/wiki/Staatsnotwehrgesetz. El legalismo es una característica del régi-

El artículo de Schmitt, publicado el 1 de agosto, muestra la peor deriva posible de sus conocidos argumentos contra el Estado de derecho liberal. Schmitt sostiene que, en un Estado que suprime la separación de poderes y concentra todo el poder en el ejecutivo, el Führer tiene autoridad para actuar como «juez supremo» y «hacer justicia de manera directa en el momento del peligro»[33]. Esto significa que las decisiones del ejecutivo eran por principio correctas jurídicamente, y Schmitt añade que, en caso de duda, no correspondía al poder judicial, sino al propio poder ejecutivo, decidir acerca de la legalidad de una medida política: «se sobreentiende que en caso de duda la delimitación de las acciones autorizadas y no autorizadas no puede ser asunto de los tribunales»[34]. En *Leviatán*, Hobbes incluía entre las causas que conducen a la destrucción del Estado la doctrina que pretende «someter el poder soberano a las leyes civiles», es decir, la idea misma del imperio de la ley[35]. El hobbesiano Schmitt sostiene lo mismo en 1934, y por eso declara retrospectiva-

men nazi que destaca Schmitt en «Staat, Bewegung, Volk», en: *Gesammelte Schriften 1933-1936*, p. 79.

33. C. Schmitt, «El Führer defiende el derecho», en: Y.-Ch. Zarka, *Un detalle nazi en el pensamiento de Carl Schmitt*, p. 88.

34. *Ibid.*, p. 92.

35. Th. Hobbes, *Leviatán*, Parte II, cap. 29, México: FCE, 1994, p. 266. Cf. también C. Schmitt, «Staat, Bewegung, Volk», p. 87: «El normativismo liberal simula aquí un "imperio de la norma" que en realidad solo es el dominio sobre el aparato burocrático de un sistema legal dominado por poderes no estatales políticamente irresponsables». Por lo demás, el servilismo del artículo de agosto de 1934 es tan escandaloso que el propio Schmitt parece haber sentido posteriormente (en su *Glossarium* de posguerra) la necesidad de reinterpretarlo. Cf. R. Mehring, *Carl Schmitt*, p. 358.

mente conformes a derecho los asesinatos políticos del 30 de junio.

Tras la «noche de los cuchillos largos», un Thomas Mann ya en el exilio anotó en su diario una reflexión interesante: «Después de poco más de un año, el hitlerismo comienza a revelarse como aquello que uno siempre vio, reconoció y sintió enteramente en él: como lo último en bajeza, estupidez degenerada e infamia sanguinaria»[36]. Y en efecto, uno se pregunta qué necesidad tenía Carl Schmitt de poner su inteligencia y su prestigio al servicio de un régimen político que ya en 1934 mostraba un carácter abiertamente criminal. Ante el estupor que quizás les producen estos escritos, algunos schmittianos sugieren la hipótesis de que son irónicos, es decir: que Schmitt no pensaba realmente lo que decía en ellos, y que deben leerse como parodias del lenguaje oficial del régimen[37]. Esta hipótesis es inverosímil, no solo porque resulta difícil creer que alguien se atreviese a reírse de los nazis en su cara, sino también porque el contenido de estos escritos no se presta a bromas. El peor de todos ellos, el fondo del pozo de la producción schmittiana de esta época, es, a nuestro juicio, un brevísimo artículo titulado «La constitución de la libertad», fechado el 1 de octubre de 1935[38]. En este caso se trataba de legitimar las

---

36. Th. Mann, cit. en R. Mehring, *Carl Schmitt*, p. 357.
37. Así argumenta, por ejemlpo, H. Quaritsch, *Positionen und Begriffe Carl Schmitts*, pp. 99-101. Sobre estas interpretaciones, cf. R. Mehring, *Carl Schmitt*, p. 365; o también H. Hofmann, *Legitimität gegen Legalität*, pp. XXIII-XXIV.
38. C. Schmitt, «La Constitución de la libertad», en: Y.-Ch. Zarka, *Un detalle nazi en el pensamiento de Carl Schmitt*, pp. 61-64.

leyes raciales de Núremberg: un conjunto de leyes, aprobadas en septiembre de aquel año, que privaban a la
población judía –y también a la población gitana, menos
numerosa y muy marginada– de sus derechos fundamentales e incluso de su nacionalidad alemana, y que iniciaban así el acoso legal y social que culminaría en el genocidio pocos años después. El comentario del jurista Carl
Schmitt ofrece una versión de sus ideas políticas que quizás es esperpéntica, pero que no contradice lo que este
autor había escrito desde el final de la Primera Guerra
Mundial. Schmitt señala que la diferencia entre el régimen nazi y el Estado liberal de la República de Weimar
puede apreciarse en la transformación de la función del
Reichstag: este ya no es la institución deliberativa de una
democracia plural, sino el escenario en el que se actualiza
performativamente la identidad de un pueblo homogéneo, el pueblo alemán. Esa identidad homogénea es ahora
el núcleo de la comunidad política, y dado que se define
por criterios raciales, la población étnicamente heterogénea –los judíos y los gitanos– debe quedar excluida de
la protección del derecho. Por consiguiente, la exclusión
jurídica de la población no aria es, para Schmitt, el gran
avance de las leyes raciales nacionalsocialistas, si se las
compara con las anteriores Constituciones liberales alemanas:

No podemos continuar con las ideas jurídicas y constitu-
cionalistas de nuestros padres y abuelos liberales, pues estaban atrapadas en una red de conceptos de un sistema no-

alemán. [...] En sus Constituciones [liberales] nunca se habla de la sangre y el honor alemanes. La palabra «alemán» aparece únicamente para recalcar que «todos los alemanes son iguales ante la ley». Pero esta frase [...] sirvió [...] para tratar igual que a los alemanes a quienes no son de la misma raza *[Artungleiche]*. [...] Hoy el pueblo alemán vuelve a ser pueblo alemán también en el ámbito del Derecho. Tras las leyes del 15 de septiembre, la sangre y el honor alemanes son de nuevo conceptos fundamentales de nuestro Derecho[39].

Por eso Schmitt puede afirmar, aparentemente en serio, que precisamente *estas* leyes de Núremberg «son la primera Constitución alemana de la libertad en siglos»[40]. Caracterizar de esta forma unas leyes que privaban de todas sus libertades a una parte importante de la población alemana parece un ejercicio de cinismo, pero Schmitt aclara que la «libertad» que realizan las leyes de Núremberg nada tiene que ver con las libertades que garantizan las Constituciones liberales, a las que tacha de «formas camufladas de dominación extranjera»[41]. La libertad encarnada en las leyes de Núremberg es, por el contrario, la libertad colectiva de un pueblo que «se ha encontrado consigo mismo»[42] y que se asegura de su homogeneidad, en este caso racial, expulsando al diferente.

39. *Ibid.*, pp. 62-63.
40. *Ibid.*, p. 61.
41. *Ibid.*, p. 62.
42. *Ibid.*

Todo lo anterior muestra que el nacionalsocialismo constituía una posible concreción de las ideas políticas de Schmitt, y que, por consiguiente, existe cierta continuidad entre el pensamiento anterior de este autor –un pensamiento siempre antiliberal y autoritario pese a sus diversas modulaciones– y su compromiso político de 1933. Ahora bien, ya en el artículo sobre las leyes raciales hallamos una diferencia importante con respecto a las ideas anteriores de Schmitt, que solo puede explicarse como una adaptación al ideario nacionalsocialista. Podemos captar esa diferencia si atendemos a un asunto aparentemente menor: la modificación de la bandera de Alemania. Las leyes de Núremberg de 1935 incluían también la adopción de la cruz gamada como insignia oficial del Tercer Reich. La opinión de Schmitt al respecto es, por supuesto, favorable: «el Estado es ahora un medio de la fuerza y la unidad del pueblo. El Reich alemán tiene una única bandera, la insignia del movimiento nacionalsocialista»[43]. Pero lo cierto es que la adopción de aquella insignia como símbolo del Estado alemán indicaba que el nacionalsocialismo era un régimen muy diferente de aquel que Schmitt había teorizado y defendido hasta ese momento. En efecto, en todos sus escritos anteriores a 1933, Schmitt había abogado por un Estado que se situase por encima de los antagonismos sociales y de los partidos políticos, y que fuese capaz de zanjar autoritariamente los conflictos entre ellos asegurando o restable-

---

43. *Ibid.*, p. 63.

ciendo el orden. Pero la cruz gamada erigida en símbolo del Reich representaba, más bien, la conquista del Estado por *un partido*, y en concreto por uno de los partidos «totales» o totalitarios contra los cuales había advertido el propio Schmitt durante los últimos años de la República de Weimar: partidos que tendían «a la totalidad», suprimían «la separación y las barreras entre los diferentes sectores, como Religión, Economía y Cultura», y se extendían «a todos los ámbitos de la existencia humana»[44]. Especialmente elocuente en este sentido es el siguiente pasaje, procedente de una conferencia que Schmitt impartió en 1932:

Tenemos [...] una *pluralidad de partidos totales* que realizan *en sí mismos* la totalidad, atrapan totalmente a sus miembros, dirigen a los hombres desde la cuna hasta el sepulcro, desde el jardín de infancia hasta los servicios funerarios y crematorios, se establecen totalmente en los más diversos grupos sociales y proporcionan a sus miembros las opiniones correctas, la cosmovisión correcta, la forma estatal correcta, el sistema económico correcto, las formas sociales adecuadas al Partido. [...] La coacción a la politización total parece insoslayable[45].

Schmitt había advertido en su momento contra el secuestro de la vida pública por los partidos totalitarios, y

---

44. C. Schmitt, *El defensor de la Constitución*, p. 158. Cf. sobre esto O. Beaud, *Los últimos días de Weimar*, pp. 49 y sigs.
45. C. Schmitt, «Starker Staat und gesunde Wirtschaft», en: C. Schmitt, *Staat, Grossraum, Nomos*, Berlín: Duncker & Humblot, 1995, p. 75.

había defendido la figura institucional de un «Estado fuerte» situado *por encima* de los partidos, siempre inspirado en el modelo autoritario del fascismo italiano[46]. Pero la adopción de la cruz gamada como bandera oficial del Reich significaba que el nacionalsocialismo no aspiraba a afianzar un Estado autoritario, sino a imponer un régimen totalitario de partido único. Al agudo observador que era Carl Schmitt no pudo escapársele este desplazamiento del centro de gravedad político del Estado al partido, pero solo con el tiempo comprendería realmente lo que era un movimiento totalitario. Por el momento se adaptó a él, como muestra su trabajo de mayor calado teórico correspondiente a este periodo: *Estado, movimiento, pueblo*, que vio la luz a finales de 1933.

Hegel ha muerto

En *Estado, movimiento, pueblo*, Schmitt certifica que el nacionalsocialismo ha liquidado la Constitución de Weimar sin necesidad de abolirla formalmente, puesto que ha suprimido a través de nuevas leyes –sobre todo la Ley habilitante (23 de marzo de 1933) y la Ley de partido único (14 de julio de 1933)– dos de las características institucionales más importantes de la democracia liberal: la separación de poderes y el pluralismo político. Pero el rasgo más importante del nuevo orden político es, para Schmitt,

46. *Ibid.*, p. 74.

la extensión del partido a la totalidad de la sociedad. Si el orden social liberal del siglo xix se componía de dos elementos, el Estado y la sociedad, el nuevo orden totalitario se articula no en dos, sino en tres elementos: Estado, Movimiento y Pueblo. El Estado incluye la administración burocrática y el ejército, y el pueblo corresponde aproximadamente a lo que la *Filosofía del derecho* de Hegel denominaba la «sociedad civil» *(bürgerliche Gesellschaft)*, es decir: el «orden económico y social» autorregulado, o no enteramente sometido a la administración burocrática[47]. A esos dos componentes de la totalidad social se añade ahora el «movimiento», la pieza clave de las sociedades totalitarias: un «elemento político-dinámico» que permea o penetra los otros dos y que se encarna en el partido único –y en este caso: el partido nazi– en cuanto «cuerpo político en el cual el movimiento encuentra su figura concreta»[48]. En un lenguaje más claro, esto significa que en el nuevo orden totalitario tanto la sociedad como el Estado quedan subordinados al partido: «los tres elementos no se encuentran yuxtapuestos al mismo nivel, sino que uno de ellos, el movimiento portador del Estado y del pueblo *[Staat- und Volkstragende Bewegung]*, penetra y dirige los otros dos»[49].

Pero la prioridad del partido sobre la sociedad y sobre el Estado no solo distingue al totalitarismo del liberalis-

---

47. C. Schmitt, *El defensor de la Constitución*, p. 84. Sobre el concepto hegeliano de «sociedad civil», cf. G. W. F. Hegel, *Principios de la Filosofía del Derecho*, Barcelona: Edhasa, 1999, parte iii, cap. ii, pp. 303 y sigs.
48. C. Schmitt, «Staat, Bewegung, Volk», pp. 83-84.
49. *Ibid.*, p. 83.

mo, sino también al Schmitt autoritario de la República de Weimar del Schmitt nacionalsocialista de 1933. Incluso el fascismo italiano, que durante toda la década de 1920 había sido un referente para Schmitt, aparece ahora como un modelo político superado por el nazismo, precisamente por el hecho de que en la Alemania nazi la fusión de Estado y partido es *más completa* que en la Italia de Mussolini[50]. Para el Schmitt de 1933, el artífice y el garante de la unidad política contra la fragmentación y el antagonismo social ya no es el Estado autoritario, sino el partido totalitario, de manera que la homogeneidad y la unanimidad de la comunidad política se logran ahora mediante la omnipresencia del partido en la sociedad civil y mediante la depuración racial e ideológica de los funcionarios del Estado[51]. «El funcionario es ahora camarada en una unidad política basada en la homogeneidad racial; en cuanto camarada del partido, es un miembro de la organización portadora del Estado y del Pueblo»[52].

Todo esto resulta muy revelador del giro en el pensamiento de Schmitt en esta época, puesto que, pocos años antes, Schmitt había defendido precisamente lo contrario: la independencia de la burocracia respecto de los par-

---

50. *Ibid.*, pp. 90-91.

51. Cf. también C. Schmitt, «Der Staat des 20. Jahrhunderts», en: *Gesammelte Schriften 1933-1936*, p. 37: el partido es el «portador de la *unidad* política del pueblo alemán».

52. C. Schmitt, «Staat, Bewegung, Volk», p. 88. La expresión *Artgleichheit* debe traducirse por «homogeneidad racial» a la luz de lo que se dice en la p. 112, donde *Artgleichheit* se relaciona expresamente con «el pensamiento de la raza».

tidos políticos. «De acuerdo con la tradición histórica del
Estado alemán –leemos todavía en *El defensor de la Constitución*–, cabe pensar en primer término [...] en las instituciones y métodos propios de un Estado funcionarial
[...] [como] el verdadero contrapeso a los efectos desinte-
gradores del Estado de partidos [...]»[53]. Pero en 1933 el
propio Schmitt reconstruye el itinerario que le ha llevado a
separarse de su posición anterior[54]. En el último periodo
de la República de Weimar, los sectores más conservadores de la sociedad alemana habían creído posible superar
el desorden político del «Estado pluralista de partidos»
mediante gobiernos autoritarios apoyados en el ejército y
en el poder burocrático, en la estela de un liberalismo autoritario que se remonta a la teoría del Estado de Hegel.
Pero aquellos gobiernos autoritarios, con los que colaboró el propio Schmitt, fracasaron porque no lograron «cu-
brir el vacío político, la carencia de liderazgo político»[55].
Para el Schmitt de 1933, el nacionalsocialismo habría tenido éxito donde aquellos gobiernos autoritarios habían
fracasado. El orden social quedaba salvaguardado por un
movimiento totalitario que no solo superaba el liberalismo,
sino también el estatalismo hegeliano[56]:

El 30 de enero de este año [1933], el Estado funcionarial hegeliano del siglo XIX, que se caracterizaba por la unidad del

53. Cf. C. Schmitt, *El defensor de la Constitución*, p. 191.
54. C. Schmitt, «Staat, Bewegung, Volk», pp. 101-102.
55. *Ibid.*, p. 102.
56. Cf. J.-F. Kervégan, *Hegel, Carl Schmitt*, p. 26.

funcionariado y el estamento portador del Estado, fue sustituido por otra construcción del Estado. Puede decirse, por tanto, que aquel día «murió Hegel». [...] Las formas del Estado funcionarial hegeliano, correspondientes a la situación intraestatal del siglo XIX, han sido eliminadas y sustituidas por otras configuraciones correspondientes a nuestra realidad actual[57].

57. C. Schmitt, «Staat, Bewegung, Volk», p. 102. A la abjuración del inveterado estatalismo schmittiano en *Estado, movimiento, pueblo* corresponde el rechazo del decisionismo jurídico en el ensayo *Sobre los tres modos de pensar la ciencia jurídica* (en: M. Herrero [ed.], *Posiciones ante el derecho*, Madrid: Tecnos, 2012; cf. también el prólogo a la segunda edición, de 1933, de *Teología política*, p. 12), publicado en 1934. Si hasta 1933 Schmitt siempre había distinguido dos paradigmas en la filosofía del derecho, el normativismo (o iuspositivismo) y el decisionismo, en este ensayo añade un tercero, al que denomina «pensamiento de los órdenes concretos». Schmitt se aparta de su habitual enfoque decisionista en la dirección de un institucionalismo inspirado en las ideas del jurista francés Maurice Hauriou. Este tercer paradigma deriva las normas jurídicas de las necesidades funcionales de órdenes institucionales que existen *antes* de toda decisión estatal autoritaria, y cuyas reglas específicas se imponen también sobre la normatividad artificial y abstracta del positivismo. Para quien esté familiarizado con la obra anterior de Carl Schmitt, resulta desconcertante el abandono del decisionismo hobbesiano y la rehabilitación de figuras de pensamiento jurídico próximas al iusnaturalismo católico o al feudalismo premoderno (cf. sobre esto G. Balakrishnan, *The Enemy*, p. 195). Aunque este giro hacia el pensamiento de los órdenes concretos quizás responde a problemas teóricos de la ciencia jurídica, es inevitable pensar que en esta nueva filosofía del derecho había también bastante oportunismo. En efecto, el institucionalismo de los órdenes concretos era probablemente un paradigma más asimilable que el decisionismo hobbesiano al pensamiento jurídico nacionalsocialista, cuyo objetivo era operar una «renovación *völkisch* del derecho» (B. Rüthers, *Rechtstheorie*, p. 355). Schmitt no habría podido suscribir ninguna forma de iusnaturalismo, sin exceptuar el de algunos teóricos nazis más crudamente racistas que él. Pero sí podía abandonar su decisionismo, demasiado centrado en el Estado y tal vez demasiado alejado de fundamentaciones ideológicas para el gusto de un movimiento totalitario. Además, frente al universalismo jurídico del Estado de derecho liberal, el particularismo de los órdenes concretos se adaptaba mejor a las necesidades de un régimen arbitrario que –como señala Balakrishnan– practicaba constantemente «la suspensión *ad hoc* y la anulación de las normas legales» (*The Enemy*, p. 198). Rüthers (*Rechtstheorie*, p. 358) también destaca

En el curso de los años siguientes, este totalitarismo al que Schmitt da la bienvenida en su ensayo de finales de 1933 exigiría que la administración estatal se subordinase cada vez más a las exigencias políticas del partido y abandonase la forma de actuación característica de toda burocracia moderna, la cual se basa –como observó Max Weber– en «la precisión, la rapidez, la univocidad, la oficialidad, la continuidad [...], la uniformidad, [y] la rigurosa subordinación»[58]. Estas cualidades no solo posibilitan una administración previsible y funcional, sino que implican también una mínima seguridad jurídica y, por tanto, garantizan a los administrados por la burocracia cierta protección. En su estudio clásico sobre el nazismo, Franz Neumann señala que esa «función protectora»[59] de la burocracia racional se pierde a medida que el nacionalsocialismo se distancia del culto fascista del Estado y se consolida como un régimen totalitario dominado por el partido. Fagocitada por el partido totalitario, la burocracia racional ensalzada por Hegel y teorizada por Weber pronto se convertirá en la maquinaria hipertrofiada, imprevisible y amenazadora que reflejan las novelas de Kafka. El propio Carl Schmitt se daría cuenta de esto algún tiempo después, pero por el momento la filosofía política totalitaria de *Estado, movimiento, pueblo* cumplía una función importante en su estrategia de adap-

la «infatigable elasticidad y la elegancia pseudorracional en la aplicación del derecho» que hacía posible la nueva teoría jurídica schmittiana.
58. M. Weber, *Economía y Sociedad*, p. 731.
59. F. Neumann, *Behemoth*, p. 58.

tación al nacionalsocialismo. Una estrategia que, sin embargo, resultó ineficaz, puesto que Schmitt no tardó en caer en desgracia ante los sectores más duros o más cínicos del régimen.

Retorno a Hobbes

Carl Schmitt nunca llegó a ejercer la influencia intelectual sobre el régimen nazi a la que había aspirado. Su adhesión apresurada pero inequívoca, incluso sobreactuada, favoreció su ascenso profesional y social, pero no le dio acceso a los verdaderos centros de poder, y solo en una ocasión vio de cerca a Hitler, a quien de todos modos despreciaba. Su biógrafo Reinhard Mehring atribuye a Schmitt un error de cálculo: alguien como él debería haber sabido que el poder se localiza en las instancias del Estado en las que se toman las decisiones, y no tanto en el entorno del partido y sus organismos ideológicos, como las academias, las asociaciones de juristas o los consejos editoriales de revistas especializadas[60]. Y por otra parte, su adaptación a aquel ecosistema intelectual no fue, ni podía ser, tan completa como para ponerle a salvo de toda sospecha de desviación. Las dictaduras son regímenes paranoicos que detectan enseguida cualquier asomo de heterodoxia, y son también regímenes cínicos en los que, si hace falta, es fácil inventarse indicios de disiden-

60. Cf. R. Mehring, *Carl Schmitt*, pp. 324-325.

cia cuando no existen. A Carl Schmitt le sucedieron las dos cosas. Durante algún tiempo fue objeto de un cuestionamiento que fue creciendo en intensidad hasta volverse peligroso, y que culminó a finales de 1936 con la renuncia a todos sus cargos, salvo su cátedra universitaria y su asiento en el Consejo de Estado de Prusia.

La campaña de desprestigio contra él obedeció en parte a rivalidades personales dentro del microcosmos académico nazi, pero también a razones ideológicas[61]. En diversas publicaciones, otros juristas e ideólogos del régimen –Otto Koellreuter, Reinhard Höhn o Alfred Rosenberg– criticaron las ideas de Schmitt señalando que este, pese a sus esfuerzos de *aggiornamento*, daba demasiada importancia al Estado frente al partido y el «pueblo», y que sus escritos eran insuficientemente racistas y antisemitas[62]. Cualquiera de estas acusaciones podía tener graves consecuencias, y el temeroso Schmitt respondió a ellas doblando la apuesta, es decir: produciendo textos aún más antisemitas, más serviles y más nazis. No le sirvió de mucho, quizás porque los ataques procedían simultáneamente de otro frente situado fuera de Alemania: las publicaciones de los exiliados, entre quienes se contaban muchos antiguos amigos y colaboradores suyos.

En efecto, desde 1933, y en muchos casos antes, Schmitt había ido soltando amarras y rompiendo toda relación

---

61. G. Balakrishnan, *The Enemy, op. cit.*, p. 204; J. Bendersky, *Carl Schmitt*, pp. 221 y sigs.; R. Mehring, *Carl Schmitt*, pp. 340 y sigs., pp. 384 y sigs.
62. J. Bendersky, *Carl Schmitt*, p. 221; H. Quaritsch, *Positionen und Begriffe Carl Schmitts*, pp. 50 y sigs.

con sus conocidos judíos o políticamente incómodos[63]. Entre ellos se contaba Waldemar Gurian, un católico de origen judío que había sido alumno suyo durante los años de docencia en Bonn[64]. Exiliado en Suiza, Gurian publicó entre 1934 y 1936 varios artículos que atacaban a Schmitt[65]. En el primero de ellos, titulado «La decisión y el orden» y publicado bajo el pseudónimo de Peter Müller, Gurian explicaba la conversión nacionalsocialista de su antiguo profesor como la consecuencia de un decisionismo vacuo, oportunista y en el fondo no muy diferente del Romanticismo político con el que el propio Schmitt había ajustado cuentas en 1919[66]. Los siguientes artículos de Gurian tenían menos calado teórico, pero mostraban una intención mucho más evidente de desacreditar a Schmitt ante los nazis. En ellos Gurian recordaba los vínculos de Schmitt con intelectuales judíos y con el catolicismo político, lo alineaba –con razón– entre los muñidores del sistema presidencialista en las postrimerías de la República de Weimar y lo acusaba de alterar sus propios escritos (por ejemplo, la reedición de *El concepto de lo político* de 1933) para ocultar sus compromisos políticos anteriores al Tercer Reich. De este modo desenmascaraba la retórica nacionalsocialista del jurista

---

63. R. Mehring, *Carl Schmitt*, p. 316.
64. J. Bendersky, *Carl Schmitt*, pp. 51-52.
65. *Ibid.*, pp. 224 y sigs.; R. Mehring, *Carl Schmitt*, pp. 384 y sigs.
66. P. Müller (W. Gurian), «Entscheidung und Ordnung. Zu den Schriften von Carl Schmitt», *op. cit.* Esta opinión de Gurian sobre la conexión de decisionismo y oportunismo en el pensamiento schmittiano coincide en lo esencial con la que, un año después, expondrá Karl Löwith en «El decisionismo ocasional de Carl Schmitt», *op. cit.*

oficial del régimen: de acuerdo con la imagen que pro-
yectaba su exalumno, Carl Schmitt ni siquiera era un
auténtico nazi, sino más bien un arribista y un cínico[67].
Aquellas acusaciones provocaron la respuesta de otro discípulo de Schmitt, en este caso el nacionalsocialista Günther
Krauss, quien publicó en Alemania un artículo defen-
diendo al jurista y explicando sus cambios ideológicos –del
catolicismo político al estatalismo autoritario y, finalmente, al totalitarismo nazi– como el resultado de una evolución intelectual coherente[68]. Fue entonces cuando el régimen tomó nota de esta polémica y puso a Schmitt en
el punto de mira. El semanario *Das Schwarze Korps*, vinculado a las temibles SS, publicó a finales de 1936 dos artículos que polemizaban con Krauss y destacaban el oportunismo de Schmitt[69]. Desde el exilio, Gurian aprovechó
el eco de su propia campaña de desprestigio y recrudeció
su ataque[70]. El «Servicio de seguridad» (SD) de las SS inició entonces una investigación secreta sobre Schmitt[71].
Todo este asunto quizás habría terminado muy mal para
Schmitt de no ser por la intervención personal de sus dos
valedores principales en la jerarquía del régimen: los mi-

67. Los artículos de Gurian se publicaron en la revista de exiliados *Deutsche
Briefe* los días 26 de octubre de 1934, 7 de junio de 1935, 13 de marzo, 22 de
mayo, 11, 18 y 24 de diciembre de 1936. Están recogidos en H. Hürten (ed.),
Deutsche Briefe 1934-1938, op. cit.
68. G. Krauss, «Zum Neubau deutscher Staatslehre. Die Forschungen Carl
Schmitts», *Jugend und Recht*, vol. 10, n.º 11 (1936), pp. 252-253.
69. «Eine peinliche Ehrenrettung», *Das Schwarze Korps*, 49 (1936), p. 14; «Es
wird immer noch peinlicher», *Das Schwarze Korps*, 50 (1936), p. 2.
70. W. Gurian, «Der NS Kronjurist Carl Schmitt als Mohr...», en H. Hürten
(ed.), *Deutsche Briefe 1934-1938*, vol. 2, pp. 489-491.
71. J. Bendersky, *Carl Schmitt*, p. 241.

nistros Hermann Göring y Hans Frank (ambos, por cierto, posteriormente condenados como criminales de guerra en los juicios de Núremberg y ejecutados en 1946). Por intercesión de aquellos dos ministros cesó la campaña de las SS contra Schmitt, pero este tuvo que abandonar sus cargos en revistas y asociaciones jurídicas y retirarse a un discreto segundo plano. Waldemar Gurian celebró aquella defenestración. En un último artículo auguró a Carl Schmitt la emigración o el ingreso en un campo de concentración[72].

No sucedió ninguna de esas dos cosas, pero comenzó entonces un periodo que, años más tarde, tras la derrota del nazismo en la Segunda Guerra Mundial, Schmitt intentará presentar como un exilio interior, subrayando así las distancias que ya entonces le separaban del régimen de Hitler. Aunque sus lectores más benévolos tienden a aceptar la imagen de un Schmitt disidente, a nuestro juicio –como veremos más adelante–, esa imagen no resulta creíble. Sin embargo, es cierto que aquel periodo en el que se vio expuesto a los ataques, extrañamente simétricos, del exiliado Waldemar Gurian y de las SS hizo reflexionar a Schmitt sobre la naturaleza de los regímenes totalitarios. Su reflexión quedó plasmada de un modo alusivo y hermético, pero inconfundible para quien lea con atención, en su mejor libro del periodo nacionalsocialista: *El Leviatán en la teoría del Estado de Thomas Hobbes*, pu-

---

72. W. Gurian, «Auf dem Wege in die Emigration oder in Konzentrationslager?», en: H. Hürten (ed.), *Deutsche Briefe 1934-1938*, vol. 2, p. 510.

blicado en 1938[73]. En esta obra Schmitt regresa a Hobbes, su más constante referente teórico, tras renunciar a sus aspiraciones más ambiciosas en el Tercer Reich y, por tanto, desde la posición de un observador que se ha distanciado del poder político. Y lleva a cabo un ejercicio de autoclarificación más sincero que el que hallaremos en los escritos posteriores a la Segunda Guerra Mundial, puesto que carece de las intenciones exculpatorias de estos. En 1938 Schmitt contrapone la filosofía política de Hobbes –que es también, en lo esencial, la suya propia– al liberalismo, pero también a un totalitarismo que desborda la lógica del Estado burocrático moderno, se vuelve imprevisible y deja de proteger incluso a los individuos que le prestan obediencia, quebrantando así el pacto sobre el que descansa toda legitimidad, «el *cogito ergo sum* del Estado»[74].

Es bien conocida la argumentación contractualista con la que Hobbes justifica las instituciones del Estado autoritario. Dado que los seres humanos son por naturaleza un peligro los unos para los otros y representan una mutua amenaza constante, la opción más inteligente para

73. C. Schmitt, *El Leviathan en la teoría del Estado de Tomás Hobbes*, Granada: Comares, 2003. Este ensayo se inspiró, como reconoce el propio Schmitt, en un libro de Leo Strauss sobre Spinoza publicado en 1930. Cf. C. Schmitt, *Glossarium*, p. 537. Habermas lo considera la obra más importante de Carl Schmitt. Cf. J. Habermas, «Carl Schmitt: los terrores de la autonomía», p. 69. En cambio, Y.-Ch. Zarka propone una lectura muy crítica de este libro (a nuestro juicio, guiada por un afán más justiciero que hermenéutico) en «Carl Schmitt. Una lectura antimoderna de la modernidad: la triple traición a Hobbes», *Eikasia*, 45 (2012), pp. 57-69.
74. C. Schmitt, *El concepto de lo político*, pp. 81-82.

cada uno es suscribir con todos los demás un pacto de no agresión. Y puesto que todo pacto es puro papel mojado si no existe un poder capaz de hacerlo cumplir, lo más racional, una vez firmado dicho pacto, es someter la propia voluntad a un Estado que garantice su cumplimiento, y que será tanto más capaz de lograr ese objetivo cuanto más autoritario y aterrador resulte para todos[75]. El nombre de «Leviatán», que Hobbes emplea para referirse a ese Estado aterrador, pertenece a un gran monstruo marino mencionado en algunos pasajes del Antiguo Testamento[76], pero Schmitt observa que el modo en que Hobbes concibe el Estado no se corresponde con el mito bíblico, y tampoco, a decir verdad, con la imagen que aparece en el frontispicio de la primera edición de la obra, publicada en 1651. En dicha imagen el Leviatán se representa como «un gran hombre mayestático»[77], un gigante humano compuesto por muchos individuos que han unido sus voluntades formando una sola. Pero según Schmitt, la imagen del Leviatán más coherente con el espíritu mecanicista de la filosofía hobbesiana sería, más bien, la de una gran *máquina*, un «mecanismo de mando que funciona eficazmente»[78]. El Estado moderno es el «primer producto de la época técnica»[79], una maquinaria burocrática que se fundamenta en el consentimiento, en la unión de las voluntades individuales, pero que una vez creada

---

75. Th. Hobbes, *Leviatán*, Parte II, cap. 17. Cf. también Parte I, cap. 13.
76. Salmos, 74: 13-14, 104: 26; Job, 41; Isaías, 27: 1.
77. C. Schmitt, *El Leviathan en la teoría del Estado de Tomás Hobbes*, p. 13.
78. *Ibid.*, p. 29.
79. *Ibid.*, p. 29.

trasciende esas voluntades y adquiere una inercia o legalidad propia que ya no se reduce, ni se confunde ni se identifica con la voluntad de nadie en particular, de ningún individuo concreto, ni siquiera con la de quien ostenta el poder. Según Schmitt, si Hobbes puede referirse al Leviatán como a un «Dios mortal»[80], es debido a ese momento de trascendencia del Estado respecto de las voluntades de los individuos que lo componen:

> La angustia acumulada de los individuos que tiemblan por su vida produce el Leviatán, un poder nuevo; pero más que crearlo, lo que hace es conjurar al nuevo Dios. En este sentido, el nuevo Dios es trascendente a los individuos que han celebrado el contrato[81].

En una revisión tácita de las ideas que había expuesto cinco años antes en *Estado, movimiento, pueblo*, Schmitt parece reivindicar en estas páginas la legalidad propia del Estado burocrático moderno contra su desbordamiento por los movimientos totalitarios o los liderazgos carismáticos: «la persona representativa soberana solo es el alma del "hombre magno" que es el Estado [...]. El elemento personalista queda implicado en el proceso de mecanización y en él fenece»[82]. Y sobre todo, Schmitt insiste en que el pacto que confiere legitimidad a esta maquinaria burocrática debería garantizar la protección del individuo

80. Th. Hobbes, *Leviatán*, Parte II, cap. 17, p. 234.
81. C. Schmitt, *El Leviathan en la teoría del Estado de Tomás Hobbes*, p. 28.
82. *Ibid.*

que le presta obediencia. «Si [la máquina del Estado] funciona, me garantiza mi propia seguridad y mi existencia física, a cambio de lo cual exige obediencia incondicional a las leyes que presiden su funcionamiento»[83]. Este pacto se quiebra en aquellos regímenes políticos que representan una amenaza incluso para quienes se someten a ellos, por ejemplo el régimen nacionalsocialista, un orden político que ya no se centra en el Estado, sino en el partido y el Movimiento, y que por tanto ya no es solo dictatorial o autoritario, sino que encarna algo nuevo: el totalitarismo. Por eso los ejemplos históricos de maquinarias hobbesianas que menciona Schmitt se remontan a la Edad Moderna e incluyen la Inglaterra de Cromwell, la Prusia de Federico el Grande o el Estado absolutista francés anterior a la Revolución, pero no el Tercer Reich[84]. Schmitt pone las cartas boca arriba por lo que se refiere al modelo político que más apreciaba.

Pero el Estado autoritario hobbesiano tenía un punto débil que conduciría a su rápido declive en el siglo XVIII. Ese punto débil era la distinción entre el «fuero externo» y el «fuero interno», entre el ámbito de las conductas, que el Estado puede controlar, y el ámbito de la conciencia individual, sobre la cual el Estado no tiene jurisdicción alguna porque no tiene poder suficiente para controlarla. Esta distinción cobra relevancia en la obra de Hobbes a propósito de la creencia en los milagros, un

---

83. *Ibid.*, p. 40. Cf. también p. 68: «La relación de protección y obediencia es la piedra angular de la construcción política de Hobbes».
84. *Ibid.*, p. 39, p. 71.

asunto que hoy nos parece exótico pero que era importante en el contexto histórico en que se publicó *Leviatán*,
porque en aquella época se atribuía a los reyes de Inglaterra la capacidad de curar milagrosamente a los enfermos
mediante la imposición de manos. Siendo demasiado ag-
nóstico –o demasiado honesto intelectualmente– para
admitir estos u otros milagros, Hobbes remite la decisión acerca de la verdad de estas curaciones a la instancia
de la que depende cualquier decisión colectivamente
vinculante: el Estado. «Milagroso –escribe Schmitt interpretando a Hobbes– es todo lo que el poder soberano del Estado manda creer como milagroso [...]. Cada
soberano decide inapelablemente dentro de su propio Estado lo que es milagroso»[85]. Ahora bien, el Estado puede
obligar a los súbditos a que se comporten *como si admi-
tieran* la realidad de los milagros, pero no a que tomen
en serio esas creencias en su fuero interno. La reserva
mental o la libertad de conciencia no es, pues, un derecho garantizado por el Estado por razones morales, sino
sencillamente porque la conciencia individual es inaccesible al poder público:

El Estado absoluto puede exigirlo todo, pero solo externa-
mente. El *cuius regio eius religio* se cumple, pero la religión
se traslada clandestinamente a un nuevo campo distinto e
inesperado: a la esfera de libertad privada del individuo que
piensa, siente y opina libremente[86].

85. *Ibid.*, p. 49.
86. *Ibid.*, p. 54.

Novelas como *El cero y el infinito*, de Arthur Koestler, o *1984* de George Orwell exploran la posibilidad de que los Estados totalitarios quiebren también esa última línea de defensa que es la conciencia individual. Cuando la tortura logra que los presos traicionen sus convicciones (en el caso de la novela de Koestler) o sus sentimientos (en la de Orwell), el poder totalitario ha vencido definitivamente. Pero el Leviatán hobbesiano nunca pretendió llegar tan lejos, y Schmitt tampoco parece pensar que el control total de las conciencias sea posible ni siquiera en los regímenes totalitarios del siglo xx. La ingobernabilidad de la conciencia es la grieta que resquebraja la maquinaria política hobbesiana, y la que históricamente condujo desde el Leviatán autoritario hasta el Estado liberal del siglo xix.

En efecto, era cuestión de tiempo que la conciencia privada, inaccesible al poder público, terminase imponiendo la primacía de lo privado sobre lo público, del ciudadano sobre el soberano y de la sociedad civil sobre el Estado. Exhibiendo un antisemitismo que no era solo de boquilla o destinado a agradar a las autoridades nazis, Schmitt atribuye la transformación liberal del Estado autoritario hobbesiano al «espíritu judío» de Spinoza, y tras él a una Ilustración que reclamó durante todo el siglo xviii la libertad de conciencia. Desde finales de aquel siglo, las revoluciones burguesas consumaron el triunfo del individualismo ilustrado e inauguraron la época del Estado de derecho y del liberalismo, en la cual el símbolo del Leviatán pierde su prestigio y su fuerza mítica y comienza a percibirse como «cosa inhumana e infrahumana»[87]. Pero, tal y como Hobbes había previsto, el declive del Leviatán como consecuencia del primado de las libertades individuales solo podía conducir a una reedición del estado de naturaleza en la forma de nuevos e interminables conflictos civiles. La sociedad moderna, surgida de aquel declive, será ya inevitablemente una sociedad antagónica y desgarrada, una sociedad en crisis permanente[88].

El libro sobre Hobbes es en cierto modo una confesión política, y proporciona muchas claves para comprender el pensamiento de Carl Schmitt en su totalidad. Pone de manifiesto hasta qué punto Schmitt siempre permaneció fiel a un paradigma político que en el fondo era anacrónico: el Estado burocrático absolutista anterior a 1789. Si en el siglo XVII Hobbes quiso ahuyentar el fantasma de la guerra civil y del conflicto religioso mediante la fundamentación racionalista de un Estado autoritario, en el siglo XX Schmitt creyó que un modelo similar a aquel podría zanjar el conflicto principal de su propia época, que ya no era la guerra de religión, sino la lucha de clases. Pero el Tercer Reich no se correspondía con el Leviatán de Hobbes, puesto que el nazismo era un movimiento que desbordaba, distorsionaba y en última instancia arruinaba la legalidad funcional de la maquinaria burocrática del Estado moderno. Para Schmitt, la objeción que, in-

---

87. *Ibid.*, p. 57.
88. Como veremos más adelante, tras la Segunda Guerra Mundial el historiador Reinhard Koselleck, uno de los discípulos más brillantes de Schmitt, desarrollará estas conclusiones del ensayo sobre Hobbes de 1938. Cf. R. Koselleck, *Crítica y crisis. Un estudio sobre la patogénesis del mundo burgués*, Madrid: Trotta, 2021.

justamente, el liberal John Locke formuló en su día contra el autoritario Hobbes sería válida contra el totalitarismo, pues este no fundaba un orden pacificado, sino que perpetuaba el estado de naturaleza y mantenía al individuo bajo una amenaza permanente que, sin embargo, no procedía ya de los otros individuos, sino de ese mismo Estado que debía ahuyentarla[89].

Con este diagnóstico, Schmitt se adelantaba a los análisis que algunos años después elaborarían autores políticamente mucho menos incómodos que él, como Hannah Arendt o como el ya citado Franz Neumann, que había sido alumno de Schmitt, y que caracteriza el nacionalsocialismo como un régimen en el cual el partido acaba por destruir «todos los restos del Estado racional y administrativo», sustituyéndolos por un «Movimiento amorfo, sin figura», que transforma el Estado «en una anarquía más o menos organizada»[90]. Sometida a exigencias políticas que serán cada vez más opacas, arbitrarias y volubles, la administración perderá su racionalidad burocrática tornándose imprevisible y, a la larga, también disfuncional. Y dejará de proteger al individuo en el mínimo grado que implica el hecho de que la administración del Es-

---

89. Cf. J. Locke, *The Second Treatise of Civil Government*, § 93, p. 167: «Es como si los hombres, una vez dejado el estado de naturaleza, y tras ingresar en la sociedad, acordaran que todos ellos, menos uno, deben estar sometidos a las leyes, y que esa única persona retiene toda la libertad propia del estado de naturaleza, aumentada con el poder y hecha licenciosa por la impunidad». Schmitt menciona este argumento de Locke contra Hobbes en C. Schmitt, *El Leviathan en la teoría del Estado de Tomás Hobbes*, p. 67.

90. F. Neumann, *Behemoth*, p. XXIII. Cf. también H. Arendt, *Los orígenes del totalitarismo*, Madrid: Alianza Editorial, 2006.

tado se atenga a normas generales y públicas. Más adelante veremos que tras la guerra, y para salir airoso en la investigación de las autoridades militares aliadas que querían precisar el grado exacto de su implicación en los crímenes del Estado nacionalsocialista, Carl Schmitt subrayará las diferencias entre su modelo político y el totalitarismo de un modo menos críptico que en el ensayo de 1938. Pero uno se pregunta cómo pudo Schmitt olvidar tan fácilmente esas diferencias cuando se rindió al nazismo en 1933. Y sobre todo, uno se sorprende de que Schmitt solo advirtiese lo que era el totalitarismo cuando él personalmente resultó amenazado por un régimen al que había prestado no ya obediencia, sino incluso una adhesión entusiasta. Mientras los amenazados fueron otros –exiliados, disidentes, homosexuales, gitanos, judíos–, Schmitt no tuvo nada que objetar. A todos ellos, a las verdaderas víctimas del nazismo, Schmitt se limitó a aplicarles la distinción de amigos y enemigos.

6. La Segunda Guerra Mundial

¿Qué fue de Carl Schmitt durante los restantes años del Tercer Reich, tras la peligrosa campaña difamatoria en un semanario de las SS y tras la investigación abierta contra él por el Servicio de Seguridad de aquella siniestra organización? Ya hemos mencionado que, tanto en sus escritos de posguerra como en sus declaraciones ante las autoridades militares aliadas que le interrogaron entre 1945 y 1947, Schmitt se presenta a sí mismo como un disidente silencioso o como un exiliado interior, y en alguna ocasión compara su situación posterior a 1936 con la del capitán Benito Cereno en la narración homónima de Herman Melville: Schmitt es como ese capitán español que se ve forzado a fingir que continúa al mando de su barco cuando en realidad la nave está bajo el control de los esclavos que constituían su carga y que se han amotinado[1].

1. H. Melville, *Benito Cereno*, Madrid: Alianza Editorial, 2013. C. Schmitt, *Ex captivitate salus*, p. 34. Algunos años más tarde, Enrique Tierno Galván amplía

Pero esta imagen, que atenuaba su compromiso con el nacionalsocialismo y le favorecía retrospectivamente, no es creíble. Es cierto que Schmitt dio un paso atrás a finales de 1936, y que dimitió –o fue forzado a dimitir– de sus cargos en asociaciones de juristas y en consejos editoriales[2], pero hasta el final de la Segunda Guerra Mundial mantuvo su cátedra en la universidad de Berlín y su asiento en el Consejo de Estado de Prusia, continuó escribiendo y publicando en la Alemania de Hitler sin grandes contratiempos y al menos desde 1941 pudo viajar al extranjero e impartir conferencias en Francia, España, Portugal, Rumanía y Hungría[3]. Todo eso es mucha holgura, comparada con la de Benito Cereno secuestrado en su barco. Demasiadas licencias para un supuesto disidente difamado y en peligro, como le hizo notar Robert Kempner, su interrogador en Núremberg en 1947: «Usted mismo se dará cuenta de que hay una cierta contradicción con lo de la difamación por un lado y sus conferencias por otro; personalmente me resulta difícil entenderlo»[4]. En efecto, pese a su cada vez más consciente distanciamiento teórico respecto del nazismo, no cabe afirmar que

este enfoque schmittiano e interpreta la figura de Benito Cereno como símbolo de una Europa a la deriva. Cf. E. Tierno Galván, «Benito Cereno o el mito de Europa», *Cuadernos Hispanoamericanos*, 36 (1952), pp. 215-223. Una lectura todavía más abstracta, que ve en esta figura el símbolo de una humanidad desnortada, puede leerse en S. Klickovic, «Benito Cereno – Ein moderner Mythos», en: H. Barion, E.-W. Böckenförde, E. Forsthoff y W. Weber (eds.), *Epirrhosis. Festgabe für Carl Schmitt*, vol. 1, pp. 265-273.

2. Cf. J. Bendersky, *Carl Schmitt*, p. 239.

3. En total Carl Schmitt impartió doce conferencias en el extranjero entre 1941 y 1944. Cf. C. Schmitt, *Respuestas en Núremberg*, p. 66.

4. *Ibid.*

Schmitt fuese nunca un disidente. Y si la tormenta de 1936 pronto quedó atrás, esto probablemente se debe –como apunta Reinhard Mehring[5]– a que los motivos de su caída en desgracia tuvieron más que ver con luchas de poder académico que con peligrosas diferencias ideológicas[6]. Esas diferencias existían, pero no eran para tanto, y sin las intrigas de juristas rivales, Schmitt habría podido satisfacer sus ambiciones profesionales y atravesar la totalidad del periodo nacionalsocialista en la cómoda posición de un ideólogo del régimen. Lo que no sabemos es cuál habría sido el coste posterior de una implicación mayor. Quizás aquellos ataques de las SS en 1936 le salvaron literalmente el cuello en 1945.

En cualquier caso, Schmitt se alejó en los años siguientes no solo de los centros de poder, sino también de los problemas teóricos que pudieran resultar políticamente arriesgados, y esto operó una importante reorientación temática en su obra. Abandonó la teoría del Estado y se centró en una teoría de las relaciones internacionales que algunos años más tarde enmarcaría en una peculiar filosofía de la historia[7]. Con este giro de finales de los años treinta, Schmitt retomaba ideas que había expuesto en algunos artículos publicados durante la República de Weimar y que desarrollaría en sus libros más importan-

---

5. R. Mehring, *Car Schmitt zur Einführung*, Hamburgo: Junius, 2011, pp. 71 y sigs. R. Mehring, *Carl Schmitt*, pp. 384 y sigs.
6. Ellen Kennedy señala que el rápido ascenso de Schmitt en 1933 a los cargos académicos más relevantes suscitó la envidia y la hostilidad de muchos de sus colegas. E. Kennedy, *Carl Schmitt en la República de Weimar*, p. 59.
7. Cf. J.-F. Kervégan, «Carl Schmitt and "World Unity"», p. 55.

tes del periodo posterior a la Segunda Guerra Mundial. Algunas de las ideas más originales de Schmitt se sitúan en este ámbito temático. También, como veremos, algunas de las más actuales e inquietantes.

Contra el Tratado de Versalles y el pacifismo liberal

Tras la Primera Guerra Mundial, el Tratado de Versalles impuso a Alemania la pérdida de una parte de su territorio, una drástica reducción de su ejército y elevadísimas sanciones económicas en concepto de reparaciones de guerra. Los historiadores coinciden en que aquel tratado draconiano –rebautizado en medios alemanes como el «dictado *[Diktat]* de Versalles»– soliviantó desde el principio a la población alemana y alentó un nacionalismo agresivo que dificultó la consolidación de la democracia liberal[8]. Carl Schmitt compartía con muchos de sus compatriotas un sentimiento de injusticia colectiva, y más de medio siglo después, en su último trabajo publicado, todavía veía en aquella humillación nacional la causa principal del posterior ascenso del nazismo. «La lucha contra Versalles –escribe Schmitt en 1978– es el impulso esencial de los éxitos de Hitler entre 1919 y 1939»[9].

8. Cf. M. Fulbrook, *Historia de Alemania*, p. 225.
9. C. Schmitt, «La revolución legal mundial», p. 19. Cf. también H. Quaritsch, *Positionen und Begriffe Carl Schmitts*, p. 77: «por muy diferentes que fuesen las ideas de Max Weber, Hans Kelsen y Carl Schmitt, sobre "Versalles" tenían la misma opinión, y no solo ellos». Incluso el economista británico John Maynard Keynes advirtió en 1919 de las previsibles consecuencias de un tratado de paz ex-

En aquel contexto, y en aquel clima político, se inicia la reflexión de Schmitt sobre las relaciones internacionales[10]. Pero desde el principio Schmitt no se limita a tratar la situación de Alemania, sino que adopta una perspectiva más amplia y analiza ciertos cambios estructurales del orden internacional que ya entonces anunciaban para el siglo xx –y para el xxi– una geopolítica completamente nueva, en la que desempeñaría un papel destacado una ideología liberal legalista y pacifista que, sin embargo, encubría nuevas formas de imperialismo y traería consigo guerras más numerosas, más encarnizadas y con un gran potencial para propagarse hasta convertirse en guerras mundiales. Veamos a continuación cómo argumenta Schmitt estas tesis.

En un artículo titulado «Renania como objeto de la política internacional», Schmitt analiza por primera vez ese nuevo imperialismo amparado en el Tratado de Versalles y en la Sociedad de Naciones[11]. El artículo se publicó en 1925, algún tiempo después de que, en 1923, Francia y Bélgica ocupasen militarmente la región ale-

cesivamente duro con Alemania. Cf. J. M. Keynes, *Las consecuencias económicas de la paz*, Barcelona: Crítica, 2009.

10. Entre los escritos de Schmitt sobre este tema destacan los siguientes: C. Schmitt, *Die Rheinlande als Objekt internationaler Politik* (1925), en: C. Schmitt, *Positionen und Begriffe*, pp. 29-37; C. Schmitt, *Die Kernfrage des Völkerbundes* (1926), en: G. Maschke (ed.), *Frieden oder Pazifismus? Arbeiten zum Völkerrecht und zur internationalen Politik 1924-1978*, Berlín: Duncker & Humblot, 2005, pp. 26-50; C. Schmitt, *Die Wendung zum diskriminierenden Kriegsbegriff* (1938), Berlín: Duncker & Humblot, 2007; C. Schmitt, *Völkerrechtliche Grossraumordnung* (1939), Berlín: Duncker & Humblot, 1991; C. Schmitt, *Der Nomos der Erde* (1950), Berlín: Duncker & Humblot, 2012; C. Schmitt, *Theorie des Partisanen* (1963), Berlín: Duncker & Humblot, 2017.

11. C. Schmitt, *Die Rheinlande als Objekt internationaler Politik, op. cit.*

mana del Ruhr para asegurarse el cobro de las reparaciones de guerra. Schmitt interpreta dicha ocupación como una prueba de que, en el siglo XX, el dominio de un territorio por parte de una potencia extranjera ya no requiere la conquista ni la anexión, sino que puede ejercerse «ocupando posiciones decisivas, explotando económicamente [el territorio] o mediante derechos de intervención particulares»[12], e incluso manteniendo formalmente la soberanía del territorio dominado, como sucede en el caso de los protectorados. La clave del nuevo imperialismo estriba en que la potencia dominante se reserve la decisión unilateral sobre una intervención militar u otras sanciones similares, de modo que cualquier conflicto con el territorio dominado pueda abordarse como si se tratase de un asunto de política interior. Esta forma de dominio tiene la ventaja de ahorrarse los costes militares, económicos y políticos de las verdaderas anexiones, que entre otras cosas requieren reconocer derechos de ciudadanía a la población del territorio conquistado. El nuevo orden internacional concede, pues, a las grandes potencias «todas las ventajas militares y económicas de una anexión, pero sin las cargas correspondientes»[13]. Para Schmitt no era casual que el documento fundacional de la Sociedad de Naciones proclamase su vocación pacifista prohibiendo (en su artículo 10) la guerra de agresión[14], pero no di-

12. *Ibid.*, p. 32.
13. *Ibid.*, p. 35.
14. El artículo 10 del Pacto de la Sociedad de Naciones dice lo siguiente: «Los Miembros de la Liga se comprometen a respetar y preservar frente a agresiones externas la integridad territorial y la independencia política existente de todos los

jese nada sobre «la coacción económica y financiera, la hambruna y otros métodos parecidos»[15]. Si el orden internacional del siglo XX no admitía formalmente la guerra de agresión o el derecho de conquista, era porque las grandes potencias ya no lo necesitaban.

La sospecha de que la Sociedad de Naciones respaldaba un nuevo imperialismo explica por qué Schmitt –como buena parte de la derecha alemana– se opuso al ingreso de Alemania en dicha organización en 1926. Para Schmitt, la juridificación de las relaciones internacionales no era otra cosa que un mecanismo de legitimación del *statu quo*, de la correlación fáctica de fuerzas. En efecto, por muy unilateral, injusto o violento que fuese el origen de una determinada configuración del mapa internacional, a partir del momento en que esa configuración quedaba sancionada por el derecho internacional, cualquier alteración unilateral sería calificada como una infracción:

Tan pronto como esa juridificación ha entrado en vigor, ya no se pregunta si el estado de posesión [territorial] *[Besitz-*

Miembros de la Liga. En caso de tal agresión o en caso de cualquier amenaza o peligro de tal agresión, el Consejo asesorará sobre los medios por los cuales se cumplirá esta obligación». Puede consultarse este documento en https://www.ungeneva.org/es/about/league-of-nations/covenant. En la misma línea, en 1928 varios países (entre ellos Alemania) firmaron el Pacto Briand-Kellog, que proscribía la guerra de agresión como instrumento de la política internacional. Y el artículo 2.4 de la Carta de las Naciones Unidas dice lo siguiente: «Los Miembros de la Organización, en sus relaciones internacionales, se abstendrán de recurrir a la amenaza o al uso de la fuerza contra la integridad territorial o la independencia política de cualquier Estado, o en cualquier otra forma incompatible con los Propósitos de las Naciones Unidas»; https://www.un.org/es/about-us/un-charter/chapter-1.

15. C. Schmitt, «Die Kernfrage des Völkerbundes», p. 96.

stand] es soportable política o moralmente; más bien se parte del supuesto de que en cualquier caso es conforme a derecho. El efecto legitimador es tanto más fuerte cuanto más se formaliza el procedimiento, y cuanto más se aproxima a una situación ideal de legalidad general[16].

Al legitimar de este modo el *statu quo*, la juridificación de las relaciones internacionales propiciaba la consolidación de una nueva concepción de la guerra. En un interesante ensayo de 1938, Schmitt denomina «discriminatoria» a esa nueva concepción de la guerra, aunque igualmente habría podido emplear el adjetivo «criminalizadora», puesto que su característica más destacada es la criminalización del enemigo[17]. El concepto discriminatorio o criminalizador de la guerra es un corolario de la prohibición de la guerra de agresión que queda fijada en el artículo 10 del Pacto de la Sociedad de Naciones[18]. Desde el momento en que los Estados pierden su derecho a declarar la guerra a otros Estados para dirimir sus conflictos de intereses –una potestad que el derecho internacional clásico denominaba *ius ad bellum*–, toda declaración de guerra –salvo en el caso de guerras defensivas o punitivas[19]– queda

16. *Ibid.*, p. 100.
17. C. Schmitt, *Die Wendung zum diskriminierenden Kriegsbegriff*, *op. cit.*
18. Schmitt reconoce un precedente del concepto discriminatorio de la guerra en un documento anterior: la declaración de guerra del presidente estadounidense Woodrow Wilson del 2 de abril de 1917.
19. E. Balibar, «Michael Walzer, Carl Schmitt y el debate contemporáneo sobre la cuestión de la guerra justa», en: G. Bataillon *et al.* (eds.), *Las teorías de la guerra justa en el siglo XVI y sus expresiones contemporáneas*, México: Centro de Estudios Mexicanos y Centroamericanos, 2013, pp. 267-296.

cualificada como un quebrantamiento del orden jurídico internacional, y resulta equiparable a una violación de las leyes en el territorio de un Estado, es decir: a un delito o un crimen. En el nuevo orden internacional, un Estado que ataque a otro Estado –o simplemente un Estado que no comparta los principios del liberalismo, el legalismo y el pacifismo, y al cual la comunidad internacional niegue su reconocimiento[20]– será considerado un «Estado criminal» *(Räuberstaat)*[21], y recibirá el trato correspondiente.

La noción misma de *guerra* tenderá a desaparecer del lenguaje de las relaciones internacionales juridificadas, así como desaparece del horizonte de las relaciones intraestatales sometidas al derecho. Si el Estado no está «en guerra» con los delincuentes a los que persigue y castiga, tampoco podrá hablarse propiamente de guerra para caracterizar el conflicto entre un «Estado criminal» que quebranta el derecho internacional y la comunidad internacional que responde a ese quebrantamiento. La respuesta de la comunidad internacional se denominará más bien «sanción», «intervención» o «misión de paz», pero ya no se denominará formalmente *guerra*. Pero aunque la expresión «guerra» tienda a desaparecer del vocabulario político en la era de las relaciones internacionales sometidas al derecho, no por ello desaparecerán las guerras[22]. Más bien al contrario, Schmitt pensaba que el concepto

---

20. C. Schmitt, *Cambio de estructura del derecho internacional*, Madrid: Instituto de Estudios Políticos, 1943, p. 31.
21. C. Schmitt, *Die Wendung zum diskriminierenden Kriegsbegriff*, p. 46.
22. Cf. sobre esto M. Herrero, *The Political Discourse of Carl Schmitt*, p. 109.

discriminatorio de la guerra multiplicaría y recrudecería los conflictos bélicos, pese a la vocación pacifista de la Sociedad de Naciones. Así como a los criminales se les sanciona con todo el peso de la ley, así también la comunidad internacional se considerará legitimada para someter al Estado discriminado, y a su población, a las sanciones más severas, que podrán incluir el empleo de la fuerza militar, pero también otros medios no menos devastadores, como las sanciones económicas, los bloqueos, los cortes de suministros básicos, etc. Para Schmitt, el legalismo de la Sociedad de Naciones podría legitimar todas estas medidas porque reeditaba la vieja doctrina medieval de la *guerra justa* –sobre la que volveremos en el próximo capítulo–, que convierte los conflictos bélicos en algo parecido a cruzadas morales.

Por último, otra probable consecuencia de la juridificación de las relaciones internacionales sería, según Schmitt, la potencial escalada de cualquier conflicto bélico hasta convertirse en una guerra mundial. Pues así como en la lucha del Estado contra el crimen nadie tiene derecho a permanecer neutral entre las dos partes en conflicto, tampoco podrá ya declararse neutral ningún Estado cuando la comunidad internacional decida sancionar a otro Estado que haya quebrantado el derecho internacional. En la nueva geopolítica del siglo XX, todo conflicto bélico tendería, pues, a propagarse y a involucrar a todos los Estados en guerras potencialmente mundiales, de tal modo que el legalismo pacifista de la Sociedad de Naciones tendría finalmente un efecto enteramente contrario al que prometía.

La última página de *El concepto de lo político* sintetiza este análisis del nuevo orden internacional del siglo xx:

Un imperialismo de base económica intentará, como es lógico, llevar al mundo a un estado en el cual él pueda aplicar sin obstáculo alguno sus medios de poder económico [...], medios que, según esta terminología, seguirán siendo apolíticos y esencialmente pacíficos, como [...] por ejemplo [...]: el bloqueo de la aportación de medios de vida a la población civil y el asedio por hambre. Finalmente, el imperialismo económico dispone de medios técnicos para infligir la muerte física por la violencia; armas modernas, de gran perfección técnica, puestas a punto mediante una inédita inversión de capital y conocimientos científicos, con el fin de que, en caso de necesidad, se pueda disponer efectivamente de ellas. Eso sí, para la aplicación de tales medios se crea un nuevo vocabulario esencialmente pacifista, que no conoce ya la guerra, sino únicamente ejecuciones, sanciones, expediciones de castigo, pacificaciones, protección de los pactos, policía internacional, medidas para garantizar la paz. El adversario ya no se llama enemigo, pero en su condición de perturbador y quebrantador de la paz se lo declara *hors-la-loi* [fuera de la ley] y *hors l'humanité* [enemigo de la humanidad]; y cualquier guerra librada para la conservación o ampliación de una posición de poder económico irá precedida de una oferta propagandística, capaz de convertirla en «cruzada» y en la «última guerra de la Humanidad»[23].

23. C. Schmitt, *El concepto de lo político*, p. 106.

Schmitt interpreta, pues, el nuevo derecho internacional como un mero instrumento al servicio de los intereses imperialistas de las grandes potencias, y destaca su potencial para desencadenar guerras discriminatorias o criminalizadoras, recubiertas por una retórica policial o humanitaria, y de alcance potencialmente mundial. Y una vez más, la lucidez y la ceguera se dan la mano de un modo desconcertante en este análisis. Sin duda, podemos dar la razón a Schmitt en muchas cosas. En nuestros días regresa la apelación cínica «al poder y la gloria» de las naciones como justificación de la *Realpolitik* en las relaciones internacionales[24], pero el siglo XX y los primeros años del XXI ya confirmaron sobradamente que las democracias liberales también pueden camuflar sus políticas imperialistas bajo una retórica que rehabilita la vieja noción de la guerra justa y que omite los términos explícitamente bélicos reemplazándolos mediante un lenguaje a veces humanitario y otras veces policial. Un ejemplo evidente de todo esto fue el recurso de la administración estadounidense a la retórica mesiánica contra el «eje del mal» durante las invasiones militares de Afganistán e Irak tras los atentados del 11 de septiembre de 2001[25]. Y hay otros ejemplos igualmente controvertidos, como las acciones bélicas denominadas «intervenciones humanitarias», cuyo carácter propiamente militar queda encubierto bajo su aséptica denominación, y sobre las cuales –especialmente cuando son unilaterales– siempre pende la sospecha

24. Cf. J. Rawls, *El derecho de gentes*, p. 17.
25. Cf. A. de Benoist, *Carl Schmitt actual, op. cit.*

de que sirven a los intereses de las potencias que las llevan a cabo[26]. No obstante, y contra lo que Schmitt afirma, no es verdad que la juridificación de las relaciones internacionales favorezca *per se* la expansión de las guerras, su escalada hasta el nivel de guerras mundiales o la crudeza y brutalidad de las sanciones contra los Estados que quebrantan el derecho internacional, y contra sus poblaciones. Conviene distinguir entre el derecho internacional y la invocación abusiva y tramposa de ese mismo derecho para legitimar guerras que no hacen otra cosa que conculcarlo. Pero Schmitt nunca hace esa distinción. Quizás por eso puede achacar al legalismo pacifista de la Sociedad de Naciones una tendencia a desencadenar violentas guerras mundiales y a la vez guardar silencio –antes y después de 1945– sobre la responsabilidad que tuvo en el inicio de esas guerras una potencia tan poco sospechosa de legalismo y pacifismo como Alemania, que era exaltadamente nacionalista en 1914 y totalitaria en 1939. Solo la extraordinaria habilidad de Schmitt para la prestidigitación conceptual puede hacernos creer que el pacifismo resulta ser, a la postre, más beligerante que el belicismo. Cegado por su propio argumento, cuando Schmitt afirma en 1938 que la Sociedad de Naciones «eleva una nueva pretensión de dominio mundial que solo podría cumplirse mediante una nueva guerra mundial»[27], pre-

---

26. Cf. sobre esto J. Abrisketa, «Intervención humanitaria», en: *Diccionario de Acción Humanitaria y cooperación al Desarrollo*; https://www.dicc.hegoa.ehu.eus/listar/mostrar/131.html.
27. C. Schmitt, *Die Wendung zum diskriminierenden Kriegsbegriff*, p. 47.

dice acertadamente una nueva gran guerra que no tardaría en estallar, pero hace responsable de ella a la comunidad internacional, y no al régimen totalitario que la inició.

El orden geopolítico de los grandes espacios

Pese a su implacable crítica no ya del Tratado de Versalles, la Sociedad de Naciones o el Pacto Briand-Kellog, sino del proyecto mismo de juridificar las relaciones internacionales, Schmitt considera que el siglo XX ha dejado atrás la época en la que el Estado territorial soberano protagonizaba la política internacional. Por eso propone una alternativa teórica tanto al caduco orden interestatal como al emergente «derecho universal» *[Weltrecht]* propugnado por «las democracias occidentales». Dicha alternativa es el «orden concreto de grandes espacios» que Schmitt presenta en un ensayo publicado meses antes del inicio de la Segunda Guerra Mundial[28].

La teoría de los grandes espacios puede leerse como una temprana teoría de la globalización –«hoy pensamos planetariamente y en grandes espacios», escribe Schmitt[29]–, un proceso que Schmitt atribuye a causas ante todo económicas y técnicas. En un mundo cada vez más dominado por gigantescas organizaciones económicas e industriales, e interconectado por fuentes de energía que a menudo ya no están bajo el control de los Estados territoriales,

---

28. C. Schmitt, *Völkerrechtliche Grossraumordnung*, p. 61.
29. *Ibid.*

el punto de referencia de la teoría de las relaciones internacionales no puede seguir siendo el Estado, sino el «gran espacio» *(Grossraum)*, en un sentido no meramente geográfico, sino «concreto», es decir: histórico y político[30]. Un gran espacio es una unidad territorial compuesta por varias naciones que comparten elementos culturales y tal vez una historia común, pero a las que vincula, sobre todo, una determinada concepción u orientación política. Aunque hay precedentes históricos de «grandes espacios» –como el Sacro Imperio Romano Germánico medieval–, el más importante precedente moderno de estas unidades geopolíticas es, según Schmitt, el «hemisferio occidental», es decir: América, que la llamada «doctrina Monroe» distinguió políticamente de Europa en 1823. En un discurso pronunciado ante el Congreso de Estados Unidos del 2 de diciembre de aquel año, el presidente estadounidense James Monroe definió el continente americano como un espacio político autónomo e independiente de las potencias coloniales europeas. En una época en la que los países americanos iniciaban sus procesos de descolonización, la doctrina Monroe implicaba que Estados Unidos interpretaría en adelante como asuntos de política interna –es decir, como asuntos de su incumbencia– los acontecimientos que tuvieran lugar en otras naciones americanas, y en particular los conflictos que enfrentasen a dichas naciones con las metrópolis europeas[31].

30. *Ibid.*, p. 11.
31. *Ibid.*, p. 22; cf. también C. Schmitt, *El Nomos de la tierra*, pp. 301-318.

La doctrina Monroe convirtió, pues, el continente americano en un «gran espacio» en el sentido schmittiano del término. Un gran espacio integra una pluralidad de naciones o comunidades políticas más pequeñas, pero siempre bajo el dominio de una gran potencia. En el caso del «hemisferio occidental», esa gran potencia era Estados Unidos, pero en 1939 el gran espacio que interesaba a Schmitt –y a Hitler– era Europa central, que podía y debía constituirse como una unidad política bajo el dominio de Alemania. El concepto schmittiano de gran espacio, que en principio pretendía tener un significado más descriptivo que normativo, mostraba así sus inequívocas implicaciones políticas en el contexto en el que fue formulado. Muy en sintonía con la terminología nazi, Schmitt reserva el nombre de *Reich* para la potencia dominante en cada caso, y lo distingue del clásico concepto de «imperio». Los imperios son, según Schmitt, universalistas y asimilacionistas: tienden a expandirse, a conquistar nuevos territorios y a incorporar a su propia población las poblaciones de las tierras conquistadas. Los grandes espacios operan según una lógica diferente: no son universalistas, puesto que no aspiran a ampliarse indefinidamente más allá de su ámbito territorial «concreto», histórica y culturalmente condicionado; y tampoco asimilan a las poblaciones que habitan en su ámbito de influencia, sino que preservan cuidadosamente la composición étnica de las naciones que los conforman, sobre todo la de la gran potencia dominante. En términos más concretos, esto significaba que una Europa dominada por el Tercer Reich nunca sería un espacio político universalista ni un *melting pot*, sino más bien un espacio particularista y racialmente compartimentado:

> *Reich*, *Imperium* y *Empire* no son lo mismo, y vistos desde dentro no son comparables entre sí. Mientras que «Imperium» tiene a menudo el significado de una formación universalista, que abarca el mundo y la humanidad, y por tanto supraétnica [...], nuestro Reich alemán está determinado de modo esencialmente étnico *[volkhaft]* y es esencialmente un orden jurídico no universalista basado en el respeto de cada pueblo *[Volkstum]*[32].

Es obvio que esta teoría se ajustaba como un guante a los intereses de Hitler en vísperas de la Segunda Guerra Mundial. La doctrina Monroe ya había establecido que en territorio americano las decisiones políticas debían quedar en manos de la potencia dominante, y que las restantes potencias debían atenerse a un «principio de no intervención»[33]. Pues bien, de manera análoga, en el gran espacio de Europa central las decisiones políticas debía tomarlas la Alemania nazi, y las potencias extranjeras debían abstenerse de intervenir. De la argumentación de Schmitt se desprendía también que el Reich debía asumir la protección de la población alemana en aquellas otras regiones del gran espacio en las que se encontrase en minoría, una doctrina muy conveniente en un momen-

---

32. C. Schmitt, *Völkerrechtliche Grossraumordnung*, p. 50.
33. *Ibid.*, p. 48.

to en el que Alemania no solo se anexionaba Austria (marzo de 1938), sino que reclamaba y obtenía la región checa de los Sudetes (octubre de 1938), invadía Checoslovaquia reduciéndola a un protectorado (marzo de 1939) y estaba a punto de invadir Polonia (septiembre de 1939). No es extraño, por tanto, que la teoría de los «grandes espacios» tuviese una acogida muy favorable[34]. Propició que Schmitt recuperase cierta notoriedad pública, porque la prensa se hizo eco de sus ideas no solo en Alemania, sino también en Reino Unido, donde algunos medios presentaron a Schmitt como el ideólogo oficial de la política expansionista de Hitler. Este dudoso honor dio lugar a una anécdota extraña, propia de una novela del escritor albanés Ismail Kadaré. En un discurso del 28 de abril de 1939, Hitler defendió sus pretensiones hegemónicas sobre Europa invocando la doctrina Monroe. Poco después, el ministro Hans Frank –mentor de Schmitt, como se recordará– telefoneó a Schmitt para advertirle de que no reivindicase públicamente la autoría de la teoría de los grandes espacios, puesto que Hitler se enorgullecía de haberla inventado por sí mismo[35].

Pero la recuperada notoriedad de Schmitt no impidió que, en el ámbito académico nacionalsocialista, los mismos rivales que ya le habían atacado pocos años antes señalasen los aspectos más heterodoxos de una teoría que tampoco esta vez se ajustaba del todo al ideario oficial, puesto que carecía de una fundamentación inequívoca-

---

34. Para lo que sigue, cf. J. Bendersky, *Carl Schmitt*, pp. 257 y sigs.
35. *Ibid.*, pp. 258-259.

mente racista. No les faltaba razón a aquellos críticos nazis, puesto que para Schmitt los grandes espacios se defi-
nían por principios políticos –la monarquía absoluta en
el caso de la Santa Alianza, la república democrática en el
de la doctrina Monroe o el totalitarismo nacionalsocialista en el Tercer Reich–, mientras que el concepto de
Lebensraum o «espacio vital», que aportaba oficialmente
la justificación del imperialismo nazi, apelaba a la superioridad de la raza aria sobre el resto de grupos étnicos de
Europa oriental. Tal vez la diferencia era relevante, pero
lo cierto es que la teoría de Schmitt también validaba la
pretensión hegemónica del Tercer Reich sobre las restantes naciones europeas, y mostraba un inconfundible aire
de familia con aquella otra doctrina del *Lebensraum*[36]. Por
eso tras la guerra Schmitt fue investigado no solo como
el más brillante y conocido jurista nacionalsocialista, sino
también como un posible ideólogo de la guerra de agresión y de los crímenes que el régimen nazi cometió durante la Segunda Guerra Mundial sobre la población del
este de Europa.

El jurista Carl Schmitt, investigado en Núremberg

Carl Schmitt se encontraba en Berlín cuando se produjo
la capitulación de Alemania, el 8 de mayo de 1945. Tras
un primer y breve interrogatorio al que fue sometido por

---

36. Cf. H. Hofmann, *Legitimität gegen Legalität*, pp. 206-207.

las autoridades militares soviéticas, y después de algunos meses de incertidumbre en una ciudad devastada –un tiempo en el que, previsoramente, llegó a redactar en inglés un informe sobre su colaboración con los nazis[37]–, Schmitt fue arrestado el 26 de septiembre y conducido al Centro de Interrogatorios de Wannsee. El propio Schmitt atribuyó esta detención a las medidas de *automatic arrest* de altos funcionarios alemanes que llevaron a cabo las fuerzas ocupantes inmediatamente después de terminar la guerra[38], pero los historiadores han documentado que su detención no fue consecuencia de aquella medida general, sino de un auto individual promovido por Karl Loewenstein, un antiguo colega de Schmitt en la universidad de Múnich[39]. De origen judío, Loewenstein había tenido que emigrar a Estados Unidos en 1933. En 1945 asesoraba al Consejo de Control Aliado, e intentó que Schmitt fuese juzgado como criminal de guerra. Schmitt permaneció internado hasta el 10 de octubre de 1946 –es decir, durante algo más de un año– y su biblioteca fue confiscada, pero no se presentó ningún cargo contra él[40]. Y el 19 de marzo de 1947 fue arrestado de

37. R. Mehring, *Carl Schmitt,* p. 445.
38. Cf. el prólogo de Schmitt a la edición española (1958) de *Ex captivitate salus*, p. 21; y también la entrada del 26 de septiembre de 1956 en C. Schmitt, *Glossarium*, p. 543.
39. Cf. H. Quaritsch, «Carl Schmitt en el centro penitenciario de Núremberg», en: C. Schmitt, *Respuestas en Núremberg*, p. 14; R. Mehring, *Carl Schmitt*, p. 447; J. Bendersky, «Carl Schmitt's Path to Nuremberg: A Sixty-Year Reassessment», *Telos*, vol. 7, n.º 139 (2007), pp. 6-34.
40. El 31 de octubre de 1945 fue trasladado del Centro de Interrogatorios de Wannsee al campo de internamiento de Lichterfelde-Süd, donde permaneció hasta el 12 de septiembre de 1946, fecha en la que fue trasladado de nuevo al Centro de

nuevo y trasladado a la penitenciaría de Núremberg, donde permaneció cinco semanas y fue interrogado en cuatro ocasiones, aunque tampoco esta vez se presentó ningún cargo. Tras ser puesto en libertad el 13 de mayo de 1947, se trasladó a la casa que su familia tenía en Plettenberg, su ciudad natal. Sus padres habían muerto ya, pero allí vivían sus hermanas, y allí se instaló también Schmitt con su familia. Nunca regresó a Berlín. Tampoco recuperó su plaza de catedrático universitario, de la que había sido expulsado a finales de 1945 por su condición de antiguo miembro del Partido Nacionalsocialista. Por eso durante los primeros años de la posguerra su situación económica fue muy precaria, hasta que en 1951 comenzó a cobrar su pensión de jubilación, en virtud de una ley que devolvía ese derecho a los funcionarios apartados del servicio público por su colaboración con el nazismo.

Los dos periodos en los que Schmitt permaneció encarcelado supusieron para él un drama personal y un punto de inflexión en su biografía, pero no fueron infecundos intelectualmente. Los prisioneros de los centros de internamiento de Berlín no tenían permiso para escribir, pero un médico militar estadounidense –a quien Schmitt agradecería más tarde su «compasión», su «cultura y su humanidad»[41]– se saltó las normas y le facilitó un lápiz y un recetario en blanco. De ese modo clandestino pudo redactar Schmitt la mayor parte de los ensa-

Interrogatorios de Wannsee hasta su puesta en libertad el 10 de octubre. Cf. R. Mehring, *Carl Schmitt*, p. 449.
41. C. Schmitt, *Ex captivitate salus*, p. 22.

yos recogidos más tarde en un curioso libro de memorias titulado *Ex captivitate salus*, publicado en 1950. Durante el segundo y más breve periodo de internamiento en Núremberg, Schmitt lo tuvo más fácil para plasmar sus pensamientos, puesto que su interrogador, el fiscal adjunto Robert Kempner, le pidió expresamente que redactara algunos informes[42]. A estos testimonios hay que añadir las anotaciones de *Glossarium*[43]. Todos estos escritos conforman una unidad autosuficiente dentro del corpus schmittiano. Aunque por razones obvias tienen a menudo un carácter exculpatorio o apologético, su estudio resulta muy valioso para comprender las ideas de Schmitt acerca del totalitarismo y acerca de su propia responsabilidad en el nazismo.

Especialmente inesperado fue para Carl Schmitt el segundo arresto, que le condujo a Núremberg cuando todavía estaban en marcha los juicios contra los dirigentes nazis. «Quisiera saber qué se me imputa», preguntó al comenzar el primer interrogatorio[44]. Su interrogador le

---

42. La transcripción de los interrogatorios y los informes redactados por Schmitt están recogidos en un volumen editado por Helmut Quaritsch y publicado en alemán en 2000 (C. Schmitt, *Antworten in Nürnberg*, Berlín: Duncker & Humblot, 2000; traducción: C. Schmitt, *Respuestas en Núremberg, op. cit.*). Pero en esa edición de Quaritsch (y en la traducción española) falta la transcripción del cuarto interrogatorio, que encontró Joseph Bendersky, y que se publicó en 2007. Cf. J. Bendersky, «The "Fourth" (Second) Interrogation of Carl Schmitt at Nuremberg», *Telos*, vol. 7, n.º 139 (2007), pp. 35-43.

43. La traducción española de *Glossarium* sigue la edición de 2015 publicada en la editorial alemana Duncker & Humblot. Existe una edición anterior, publicada en 1991 también por Duncker & Humblot, pero que no contiene la totalidad de las anotaciones de Schmitt y plantea otros problemas editoriales. Cf. sobre esto la «Nota de los editores» en C. Schmitt, *Glossarium*, pp. ix-xv.

44. C. Schmitt, *Respuestas en Núremberg*, p. 62.

respondió que estaba interesado en su implicación en la planificación de la guerra y de los crímenes que se cometieron en ella[45]. Ciertamente, ni su cátedra universitaria ni ningún otro de los cargos que Schmitt había ocupado durante la dictadura –todos ellos cargos académicos, a excepción de su puesto en una institución más bien decorativa como era el Consejo de Estado de Prusia– podían conferirle una responsabilidad directa en la comisión de tales crímenes, pero Kempner consideraba a Schmitt como posible responsable de «las bases ideológicas para ese tipo de cosas»[46]. Los historiadores coinciden en que aquellas acusaciones contra Schmitt carecían de base jurídica suficiente. Helmut Quaritsch atribuye motivaciones espurias al fiscal Kempner, y lo acusa de haber conducido de un modo chapucero la investigación y los interrogatorios[47]. De este modo, Quaritsch presenta a Schmitt poco menos que como un chivo expiatorio o como una víctima inocente de los turbios manejos revanchistas de los emigrados, una interpretación de los hechos que coincide punto por punto con la que ofrece el propio Schmitt en escritos como *Ex captivitate salus* y, sobre todo, *Glossarium*. Reinhard Mehring es más comedido que Quaritsch, pero también atribuye a los interrogatorios de Kempner una motivación distinta de una improbable imputación de

---

45. *Ibid.* Cf. también «The "Fourth" (Second) Interrogation of Carl Schmitt at Nuremberg», p. 39: «*Kempner*: [...] usted sentó las bases de los crímenes de guerra, de guerras de agresión».
46. C. Schmitt, *Respuestas en Núremberg*, p. 62.
47. Cf. H. Quaritsch, «Carl Schmitt en el centro penitenciario de Núremberg», pp. 26 y sigs.

Schmitt como criminal de guerra: en opinión de Mehring, Kempner querría utilizar las declaraciones de Schmitt como testimonio contra los acusados en el juicio contra los secretarios de Estado y otros altos cargos ministeriales (conocido como «proceso de la calle Wilhelm») que se preparaba en aquel momento, y que comenzaría en noviembre de 1947[48].

Schmitt se defendió bien durante los interrogatorios. Señaló que su teoría del orden internacional de los grandes espacios no coincidía con «las ideas hitlerianas», e insistió en que de todas formas él no defendía ninguna forma de expansionismo, sino que se limitaba a diagnosticarlo[49]. Y cuando Kempner le preguntó abiertamente por su posición hacia «la cuestión judía» y «el trato que se le dio en el Tercer Reich», Schmitt se apresuró a condenar el antisemitismo nazi: «lo considero una desgracia, desde el principio»[50]. Muchas de sus anotaciones privadas recogidas en *Glossarium* muestran que Schmitt no fue sincero en aquella respuesta, que tampoco encaja con el evidente antisemitismo de sus escritos publicados entre los años 1933 y 1936. Pero Schmitt no dudó en renegar de sus publicaciones de aquel periodo cuando Kempner las mencionó durante el tercer interrogatorio:

Pregunta: ¿No dijo usted que la legislación y la jurisprudencia alemanas tenían que imbuirse del espíritu nacionalsocia-

---

48. Cf. R. Mehring, *Carl Schmitt*, p. 456.
49. C. Schmitt, *Respuestas en Núremberg*, p. 63.
50. *Ibid.*

lista? ¿Sí o no? ¿Lo dijo entre 1933 y 1936? [...]. ¿Se avergüenza de haber escrito entonces aquellas cosas?

Respuesta: Hoy claro que sí... pero no me parece correcto seguir hurgando en la ignominia que hemos padecido.

P.: No lo haré.

R.: Es espantoso, seguro. No encuentro palabras[51].

Schmitt responde aquí de un modo muy hábil. Se refiere al nazismo como la ignominia que «*hemos* padecido», como si él mismo no hubiese sido uno de los que la favorecieron y apuntalaron ideológicamente, al menos durante los primeros años del régimen. Subraya también su distanciamiento relativamente temprano («desde 1936 no tuve nada que ver con eso, y estoy orgulloso de ello»)[52], y en más de una ocasión menciona oportunamente la campaña difamatoria de las SS contra él[53]. No obstante, aún quedaba por explicar su adhesión al movimiento en 1933, y en ese punto Schmitt recurre a un argumento similar al que emplearía más tarde Martin Heidegger para explicar por qué asumió el rectorado de la Universidad de Friburgo entre 1933 y 1934. En efecto, ambos pensadores arguyeron que su aproximación al nazismo se debió a la ingenua pretensión de redefinir y reorientar este movimiento en la dirección correcta (sin que quede muy claro, por otra parte, cuál podría ser la dirección «correcta» de una ideología

51. *Ibid.*, p. 76.
52. *Ibid.*, p. 64.
53. *Ibid.*, p. 65 y p. 75.

como aquella). En la conocida entrevista que Heidegger concedió al semanario *Der Spiegel* en 1969, y que se publicaría póstumamente en 1976, el filósofo justifica su aceptación del cargo de rector de la universidad de Friburgo entre 1933 y 1934 como una decisión motivada por razones estrictamente teóricas, muy deudoras de la problemática general de su filosofía: se trataba de superar la dispersión, la fragmentación y la tecnificación de los saberes científicos especializados arraigándolos de nuevo en el «fundamento esencial» que aporta la filosofía como disciplina académica[54]. Después hemos sabido que esta no fue la única razón, y que el nacionalismo y el antisemitismo de Heidegger desempeñaron también un papel importante en su compromiso político de 1933[55]. Por su parte, en sus declaraciones en Núremberg Schmitt se explica de forma similar a la de Heidegger: «Por aquel entonces me sentía superior. Quería darle por mí mismo un significado a la palabra nacionalsocialismo»[56]. Para quien haya leído los escritos de Schmitt posteriores a 1933, esta justificación es todavía más inverosímil que la de Heidegger. Schmitt no

---

54. M. Heidegger «Entrevista del *Spiegel*», en: M. Heidegger, *La autoafirmación de la Universidad alemana*, Madrid: Tecnos, 2009, pp. 53-54. Cf. también la interesante introducción de Ramón Rodríguez a este volumen de escritos de Heidegger: «Estudio preliminar. Heidegger y el nacionalsocialismo: ¿Un viaje a Siracusa?», pp. IX-XLVI.

55. Cf. R. Safranski, *Un maestro de Alemania. Martin Heidegger y su tiempo*, Barcelona: Tusquets, 2015; E. Faye, *Heidegger. La introducción del nazismo en la filosofía, op. cit.*

56. C. Schmitt, *Respuestas en Núremberg*, p. 75. Cf. también C. Schmitt, *Glossarium*, p. 305: «En 1933-36 me sentí [...] infinitamente superior a los pobres ladrones que habían ocupado el poder».

aporta en esos textos ningún significado nuevo al nazismo, sino que se limita a ponerse al servicio del poder y a adaptar sus ideas al discurso oficial. Como en el caso de Heidegger, es más probable que la ambición personal, el nacionalismo y el antisemitismo jugasen aquí un papel mayor que el afán de reformar el movimiento «desde dentro». En cualquier caso, en relación con el nazismo, Schmitt no reformó ni reorientó absolutamente nada[57].

Pero el argumento más interesante y más convincente de cuantos Schmitt aduce a su favor durante los interrogatorios en Núremberg es el más teórico, y el que tiene menos intención exculpatoria. Está relacionado con las consideraciones sobre el totalitarismo que Schmitt había expuesto, en un estilo bastante hermético, en su libro de 1938 sobre Hobbes, y que reaparecen más abiertamente en los interrogatorios y en los dos últimos informes que Schmitt redactó a petición de Kempner. La novedad histórica del totalitarismo, y su diferencia con las dictaduras conocidas, se mencionan en uno de los interrogatorios, cuando Schmitt declara *en passant* que en 1933 aún no comprendía bien la naturaleza del nazismo. Kempner se sorprende por estas palabras, e incide en ellas:

57. Contra esta lectura, un especialista como Mehring reconoce a Schmitt una tentativa genuina de domesticar constitucionalmente el movimiento nazi en la primera época. Pero esa tentativa habría quedado definitivamente frustrada a partir de los asesinatos políticos del 30 de junio de 1934. A partir de ese momento, y hasta finales de 1936, los escritos de Schmitt dan un giro oportunista hacia una ortodoxia cada vez más crudamente antisemita. Cf. R. Mehring, *Carl Schmitt*, pp. 364-365.

Pregunta: ¿No conocía usted ninguna dictadura?

Respuesta: No. Esa dictadura total era en realidad algo nuevo. Los métodos de Hitler eran nuevos. Tan solo tenían parangón con la dictadura bolchevique de Lenin.

P.: ¿Y era algo nuevo?

R.: Sí, sin duda.

P.: Pero en su propia biblioteca usted tiene escritos sobre la dictadura totalitaria.

R.: No, totalitaria no[58].

De este modo, Schmitt reconoce ante Kempner –y en esto probablemente era sincero– que no imaginó hasta dónde podía llegar un movimiento que tomó al asalto el Estado y a continuación pulverizó la legalidad estatal. Y en el informe titulado *Observaciones desde el derecho constitucional a la cuestión del papel del Ministro del Reich y Jefe de la Cancillería del Reich*, Schmitt vuelve sobre este mismo asunto y expone una embrionaria teoría del totalitarismo. Según Schmitt, desde el punto de vista organizativo el régimen nazi se había caracterizado por una creciente concentración del poder en la figura institucional del Führer, que es tanto como decir en la persona de Adolf Hitler. A la larga, esto alteró profundamente las estructuras burocráticas y el funcionamiento del Estado, puesto que un gobierno cada vez más personalista era también cada más imprevisible y menos responsable. A medida que avanzaba la descomposición del «aparato

---

58. C. Schmitt, *Respuestas en Núremberg*, p. 76.

administrativo llamado Estado»[59], las leyes generales y públicas fueron cediendo terreno a instrucciones «escuetas y abruptas»[60], formuladas sin procedimientos definidos, o a «órdenes secretas e incluso leyes secretas»[61]. La cúspide de esta extraña y disfuncional forma de administración era el edicto del Führer, «expresión del poder de Hitler, que se alzaba por encima de todo, y más aún por encima de todas las restantes formas legislativas»[62]. Este abandono de la legalidad estatal era el rasgo más importante y novedoso del totalitarismo, y lo diferenciaba de cualquier dictadura anterior: «el subjetivismo deliberado y con ello la anormalidad fundamental del régimen [hitleriano] son algo verdaderamente inaudito e incomparable»[63]. Las responsabilidades institucionales se diluían, se volvían borrosas. Era irrelevante el cargo que ocupase una persona concreta en un organigrama que se había vuelto meramente nominal, porque lo que ahora de verdad importaba era *quién* tenía acceso directo, lo más directo posible, al gobernante todopoderoso[64]. Incluso los ministros del Reich dejaron de ser relevantes, y de hecho Hitler no volvió a convocar un consejo de ministros después de 1937[65].

Pero esta tensión entre la pseudolegalidad totalitaria y la legalidad propia de un Estado moderno, o esta «incom-

---

59. *Ibid.*, p. 108.
60. *Ibid.*, p. 107.
61. *Ibid.*, p. 110.
62. *Ibid.*, p. 111.
63. *Ibid.*, p. 112.
64. Cf. sobre esto también C. Schmitt, «Diálogo sobre el poder y el acceso al poderoso», en: *Diálogos*, Madrid: Instituto de Estudios Políticos, 1962.
65. C. Schmitt, *Respuestas en Núremberg*, p. 107.

patibilidad fundamental entre la omnipotencia del Führer y el ordenamiento estatal legal»[66], no impidió que los altos funcionarios del Estado alemán mantuviesen intacta bajo el régimen nazi una mentalidad burocrática más propia de la administración anterior. Aquellos altos funcionarios –cuyo seguidismo debía explicar Schmitt, a petición de Kempner, en otro informe titulado *¿Por qué los secretarios de Estado alemanes siguieron a Hitler?*[67]– albergaban aún la creencia, típicamente weberiana e iuspositivista, de que los procedimientos legislativos garantizaban por sí mismos la legitimidad de las leyes. Esa legalidad que podía ser fuente de legitimidad pronto dejó de existir en la Alemania nazi, pero los altos funcionarios no supieron comprender la transformación estructural de la administración burocrática en una pseudoadministración totalitaria: «muy pocos intuían entonces –señala Schmitt– la amenaza que suponía para el tradicional Estado burocrático alemán un sistema de partido totalitario»[68]. La conclusión de Schmitt era, pues, que Alemania se había visto «arrastrada a la catástrofe» por el «proverbial sentido del orden»[69] de los funcionarios alemanes, los cuales permanecieron leales al régimen incluso cuando este comenzó a regirse por una pseudolegalidad no solo disfuncional, sino además criminal.

66. *Ibid.*, p. 113.
67. *Ibid.*, pp. 115 y sigs.
68. *Ibid.*, p. 118.
69. *Ibid.*, p. 126.

Un partido totalitario que opera una metástasis en el Estado y crea una pseudoadministración paralela, una mentalidad funcionarial ciegamente seguidista: como ya hemos señalado, este diagnóstico del totalitarismo no difiere del que desarrollaron en aquellos mismos años autores como Franz Neumann y Hannah Arendt, o como el jurista Gustav Radbruch, quien en un conocido artículo de 1946 escribía lo siguiente: «El nacionalsocialismo supo retener a sus adeptos, los militares y los juristas, mediante dos principios: *una orden es una orden* y *la ley es la ley*»[70]. Pero a diferencia de estos otros autores, Schmitt tenía que aplicarse a sí mismo su propio análisis. Nunca se dejó influir por la mentalidad del positivismo jurídico, pero también él fue, pese a ello, un seguidista imbuido del proverbial autoritarismo de los funcionarios alemanes, y permaneció ciego ante la amenaza que suponía para el Estado burocrático moderno la ocupación de las instituciones por un partido totalitario[71]. ¿Cuándo se dio cuenta de lo que estaba en juego en aquella siniestra dictadura? El fiscal adjunto Kempner se lo preguntó de un modo un poco teatral: «¿Cuándo renunció usted al diablo?». Carl Schmitt respondió escuetamente: «en 1936»[72].

---

70. G. Radbruch, cit. en M. Walther, «Hat der juristische Positivismus die deutschen Juristen wehrlos gemacht?», *Kritische Justiz*, 21, 3 (1988), pp. 263-280.
71. En una críptica reflexión de 1948, Schmitt habla de su propia inclinación «cratotrópica», a la que describe como un «pánico vegetalmente pasivo [...] que lleva a adherirse con cuidado». Una forma sutil y eufemística de caracterizar la personalidad del arribista. C. Schmitt, *Glossarium*, p. 236.
72. C. Schmitt, *Respuestas en Núremberg*, p. 76.

Kempner debió de aceptar esta abjuración, porque Schmitt fue puesto en libertad ese mismo día, esta vez definitivamente. Pero las preguntas que se plantearon en aquellos interrogatorios y en aquellos informes redactados en Núremberg ya nunca lo abandonaron.

Complexio oppositorum: Schmitt en la posguerra

Carl Schmitt no se adaptó bien al mundo surgido de la derrota de Alemania en 1945. No se adaptó personalmente, pero quizás tampoco como teórico, puesto que en muchos aspectos su obra posterior a esa fecha permanece anclada en el marco histórico de la Europa de entreguerras. En 1988, pocos años después de su muerte, y coincidiendo con el centenario de su nacimiento, sus discípulos publicaron un volumen de homenaje que llevaba por título *Complexio oppositorum*, una expresión que Schmitt había utilizado en 1923 para caracterizar a la Iglesia católica, y que parecía adecuada para retratar también al propio Schmitt[73]. *Complexio oppositorum* significa 'síntesis de opuestos', 'unión de tendencias contradictorias'. En la obra de Schmitt, y especialmente en sus escritos inmediatamente posteriores a 1945, hay algo de eso, una tensión interna que también cabe interpretar como expresión de cierta disonancia cognitiva, porque la imagen que Schmitt

---

73. H. Quaritsch (ed.), *Complexio Oppositorum: Über Carl Schmitt, op. cit.* Schmitt aplica esa expresión a la Iglesia católica en C. Schmitt, *Catolicismo romano y forma política*, p. 8.

tiene de sí mismo tras la Segunda Guerra Mundial no encaja con su pasado.

En efecto, Schmitt se veía a sí mismo como una víctima de diferentes poderes políticos. En *Ex captivitate salus*, el libro que redactó en prisión, Schmitt incluye un poema en el que leemos estos versos: «Tres veces me he encontrado en el vientre del pez. / Tres veces vi la muerte en ojos del verdugo»[74]. Ese pez al que hace referencia el poema es el leviatán bíblico, pero entendido ahora no en el sentido positivo que suele tener esta imagen en la obra de Schmitt, sino como un monstruo político amenazador. Como Schmitt no lo explica, no sabemos si esas tres ocasiones en las que se sintió personalmente en peligro corresponden a los años 1918-1919, 1936 y 1945-1947 –es decir: la revolución que estalló tras la Primera Guerra Mundial, y que Schmitt vivió personalmente en Múnich; la época en la que Schmitt estuvo en el punto de mira de las SS, y, por último, su largo periodo de encarcelamiento–, si bien es más probable que el poema haga alusión a las tres veces en que fue arrestado después de la Segunda Guerra Mundial. En cualquier caso, Schmitt se consideraba un perseguido por partida doble: primero por los nazis, y después por los aliados. Unos y otros eran, para Schmitt, equiparables moralmente. En *Ex captivitate salus* Schmitt se presenta como un exiliado interior en la Alemania nazi, como un emboscado que durante años habría actuado –o más bien: habría escri-

74. C. Schmitt, *Ex captivitate salus*, p. 82.

to– de acuerdo con el principio *Tyrannum licet decipere*, o 'es lícito engañar al tirano'[75]. Pero su posición no le parece diferente después de 1945: de nuevo hay un tirano –las autoridades militares aliadas, y más tarde la República Federal de Alemania–, y de nuevo Schmitt es un disidente y una víctima. Por eso en *Glossarium* puede definirse a sí mismo como un «perseguido»[76], o como «uno de los crucificados»[77], y escribir frases tan desatinadas como estas:

> Genocidio, conmovedor concepto; he experimentado un ejemplo de primera mano: supresión de la función pública germano-prusiana en el año 1945. *Automatical* [sic] *arrest*. [...][78].
>
> Verdaderas víctimas son en Alemania, por ejemplo, los compañeros del partido [nazi] con su número de afiliado, más de dos millones; ellos son las víctimas de los nazis y de los perseguidores de los nazis; a su costa el resto de las víctimas se imponen y resultan privilegiadas[79].

Es obsceno que Schmitt compare su expulsión de la universidad en 1945 con el destino de las víctimas del genocidio, y es absurda su afirmación de que los afiliados al partido nazi fueron víctimas no solo de los aliados, sino también de los nazis. En estos y otros pasajes es evidente

75. *Ibid.*, p. 31.
76. C. Schmitt, *Glossarium*, p. 245.
77. *Ibid.*, p. 289.
78. *Ibid.*, p. 330.
79. *Ibid.*, p. 299.

la *complexio oppositorum*, puesto que no parece tener mucho sentido considerarse al mismo tiempo una víctima del nazismo y de quienes lo derrotaron militarmente. Pero Schmitt, sobre todo en *Glossarium*, amalgama de un modo confuso esas autointerpretaciones contradictorias. Escribe sobre sí mismo como si él nunca hubiese sido un nazi, sino un disidente, y al mismo tiempo escribe como si Alemania no hubiera sido liberada de un régimen político criminal –al cual, supuestamente, él mismo se habría opuesto–, sino solo vencida por un poder militarmente superior. Por eso las medidas de «desnazificación» de la sociedad alemana, o la reparación de las víctimas, o los juicios de Núremberg, o la incorporación al derecho internacional de nuevas categorías jurídicas como la de crimen contra la humanidad, le parecen a Schmitt medidas revanchistas, pura justicia de vencedores[80].

De las anotaciones de *Glossarium* se desprende que, para Schmitt, la Segunda Guerra Mundial solo planteaba una cuestión relevante desde el punto de vista jurídico: la responsabilidad por la guerra de agresión, o por el *inicio* de la guerra, un asunto que podía dirimirse en los términos ya disponibles en el derecho internacional anterior a 1945, y que no requería la formulación de nuevas categorías jurídicas. Schmitt tuvo ocasión de tratar este asunto en un informe que redactó en el verano de 1945, meses antes de su primer encarcelamiento, por encargo

---

80. *Ibid.*, p. 137, p. 149.

del industrial Friedrich Flick, que durante la guerra se había servido de trabajadores forzados, y que sería posteriormente condenado en Núremberg por su implicación en la guerra de agresión. En su informe –titulado *El crimen de la guerra de agresión en el derecho internacional y el principio «Nullum crimen, nulla poena sine lege»* [81]– Schmitt argumentaba que la guerra de agresión debía quedar sujeta al principio de irretroactividad del derecho penal, es decir: al principio *nullum crimen, nulla poena sine lege*, según el cual no puede calificarse retrospectivamente como delito un acto que no estaba prohibido por alguna ley en el momento en que fue realizado. Por consiguiente, ningún ciudadano alemán –y especialmente un particular como el industrial Flick– debía ser condenado por el hecho de que Alemania iniciase una guerra en 1939, porque en ese momento el derecho internacional no tipificaba inequívocamente como un crimen la guerra de agresión [82].

No está de más recordar que ese principio de irretroactividad *(nulla poena sine lege)* que Schmitt invoca en 1945 es el mismo que había rechazado y denostado en 1934, cuando defendió no solo los asesinatos políticos ordenados por Hitler en la «noche de los cuchillos largos», sino también su legalización *ex post facto* [83]. Pero lo más interesante del informe que Carl Schmitt redactó por encargo

---

81. C. Schmitt, *Das internationalrechtliche Verbrechen des Angriffskrieges und der Grundsatz «Nullum crimen, nulla poena sine lege»*, Berlín: Duncker & Humblot, 1994.
82. *Ibid.*, pp. 24 y sigs. Cf. también *Glossarium*, pp. 178 y sigs., p. 285.
83. Cf. C. Schmitt, «El *Führer* defiende el derecho», *op. cit.*

de Flick son sus consideraciones sobre la naturaleza jurídica de los crímenes de guerra. Schmitt distingue las violaciones de las leyes de la guerra *(ius in bello)*, ya conocidas y tratadas en el derecho internacional anterior a 1945, de otros crímenes más graves, a los cuales se refiere como *atrocities*. Schmitt se refiere con este término a actos de extrema violencia que no podían considerarse acciones militares puesto que sus víctimas eran civiles desarmados, «personas indefensas»[84]. Es interesante leer lo que Schmitt tiene que decir sobre estos hechos, porque obviamente en esta categoría se incluía el genocidio perpetrado por los nazis, un asunto sobre el cual Schmitt apenas dice nada en ningún otro de sus escritos. En este informe de 1945, Schmitt condena expresamente aquellos crímenes atroces y, acercándose más que nunca a una forma de pensamiento jurídico iusnaturalista, considera que deben ser castigados aunque no exista una ley previa que los prohíba. No se aplica en estos casos, por tanto, el principio jurídico *nullum crimen, nulla poena sine lege*:

> Las *atrocities*, en el sentido especial en que se cometieron antes de la última guerra mundial y en el transcurso de esta, deben ser consideradas como *mala in se* [malas en sí mismas]. Su inhumanidad es tan grande y tan evidente, que basta con constatar los hechos e identificar a quienes los cometieron para fundamentar su punibilidad sin considerar las leyes penales positivas anteriores. En estos casos, todos los

---

84. C. Schmitt, *Das internationalrechtliche Verbrechen des Angriffskrieges*, p. 16.

argumentos de la sensibilidad natural, del sentimiento humano, de la razón y de la justicia coinciden de un modo elemental para justificar una condena que no requiere formalmente una norma positiva[85].

Schmitt parece dispuesto, pues, a reconocer la gravedad de los crímenes del nazismo, pero no acepta la acusación de que el régimen nacionalsocialista, a través de sus organizaciones paramilitares, cometiese una nueva categoría de «crímenes contra la humanidad» desconocidos hasta ese momento. Esta acusación le parece a Schmitt mera propaganda revanchista, un recurso retórico propio de una doctrina de la «guerra justa» que criminaliza y deshumaniza al enemigo, en este caso la Alemania derrotada. Y para mostrar que el afán de venganza, y no de justicia, era el motivo al que obedecía la creación de esta nueva categoría jurídica, Schmitt compara a menudo las atrocidades cometidas por los nazis con otros actos atroces cometidos por los aliados, especialmente el lanzamiento de bombas atómicas sobre las ciudades japonesas de Hiroshima y Nagasaki. En *Glossarium* Schmitt equipara ambos crímenes, y de ese modo equipara también moralmente a las potencias enfrentadas en la Segunda Guerra Mundial:

85. *Ibid.*, p. 23. Es imposible saber si esta condena de las atrocidades cometidas en la guerra era sincera u oportunista. Lo cierto es que la indignación iusnaturalista de Schmitt en este escrito contrasta con una posición más cínica, que se trasluce en la correspondencia con Ernst Jünger durante los últimos meses de la guerra. Cf. G. Balakrishnan, *The Enemy*, p. 252.

Hitler ha cometido grandes crímenes, pero para los más grandes el espíritu del mundo ha utilizado otras herramientas distintas a ese Hitler. En la bomba atómica y la criminalización retroactiva de la guerra de agresión no entra ya Hitler en consideración[86].

La enormidad del crimen de guerra que cometió Estados Unidos al atacar dos ciudades japonesas con armas atómicas refuerza, sin duda, el punto de vista de Schmitt. No obstante, desde nuestra perspectiva actual resulta difícil equiparar moralmente a la Alemania de Hitler con las potencias que la combatieron y derrotaron, y reducir la Segunda Guerra Mundial –como Schmitt pretende– a un conflicto territorial entre grandes potencias. Como mínimo, hay una diferencia importante desde un punto de vista no solo jurídico, sino también moral, entre la causa bélica de la nación que inició la guerra de agresión y la causa de las naciones que respondieron a esa agresión[87]. Pero naturalmente Schmitt *no admite* esa diferencia moral, pues para él –como todavía tendremos ocasión de ver– la calificación moral de las causas bélicas es indisociable de la rehabilitación de la doctrina del *iustum bellum* implícita en la concepción «discriminatoria» de la

---

86. *Ibid.*, p. 239 (traducción modificada). También pp. 241-242: «Kniébolo [Hitler] era un criminal, pero ni el mayor (para los grandes crímenes el espíritu del mundo utiliza otros instrumentos) ni el último; y hoy día se puede seguir viviendo de las rentas de haberse opuesto al fallecido Kniébolo». En la misma línea, cf. pp. 176, 178, 220, 241-242, 246, 282, 300.
87. Sobre esto, cf. E. Balibar, «Michael Walzer, Carl Schmitt y el debate contemporáneo sobre la cuestión de la guerra justa», *op. cit.*; y M. Walzer, *Guerras justas e injustas*, Barcelona: Paidós, 2001.

guerra, que Schmitt considera errónea y potencialmente explosiva. Pero tal vez lo más sorprendente de las reflexiones de Schmitt sobre la Segunda Guerra Mundial es el modo en que se limita a considerar la cuestión de la responsabilidad de Alemania por el inicio de una guerra de agresión, pero desdeña sistemáticamente el asunto crucial que se juzgaba en los procesos de Núremberg: el exterminio de poblaciones enteras, un genocidio que no guardaba ninguna relación con objetivos bélicos, y que solo obedecía a la intención de aniquilar a poblaciones o colectivos considerados indignos de vivir, como subraya Hannah Arendt precisamente para diferenciar los crímenes de guerra de la nueva categoría del crimen contra la humanidad[88]. El jurista Carl Schmitt no reconoce esta nueva categoría penal, y solo percibe en ella un concepto político destinado a criminalizar al enemigo y a perpetuar la guerra por otros medios, en este caso jurídicos. Los crímenes «contra la humanidad» son simplemente aquellos de los que se acusa al enemigo político con el objetivo de deshumanizarlo y tratarlo inhumanamente, como hacían los vencedores con los alemanes:

> ¿Qué queda como lo específico del crimen contra la humanidad si suprimimos los viejos conocidos: asesinato, robo, violación, etc.? Crímenes que permiten reconocer «una pura voluntad de aniquilación», es decir, crímenes a los que hay que añadir a su parte subjetiva algo especial, lo antihumano.

88. Cf. H. Arendt, *Eichmann en Jerusalén*, Barcelona: Debolsillo, 2015, pp. 375, 401, 419.

[...] En otras palabras: son los hechos nacidos por la conciencia antihumana y que atestiguan tal conciencia, es decir, aquello que hace aquel que ha sido declarado enemigo de la humanidad[89].

¿Pero en qué puede ayudarnos ese concepto [de humanidad] largamente desprestigiado? Solo pretextos para el enojo moral, pretextos para las construcciones de «crímenes contra la humanidad», es decir, solo para la criminalización y nuevas declaraciones *hors-la-loi* del enemigo político[90].

En cuanto yo (más allá de la reconocida existencia de cargos de asesinato, robo y violación) hablo de inhumanidades, me sitúo fuera de la esfera de los derechos humanos institucionales y del positivismo jurídico; me muevo por tanto en el estado natural hobbesiano, y el *tu quoque* abre precisamente el *stadium* jurídico del *bellum omnium contra omnes*[91].

En los numerosos pasajes de *Glossarium* en los que se expresa en estos términos, Schmitt encarna ejemplarmente el sordo resentimiento de muchos alemanes, quienes percibieron el desenlace de la guerra solo como una derrota infligida por potencias extranjeras, y no como lo que ese desenlace también fue: la liberación de Alemania de un régimen político criminal. Este resentimiento pesaba como una losa sobre la sociedad alemana de los años cincuenta, como pudo constatar Hannah Arendt en su primer viaje a la Alemania posbélica, y como denun-

89. C. Schmitt, *Glossarium*, p. 182.
90. *Ibid.*, p. 306.
91. *Ibid.*, p. 145.

ció un joven Jürgen Habermas en un célebre artículo contra Heidegger con el cual se dio a conocer en 1953[92]. Como muchos de sus compatriotas en aquella época, Schmitt no hace distinciones morales entre la causa de los vencedores y la de los vencidos, y por eso interpreta la historia del siglo XX como un continuo de violencia indiferenciada, cuyo último episodio –en los años en los que Schmitt redacta su *Glossarium*– sería la persecución judicial del nazismo como una forma de revancha contra los alemanes: «la injusticia de Versalles se acrecienta hasta la injusticia de Hitler y de ahí a la injusticia de Yalta, Moscú y Núremberg. La ley de esta reacción en cadena se acrecienta; el legalismo como cima»[93].

Y sin embargo, en algunos pasajes de *Glossarium* se perfila una perspectiva diferente, quizás más lúcida por lo que respecta a la especificidad criminal del régimen nazi, y más autocrítica por lo que respecta personalmente al propio Schmitt. El más revelador de esos pasajes es una entrada fechada el 1 de julio de 1948 en la que Schmitt compara su ingreso en el partido nazi, y su colaboración de varios años con el ministro Hans Frank, con su primer matrimonio con Paula Dorotić, aquella bailarina y falsa aristócrata serbia de quien Schmitt evitaba hablar incluso en privado. En 1948 Schmitt confiesa que en ambas ocasiones se dejó engañar, o más bien se engañó a sí mismo:

---

92. H. Arendt, «Visita a Alemania 1950», en: *Tiempos presentes*, Barcelona: Gedisa, 2002; J. Habermas, «Con motivo de la publicación del curso de 1935», en: *Perfiles filosófico-políticos*, Madrid: Taurus, 1975.
93. C. Schmitt, *Glossarium*, p. 284.

El grave engaño del primer intento de matrimonio ¿tiene un paralelo con el autoengaño sufrido en el trabajo conjunto con Frank? ¿O era el engaño solo una manifestación que acompañaba a mi secreta voluntad de autoengaño? ¿Por un juego inocente? ¿Por la incapacidad de engañar a otros y decepcionarlos? ¿Por la indefensión ante una descarada explotación? ¿Era demasiado débil como para tener la valentía de decepcionar a otros? ¿[Fue] la falsa compasión con el estafador descubierto?[94].

Estas reflexiones personales enlazan con la figura de Epimeteo, otra imagen literaria (junto con la de Benito Cereno) a la que Schmitt recurre varias veces para referirse a sí mismo en sus escritos de esta época. En la mitología griega, Epimeteo es el hermano de Prometeo, el titán benefactor de la humanidad castigado por Zeus. Haciendo suya una expresión del poeta católico Konrad Weiss, Schmitt se caracteriza a sí mismo como un «Epimeteo cristiano», pero lo hace en pasajes esporádicos y siempre bastante crípticos, que admiten más de una interpretación[95]. Aquí aventuramos dos, relativamente sencillas. Como Epimeteo no es tan previsor como su hermano, ni tan voluntarioso como él, quizás puede interpretarse este personaje mitológico –y así lo sugiere la etimología griega de su nombre– como un símbolo de quien re-

---

94. C. Schmitt, *Glossarium*, p. 218. Este argumento aparecía ya en el informe que Schmitt redactó en inglés en 1945, al que hemos aludido en páginas anteriores. Cf. R. Mehring, *Carl Schmitt*, p. 445.

95. Cf. A. Koenen, *Der Fall Carl Schmitt*, pp. 405 y sigs.

flexiona sobre cosas ya pasadas. De acuerdo con esta interpretación del mito, Schmitt sería el «Epimeteo cristiano» que medita sobre la catástrofe histórica propiciada por una ideología tan empapada de voluntad de poder, de violencia, de desmesura, y en ese sentido tan prometeica, como lo fue el nazismo[96]. Pero Epimeteo es también –y aquí la interpretación del mito apunta en una dirección más personal– quien, desoyendo los consejos de su hermano, aceptó como regalo de los dioses a la bella y frívola Pandora, quien después abriría la famosa caja de la que escaparon todas las desgracias que desde entonces afligen a los seres humanos[97]. Desde esta segunda perspectiva, el «Epimeteo cristiano» que fue Carl Schmitt se habría dejado seducir por Pandora primero y por los nazis después, sin medir mucho las consecuencias en ninguna de las dos ocasiones. Cualquiera de estas dos interpretaciones de la figura de Epimeteo es aplicable a Schmitt, y ambas son compatibles.

«¿Quién eres? *Tu quis es?*», se pregunta Schmitt en *Ex captivitate salus*. Y añade: «Es esta una pregunta abismal»[98].

---

96. Así interpreta este símbolo J. L. Villacañas, «Carl Schmitt, Epimeteo cristiano», en: C. Schmitt, *Respuestas en Núremberg*, p. 176: «Prometeo era todo lo que inspiraba el nazismo [...]. Cuando [Schmitt] describe la ciudad de Berlín destruida por la guerra, la llama "la ceniza de un horno prometeico" [ExCS, 45]. [...] Epimeteo entonces porque Schmitt reflexiona sobre los errores trágicos de Prometeo». Cf. también G. Agamben, «A Jurist Confronting Himself. Carl Schmitt's Jurisprudential Thought», en: J. Meierhenrich y O. Simons (eds.), *The Oxford Handbook of Carl Schmitt*, p. 461.
97. Bendersky interpreta en estos términos, más personales, las referencias de Schmitt a Epimeteo. Cf. J. Bendersky, *Carl Schmitt*, p. 265. Así también J. Fijalkowski, *Los componentes ideológicos en la filosofía política de Carl Schmitt*, p. 43.
98. C. Schmitt, *Ex captivitate salus*, p. 25.

Pero su respuesta no está completamente clara, porque oscila de un modo sorprendente entre el victimismo y el arrepentimiento. Schmitt se ve como un cómplice y como un perseguido, o como un perseguido que poco antes había sido cómplice de sus perseguidores. Y esta doble perspectiva, esta disonancia cognitiva o *complexio oppositorum*, mantiene en cierta indefinición, como en suspenso, su juicio acerca del nacionalsocialismo y le impide acoger de un modo más favorable la derrota del nazismo y el restablecimiento de la democracia liberal en Alemania con la Constitución de 1949. Nuestro juicio sobre Carl Schmitt sería más sencillo –y probablemente más favorable– si, tras contemplar la descomposición totalitaria de una democracia liberal y experimentar en persona la amenaza de las SS, Schmitt hubiese abjurado de verdad del «diablo» al que se refería el fiscal Robert Kempner. Pero nunca lo hizo. Su distanciamiento del nazismo solo lo condujo de vuelta al Estado burocrático autoritario, a la legalidad de una administración fiable y previsible que cumpliese el pacto de protección a cambio de obediencia, pero sin garantizar las libertades individuales. La experiencia del totalitarismo condujo a Carl Schmitt, por decirlo así, de vuelta al Leviatán protoliberal de Hobbes, pero no al Estado de derecho liberal. Schmitt nunca dio el paso de aceptar este nuevo marco político, y por eso asumirá una perspectiva inusual, tan distanciada del comunismo como del liberalismo, para analizar el mundo de la Guerra Fría.

7. Los últimos años

Cada persona pertenece a un tiempo histórico acotado, aunque una parte de su vida transcurra antes de que ese tiempo haya comenzado o se prolongue después de que haya concluido. Carl Schmitt perteneció a la República de Weimar y al Tercer Reich, pero su longevidad le permitió rebasar en varias décadas ese periodo y vivir hasta mediados de los años ochenta del siglo xx. El biógrafo Reinhard Mehring describe sus últimos años como un periodo de cierta sequía intelectual[1]. Es verdad que, en las cuatro décadas que median desde el final de la Segunda Guerra Mundial hasta su muerte, Schmitt solo produjo tres libros importantes al pausado ritmo de uno por década: *El nomos de la tierra* (1950), *Teoría del partisano* (1963) y *Teología política II* (1970). No obstante, estos

---

1. R. Mehring, *Carl Schmitt*, p. 512.

libros, junto con otros escritos menores, aportan claves interesantes para comprender cuáles fueron hasta el final las ideas políticas de un autor bastante escurridizo.

Instalado definitivamente en Plettenberg, Schmitt retomó, a finales de los años cincuenta, cierta actividad académica en seminarios extrauniversitarios organizados por sus discípulos. Durante los primeros años de la posguerra, su nombre había quedado tan denostado y tan estrechamente vinculado al régimen nazi que sus trabajos tuvieron que publicarse anónimamente. Solo a partir de 1950 pudo firmar de nuevo sus publicaciones, e incluso entonces suscitó cierto escándalo el regreso a la comunidad académica de una de las figuras intelectuales más conspicuas del Tercer Reich[2]. Pese a ello, Schmitt fue forjando a su alrededor un círculo de discípulos que incluiría, en los años siguientes, a algunos destacados intelectuales de la República Federal de Alemania, como el jurista Ernst-Wolfgang Böckenförde o el historiador Reinhart Koselleck. Mantuvo también, durante décadas, una abundante correspondencia con intelectuales de diversa orientación ideológica, entre los cuales se contaban Raymond Aron, Alexander Kojève, Hans Blumenberg o Jacob Taubes. Y desde finales de los años sesenta se aproximaron a Schmitt incluso algunas figuras de la extrema izquierda, como el maoísta Joachim Schickel, o como Günter Maschke, un controvertido ensayista que editó dos volúmenes de ensayos de Schmitt y que representa en Alemania ese

2. J. Bendersky, *Carl Schmitt*, p. 274; J.-W. Müller, *A Dangerous Mind*, pp. 51 y sigs.

frecuente desplazamiento de posiciones de ultraizquierda a posiciones de ultraderecha que se observa en algunos intelectuales de otros países europeos[3]. En suma, Schmitt recuperó tras la Segunda Guerra Mundial una parte de su antiguo prestigio, pero, a diferencia de lo que sucedía en la República de Weimar y durante los primeros años del Tercer Reich, su influencia se ejerció ya siempre en la sombra.

Schmitt impartió también varias conferencias en España, país al cual quedó vinculado personalmente desde que, en 1957, su hija Anima contrajese matrimonio con Alfonso Otero, catedrático de Derecho en la universidad de Santiago de Compostela. Pero la relación de Schmitt con España tiene algo más que un interés biográfico, porque tras la derrota de la Alemania nacionalsocialista el régimen de Franco representaba para Schmitt el último bastión del viejo orden internacional de los Estados territoriales –el *Ius Publicum Europaeum*, como lo denomina Schmitt– que las dos superpotencias de la Guerra Fría habían liquidado en el resto de Europa[4]. En un discurso que pronunció en Madrid en 1962, con motivo de su nombramiento como miembro de honor del Instituto de Estudios Políticos, Schmitt se refería a la guerra civil española como un episodio victorioso en la lucha mundial contra el comunismo: «España fue la primera nación que se reafirmó por sus propias fuerzas de tal forma que, aho-

---

3. J.-W. Müller, *A Dangerous Mind*, pp. 153-154.
4. Sobre la relación de Schmitt con España, cf. M. Saralegui, *Carl Schmitt pensador español*, Madrid: Trotta, 2016. Cf. también las observaciones de Ernst-Wolfgang Böckenförde en su «Diálogo con Dieter Gosewinkel», en: E.-W. Böckenförde, *El surgimiento del Estado como proceso de secularización*, pp. 56-58.

ra, todas las naciones no comunistas tienen que acreditarse en este aspecto frente a España»[5]. Schmitt expresó la misma idea en una entrevista concedida en esas mismas fechas al diario falangista *Arriba*, reproducida días después en *ABC*: la situación de España era para Schmitt «ideológicamente superior a la de Europa. Ustedes son los únicos que han vencido al comunismo»[6]. Si descartamos la posibilidad de que Schmitt afirmase estas cosas simplemente para halagar a sus anfitriones españoles –y muy destacadamente a Manuel Fraga, que entonces era director del Instituto de Estudios Políticos y poco después sería nombrado ministro–, esta opinión sobre España resulta sorprendente, puesto que desde principios de los años cincuenta el país había superado su aislamiento tras firmar varios acuerdos que permitieron a Estados Unidos instalar bases militares en territorio español. Involucrada en la geopolítica bipolar de la Guerra Fría, la España de 1962 no podía considerarse como un reducto del «gran espacio» europeo extinto tras la Segunda Guerra Mundial. Sin embargo, el régimen de Franco presentaba algunas características que lo diferenciaban de otros países alineados con Estados Unidos y que seducían a Schmitt: en lugar de ser una democracia liberal, era una dictadura con el catolicismo como religión oficial.

La combinación de antiliberalismo y catolicismo era completamente afín a las ideas de Carl Schmitt. No obs-

---

5. C. Schmitt, «El orden del mundo después de la Segunda Guerra Mundial», *Revista de Estudios Políticos*, 122 (1962), p. 19.
6. Cf. J. L. López de Lizaga, «Prólogo», en: C. Schmitt, *Teoría del partisano*, p. 10.

tante, esta veta ideológica queda parcialmente oculta en sus textos, porque los esfuerzos de Schmitt por diluir la memoria pública de su pasado nacionalsocialista le indujeron a destacar su papel de adalid de la Constitución liberal de Weimar durante el periodo inmediatamente anterior al nombramiento de Hitler como canciller[7]. Schmitt quería presentarse ante la opinión pública de la República Federal de Alemania casi como un viejo liberal, cuando lo cierto es que la lectura de sus escritos no permite afirmar que lo fuese nunca: ni antes de 1933 ni después de 1945[8]. Pero el equívoco surtió efecto, y así, por ejemplo, en una recepción que Schmitt dio en su casa en 1978, con ocasión de su nonagésimo cumpleaños, el alcalde de Plettenberg –al fin y al cabo, un cargo público de la República Federal– pronunció un discurso en el que afirmaba que «Carl Schmitt no fue ni el *Kronjurist* de Hitler, [...] ni un cómplice en la destrucción de la República de Weimar»[9]. La primera de estas dos afirmaciones del alcalde de Plettenberg era falsa por lo que respecta al periodo 1933-1936, y la segunda era, como mínimo, muy discutible. Reinhard Mehring también ha mostrado que ese mismo esfuerzo de rehabilitación de su imagen pública desde posiciones políticas diferentes del autoritaris-

---

7. Cf. R. Mehring, *Carl Schmitt*, pp. 554 y sigs.
8. Coincido en este punto con la opinión de O. Beaud, *Los últimos días de Weimar*, p. 30, para quien Schmitt «fue hostil a la República de Weimar, surgida de la revolución de 1919, durante toda su existencia. Dicha hostilidad, resultado de su adscripción a la revolución conservadora, [...] lo sitúa claramente a la derecha de los "republicanos racionales"».
9. Cit. en R. Mehring, *Carl Schmitt*, p. 574.

mo condujo a Schmitt a destacar su relación y su influencia sobre un autor de izquierdas, y además judío, como Walter Benjamin, quien remitió a Schmitt una elogiosa carta tras la publicación de *Teología política*, y que desde los años veinte hizo suyos los conceptos schmittianos de soberanía y estado de excepción. El vínculo entre el jurista estrella del Tercer Reich y un autor judío que murió huyendo de la persecución nazi propició que una parte de la izquierda sesentayochista alemana –la más antiliberal, ciertamente– se sintiese atraída por sus escritos de la época de Weimar contra la democracia liberal y por la *Teoría del partisano*[10], pero las ideas políticas de Schmitt no fueron nunca ni las de un conservador leal a la democracia liberal de Weimar ni las de un precursor del izquierdismo antiautoritario del sesenta y ocho.

En 1970 Schmitt se instaló en un pequeño chalet cercano a Plettenberg, al que se refería irónicamente como «San Casciano», que es el nombre de la hacienda cercana a Florencia en la que se retiró Maquiavelo tras perder el

---

10. *Ibid.*, pp. 559 y sigs. Sobre la relación de Schmitt y Benjamin, cf. E. Kennedy, «Carl Schmitt and the Frankfurt School», *op. cit.*; también E. Traverso, «Relaciones peligrosas. Walter Benjamin y Carl Schmitt en el crepúsculo de Weimar», *op. cit.* Cf. también la entrevista de Schmitt con el maoísta J. Schickel: «Gespräch über den Partisanen», en: C. Schmitt, *Staat, Grossraum, Nomos, op. cit.* En un ensayo sobre Hamlet publicado en 1956, Schmitt menciona expresamente su correspondencia con Benjamin, y destaca la presencia de sus propias ideas en el libro de Benjamin *El origen del drama barroco alemán*. Cf. C. Schmitt, *Hamlet oder Hekuba*, Stuttgart: Klett-Cotta, 2017. La relación entre ambos autores era un asunto tan incómodo que Theodor W. Adorno, en calidad de editor de los escritos de Benjamin, falseó el texto del ensayo benjaminiano sobre el drama barroco alemán eliminando todas las referencias a Schmitt. Cf. E. Kennedy, «Carl Schmitt and the Frankfurt School», p. 44.

favor de la familia Medici en 1513[11]. Probablemente alguien tan ambicioso como Schmitt, y tan consciente de su talla intelectual, habría preferido gozar de mayor reconocimiento académico y público, pero por otro lado aquella atalaya tranquila y provinciana le permitió analizar con cierto distanciamiento el mundo surgido de la Segunda Guerra Mundial. En un puñado de libros memorables, la teoría de las relaciones internacionales se entrelaza con la filosofía de la historia, la teoría de la guerra contemporánea, la meditación sobre la técnica y la teología política. Y como en toda la obra anterior de Carl Schmitt, en todos estos ámbitos de reflexión ocupa un lugar destacado la crítica del liberalismo político.

Una filosofía de la historia: *Tierra y mar*

La filosofía de la historia se introduce en la obra schmittiana en un bello libro escrito durante la guerra, publicado en 1942 y dedicado a su hija Anima: *Tierra y mar. Una reflexión sobre la historia universal*[12]. En este ensayo Schmitt propone reconstruir la historia universal como

11. R. Mehring, *Carl Schmitt*, p. 562.
12. El libro tiene una gran calidad estética, pero fue escrito durante el nazismo por un autor nazi, y su primera edición contenía varios pasajes crudamente antisemitas que resultan especialmente inquietantes si se considera que el libro se publicó cuando ya estaba en marcha el genocidio. En 1954 vio la luz una segunda edición de la que Schmitt eliminó dichos pasajes. En el estudio de Franco Volpi que acompaña a la traducción española se recogen los pasajes antisemitas omitidos en la segunda edición. Cf. F. Volpi, «El poder de los elementos», en: C. Schmitt, *Tierra y mar*, Madrid: Trotta, 2019, p. 105.

la historia de la conquista de los mares, y como una lucha entre las potencias marítimas y las terrestres, representadas respectivamente por las dos grandes figuras mitológicas bíblicas que son Leviatán y Behemoth. Este enfoque pretendía desarrollar una variante del pensamiento hegeliano diferente del materialismo histórico marxista. Si en los parágrafos 243-246 de los *Principios de la filosofía del derecho* Hegel había anticipado la idea marxista de la lucha de clases al explicar los antagonismos de las sociedades modernas como efectos de la industrialización, la división del trabajo y la desigualdad económica, el parágrafo 247 asociaba la dinámica de dicha sociedad a la conquista de los mares. Es esta conquista la que incentiva el desarrollo tecnológico y la industrialización, y la que extiende el comercio a escala planetaria contribuyendo a la erosión de los vínculos sociales tradicionales y a su sustitución por relaciones contractuales. En el pasaje al que se refiere Schmitt, Hegel escribe lo siguiente:

Así como la tierra, el suelo firme, es la condición para el principio de la vida familiar, así el *mar* es la condición para la industria, el elemento vivificante que la impulsa hacia el exterior. Al exponerse al peligro, la búsqueda de ganancia se eleva por encima de sí y pasa de su fijación a la gleba y del círculo limitado de la vida civil *[bürgerlich]*, de sus goces y deseos, al elemento de la fluidez, el riesgo y el posible naufragio. Además, en virtud de este medio de unión más amplio establece relaciones comerciales que introducen el vínculo jurídico del contrato; de este modo, el tráfico comercial se revela como el mayor medio de civilización y el comercio encuentra su significado histórico mundial[13].

La hipótesis filosófico-histórica que propone Schmitt en *Tierra y mar* interpreta, pues, la combinación de desarrollo científico-técnico y economía capitalista, que define el mundo moderno, como una consecuencia de la conquista de los mares. Y en efecto, la navegación es inseparable del desarrollo de la técnica, puesto que la vida en el mar, alejada del elemento terrestre, solo es posible con medios completamente artificiales y sobre esos grandes artefactos que son los barcos, o más tarde los aviones y las naves espaciales. Pero además de la constante innovación tecnológica, la conquista de los mares propició también una auténtica revolución del concepto de espacio, que abarcó «todos los aspectos y ámbitos de la existencia humana»[14]. Cuando los navegantes españoles y portugueses alcanzaron las costas de América, y cuando posteriormente lograron circunnavegar la Tierra, no solo ampliaron el espacio hasta entonces conocido, sino que iniciaron una transformación espacial cualitativa, debida a la verificación empírica de la esfericidad de la Tierra, o a «la imagen global de nuestro planeta»[15]. Incluso la imagen del espacio exterior se modificó radicalmente, puesto que solo a partir de entonces pudo la humanidad

---

13. G. W. F. Hegel, *Principios de la Filosofía del Derecho*, p. 361.
14. C. Schmitt, *Tierra y mar*, p. 56.
15. *Ibid.*, p. 54. Cf. *El nomos de la tierra*, p. 53: el derecho de gentes posmedieval se hace necesario cuando la Tierra se percibe «como un globo verdadero, es decir, no solo vislumbrado a modo de mito, sino comprobable como hecho científico».

tomarse en serio la idea astronómica de un «infinito espacio vacío» en el que flotaba una Tierra esférica[16]. Pero el desarrollo de todas las implicaciones de esta revolución espacial no correspondió a España y Portugal, sino a Inglaterra, la nación que poco después se convirtió en la verdadera potencia marítima del mundo moderno, y la que protagonizó la gran época de las grandes rutas marítimas, de los balleneros y de la piratería.

Pero la consecuencia más importante de la revolución espacial asociada a la conquista de los mares fue una revolución jurídica. Según Schmitt, todo orden jurídico y político descansa en un originario ordenamiento del terreno, en una fijación de lindes y límites que funda derechos. O por decirlo de otro modo: todo derecho –como argumentará Schmitt en *El nomos de la tierra*, su libro más importante del periodo posterior a la Segunda Guerra Mundial– se asienta en un *nomos* o «acto constitutivo de ordenación del espacio», como el que tiene lugar en la fundación de una ciudad, o en la apropiación de una tierra conquistada o descubierta[17]. Ahora bien, el mar es el elemento en el que no pueden trazarse lindes ni límites. Es el espacio que solo en sentido figurado puede surcarse, puesto que en él no es posible abrir surcos. A diferencia de la tierra, el mar no es propicio a la regulación y el derecho sino a todo lo contrario: a la desregulación, la ausencia de límites y leyes, la abolición de todo *nomos*. Por eso el mar siempre ha sido el «campo libre

16. C. Schmitt, *Tierra y mar*, p. 55.
17. C. Schmitt, *El nomos de la tierra*, p. 45, también p. 36.

para el libre botín»[18], y el medio natural de exploradores y piratas, es decir: de todos aquellos para los que «no rige ninguna ley»[19]. Y por eso el dominio planetario de las potencias marítimas sobre las terrestres, o de Inglaterra y Estados Unidos sobre el Tercer Reich –no olvidemos que *Tierra y mar* se publica todavía en plena guerra mundial–, impondría, según Schmitt, un nuevo orden mundial en el que quedaría suprimida toda medida y todo *nomos*, todo límite jurídico y toda restricción técnica. Ese nuevo orden extendería a escala planetaria el libre mercado y la tecnificación del mundo, y desataría nuevas guerras de una violencia inaudita.

El nomos de la tierra y las leyes de la guerra

La conexión entre el triunfo de las potencias marítimas y la proliferación de la violencia bélica es una de las tesis principales –y también una de las más audaces– de *El nomos de la tierra*, libro en el que Schmitt profundiza y concreta las categorías filosófico-históricas de *Tierra y mar* mediante un análisis del cambio estructural de las relaciones internacionales desde el final de la Edad Media hasta el siglo XX. Las ideas de Schmitt sobre el concepto «discriminatorio» de la guerra y su relación con el liberalismo –que ya hemos estudiado en páginas anteriores– cobran en *El nomos de la tierra* una fundamentación his-

18. *Ibid.*, p. 4.
19. *Ibid.*, p. 5.

tórica más elaborada, y de paso se desligan del estrecho marco nacionalsocialista en el que fueron formuladas originalmente[20]. Schmitt estudia de qué modo la revolución espacial y la Reforma protestante condujeron, en los albores de la Edad Moderna, a la instauración de un nuevo ordenamiento del espacio –un nuevo *nomos* de la Tierra– que dejó atrás el orden europeo de la Edad Media, y que volvería a transformarse radicalmente en el siglo xx, con nefastas consecuencias, según Schmitt.

El punto de partida de esta reconstrucción histórica es, pues, la Europa central medieval entendida como *Respublica Christiana*, es decir: como una comunidad de naciones subordinadas (al menos formalmente) a la autoridad del papa y del emperador del Sacro Imperio Romano Germánico[21]. Cuando la Reforma quebró la unidad religiosa de la cristiandad medieval, se inició un violento periodo de guerras de religión que concluyó con la Paz de Westfalia, el tratado que en 1648 puso fin a la Guerra de los Treinta Años y fundó un nuevo orden internacional que prevalecería durante más de dos siglos. En ese nuevo orden westfaliano –o *Ius Publicum Europaeum*– los actores políticos eran los Estados soberanos, que se reconocían entre sí como aliados o como rivales, y que ya no se sometían a ninguna instancia supranacional, puesto que el papa había perdido su autoridad para las naciones

20. Cf. J. Habermas, «¿Tiene todavía alguna posibilidad la constitucionalización del derecho internacional?», en: *El Occidente escindido*, Madrid: Trotta, 2006, p. 186.
21. Cf. sobre esto E.-W. Böckenförde, *El surgimiento del Estado como proceso de secularización*, pp. 23 y sigs.

no católicas. Pues bien, este sistema de los Estados territoriales europeos tuvo, según Schmitt, un importantísimo efecto civilizador: posibilitó la regulación o, como prefiere decir Schmitt, la «acotación» de la guerra, es decir: la limitación y humanización de los conflictos bélicos[22].

En efecto, el *Ius Publicum Europaeum* admitía la guerra como un instrumento válido en las relaciones interestatales, al cual un Estado soberano podía recurrir legítimamente para dirimir sus conflictos de intereses con otros Estados. Pero el derecho a declarar la guerra, o *ius ad bellum*, iba acompañado de una nueva concepción de la guerra que se basaba en el mutuo reconocimiento de los beligerantes como enemigos legítimos *(iusti hostes)*, al tiempo que prescindía de adjetivar moralmente las causas bélicas y rechazaba, pues, la doctrina de la guerra justa *(iustum bellum)* que durante la Edad Media había servido para exculpar las guerras de las naciones cristianas contra los pueblos infieles, y que posteriormente enardeció también las guerras de religión:

Es justa en el sentido del Derecho europeo de Gentes de la época interestatal toda guerra interestatal librada en suelo europeo según las reglas del derecho europeo de guerra, por ejércitos militarmente organizados de Estados reconocidos por el Derecho europeo de Gentes[23].

---

22. C. Schmitt, *El nomos de la tierra*, pp. 125 y sigs.
23. *Ibid.*, p. 129, p. 101. La violencia colonial en el Nuevo Mundo se justificó también mediante la doctrina de la guerra justa. Cf. sobre esto las páginas que Schmitt dedica a Francisco de Vitoria en *El nomos de la tierra*, pp. 73 y sigs.

Cabría pensar que reconocer a los Estados un derecho a declararse mutuamente la guerra propagaría y recrudecería los conflictos bélicos, pero la tesis de Schmitt es que sucedió precisamente lo contrario. El *Ius Publicum Europaeum* posibilitó que se estableciesen por primera vez las distinciones fundamentales de las que depende toda limitación y humanización de la guerra, tales como la distinción entre enemigos y criminales, o entre combatientes y no combatientes (la población civil desarmada), o entre el frente y la retaguardia, o entre la guerra y la paz, o entre Estados beligerantes y Estados neutrales[24].

Detengámonos brevemente en estos conceptos. Una guerra «acotada» es 1) una guerra entre los ejércitos regulares de Estados que se reconocen mutuamente como enemigos con intereses enfrentados, pero legítimos, es decir: como *iusti hostes*. Las partes beligerantes no *criminalizan* al enemigo –o, como dice Schmitt, no lo «discriminan»– sino que reconocen por principio la legitimidad de su causa, aunque sea, por supuesto, una causa contraria a la propia. Ahora bien, 2) cuando se combate a un enemigo cuya causa se reconoce como legítima, sin duda se persigue la victoria sobre él, pero no su destrucción total, y por eso las guerras acotadas por el *Ius Publicum Europaeum* nunca eran guerras de exterminio –como lo habían sido las cruzadas medievales y las guerras de religión posteriores a la Reforma–, sino algo más parecido

---

24. *Ibid.*, pp. 125 y sigs. Cf. también una síntesis en G. Schwab, «Enemy oder Foe: Der Konflikt der modernen Politik», *op. cit.*

a duelos entre caballeros[25]. El *ius ad bellum* se compensaba, pues, con el reconocimiento de ciertas reglas de la guerra (el llamado *ius in bello*) que impedían que los conflictos alcanzasen el nivel de brutalidad de las antiguas «guerras justas», en las cuales los combatientes no se proponían únicamente vencer, sino aplastar al enemigo, masacrar a la totalidad de su población sin distinción de combatientes y no combatientes y destruir por completo su territorio. Acotar la guerra, evitando las formas más extremas de brutalidad, era también 3) la condición de posibilidad de que los conflictos concluyesen mediante tratados de paz estables y duraderos que todas las partes podían considerar aceptables, y por tanto la condición de posibilidad de la distinción misma entre la guerra y la paz. Y por último, 4) la acotación de la guerra permitía que terceros Estados no afectados por un conflicto bélico adoptasen legítimamente una posición neutral, una neutralidad que –como ya vimos en el capítulo anterior– siempre resulta mucho más difícil de mantener cuando un conflicto se considera una «guerra justa» o, lo que es lo mismo: cuando presupone una concepción «discriminatoria» o criminalizadora de la guerra. «El concepto de *iustus hostis* –escribe Schmitt– crea asimismo el espacio para una neutralidad de terceros Estados de acuerdo con el Derecho de Gentes, lo cual contribuye también a la neutralización de la justicia sangrienta de las guerras religiosas y de partidos»[26].

25. C. Schmitt, *El nomos de la tierra*, pp. 127, 129, 65.
26. *Ibid.*, p. 128.

De este modo, tras la lección aprendida durante las terribles guerras de religión de los primeros siglos de la Edad Moderna, Europa se configuró como un sistema de Estados territoriales soberanos que, al reconocerse mutuamente como *iusti hostes* o enemigos legítimos, por primera vez «acotaron», humanizaron y civilizaron los conflictos bélicos. Los nuevos descubrimientos geográficos también contribuyeron a la consolidación de este *nomos* europeo, puesto que la Paz de Westfalia se basaba implícitamente en la diferenciación de un espacio jurídico regulado (la tierra) y otro completamente anómico (el mar). Si en suelo europeo regía el mutuo reconocimiento de los Estados como *iusti hostes* y el rechazo de la doctrina de la guerra justa, en mar abierto y en las tierras inexploradas de ultramar se extendía un amplísimo espacio desregulado, un territorio sin ley, abierto a la exploración y la conquista, al pillaje, la piratería y la violencia. Por eso los mapas del orden geopolítico westfaliano incluían el trazado de «líneas de amistad» *(amity lines)* más allá de las cuales no regían los tratados de paz ni se respetaban las leyes de la guerra[27]. Desde una perspectiva marxista, quizás diríamos que la acotación de la guerra en el territorio de las metrópolis requería simultáneamente una expropiación y explotación irrestrictas en las colonias. Y en el lenguaje de Freud, tal vez diríamos que dicha acotación en suelo europeo se compensaba mediante la violencia ejercida en los territorios coloniales, en los cuales no regía ninguna

27. C. Schmitt, *El nomos de la tierra*, pp. 61 y sigs.

restricción a las pulsiones agresivas. Sea como fuere, y pese a esta limitación geográfica, Schmitt insiste en los efectos civilizadores del nuevo *nomos*: el *Ius Publicum Europaeum* hizo posible que «durante dos siglos enteros no se produjese ninguna guerra de aniquilación en suelo europeo»[28]. E insiste también en que no hay precedentes de esto en la historia de Europa. En la Antigüedad, tanto los romanos como los griegos se atenían a usos bélicos muy crueles que incluían la masacre de poblaciones enteras y la destrucción total de sus territorios. La Edad Media heredó el salvajismo del mundo antiguo a través de la doctrina agustiniana de la guerra justa *(iustum bellum)*: entre las naciones y reinos de la cristiandad, los conflictos bélicos nunca alcanzaban el nivel de violencia de las guerras de exterminio, pero «el suelo de pueblos paganos, no cristianos»[29], o los territorios dominados por herejes, quedaban abiertos a guerras que no estaban sujetas a restricciones morales[30]. Pues bien, aquel *nomos* europeo de Estados soberanos y guerras acotadas se derrumba en el siglo xx, cuando el Leviatán de las potencias marítimas (Inglaterra y Estados Unidos) derrota al Behemoth de las terrestres (Alemania y Austria-Hungría) en las dos

---

28. *Ibid.*, p. 139.

29. *Ibid.*, p. 21.

30. Cf. G. Schwab, «Enemy oder Foe: Der Konflikt der modernen Politik», pp. 666 y sigs. La crueldad de estas «guerras justas» queda reflejada en una conocida anécdota de Arnaldo Amalric, el legado pontificio que comandó el asedio de la ciudad francesa de Béziers durante la cruzada contra la herejía cátara en el siglo xiii. Cuando le preguntaron si los soldados debían salvar las vidas de los católicos de la ciudad mezclados entre los herejes, Arnaldo Amalric respondió: «matadlos a todos, Dios reconocerá a los suyos».

guerras mundiales. La juridificación liberal de las relaciones internacionales, que según Schmitt –como se recordará– está desde el principio al servicio de las grandes potencias liberales (o marítimas), impone un nuevo orden geopolítico en el que Europa y su *Ius Publicum* pierden su protagonismo histórico: «en las Conferencias de Paz de París del invierno de 1918-1919 [...] por primera vez fue el mundo entero el que decidió acerca de la ordenación del espacio de Europa»[31].

Desde un punto de vista liberal, parece obvio que la juridificación de las relaciones internacionales es un logro civilizatorio, puesto que prohíbe la guerra de agresión. Tal es el punto de vista defendido, por ejemplo, por Kant en su ensayo *Sobre la paz perpetua*, uno de los primeros intentos de pensar seriamente el orden internacional más allá del marco fijado en la Paz de Westfalia y el *Ius Publicum Europaeum*. Kant sostiene que la condición más importante para impedir las guerras es una juridificación de las relaciones entre Estados que suprima el *ius ad bellum*, puesto que, mientras los Estados conserven ese derecho, todo orden internacional no pasará de ser un equilibrio estratégico, y la paz no será otra cosa que un armisticio temporal que se romperá tan pronto como un Estado tenga interés y fuerza suficiente para incumplirlo en su beneficio. Una paz jurídica y no simplemente estratégica, una paz perpetua y no un mero armisticio, exigiría la abolición del *ius ad bellum*, que de todas formas es una abe-

---

31. C. Schmitt, *El nomos de la tierra*, p. 249.

rración jurídica bajo cuyo concepto, según Kant, «no puede pensarse, en realidad, nada en absoluto», puesto que se trata del derecho a prescindir del derecho en las relaciones internacionales, y a «determinar qué es justo según máximas unilaterales del poder, y no según leyes [...]»[32]. Por el contrario, la juridificación de las relaciones internacionales proscribe las guerras y de ese modo las dificulta, aunque no logre impedirlas, y ya solo por eso suele interpretarse como un avance en la dirección correcta hacia la erradicación definitiva de las guerras en los asuntos humanos.

Pero el imperturbable antiliberalismo de Schmitt arroja, una vez más, una luz diferente sobre una evolución que a primera vista parece un progreso. El nuevo *nomos* –establecido por Inglaterra en la gran época de su dominio marítimo, y que Estados Unidos adopta en el siglo xx arrogándose el papel de potencia liberal intervencionista a escala global– abarca potencialmente todo el orbe. Ya no distingue, pues, territorios, ni «grandes espacios», ni *amity lines:* «el gobierno de los Estados Unidos se erige en juez de la Tierra entera y se arroga el derecho a inmiscuirse en los asuntos de todos los pueblos y todos los espacios»[33]. Para Schmitt, la consecuencia más importante de este nuevo *nomos* internacionalista no es la expansión del derecho, sino el dominio mundial de una poten-

---

32. I. Kant, *Hacia la paz perpetua* (Ak VIII, 356), p. 92. Cf. también J. L. López de Lizaga, «Rawls, Habermas y el proyecto kantiano de la paz perpetua», *Daimon*, 40 (2007), pp. 91-106.
33. C. Schmitt, *Cambio de estructura del derecho internacional*, p. 24.

cia marítima como Estados Unidos, la rehabilitación de la doctrina de la guerra justa en la forma de la concepción liberal de la guerra «discriminatoria» y la consiguiente supresión de las «acotaciones» que durante siglos lograron civilizar los conflictos bélicos entre los Estados soberanos europeos. El internacionalismo liberal empuja a la humanidad, de un modo tan paradójico como inevitable, a «nuevas formas, probablemente más graves, de guerra, reincidencias en la guerra civil y otras formas de la guerra de destrucción»[34].

Por supuesto, en esta panorámica del orden mundial surgido de la Segunda Guerra Mundial hay una pieza que no encaja del todo: la Unión Soviética, una potencia eminentemente terrestre que, sin embargo, *también* contribuyó a la derrota de otra potencia terrestre como el Tercer Reich. Pero Schmitt puede obviar el carácter más telúrico que marítimo del vasto imperio continental soviético subrayando la vocación internacionalista del comunismo revolucionario. Si bien la Unión Soviética era geopolíticamente una potencia terrestre, la ideología revolucionaria marxista-leninista resultaba, a todos los efectos, tan disolvente del viejo *nomos* de la Tierra como el liberalismo de las potencias marítimas. De este modo, Schmitt podía interpretar la Guerra Fría como un escenario potencialmente explosivo de absoluta hostilidad entre dos superpotencias con pretensiones de dominio mundial. Por ambas partes, las acotaciones de la guerra

34. C. Schmitt, *El nomos de la tierra*, p. 256.

quedaban obsoletas. Cualquiera que fuese la potencia finalmente vencedora en aquella contienda latente, la humanidad se vería empujada hacia una época de guerras más numerosas y más violentas.

La guerra civil mundial y la figura del partisano

Los sombríos vaticinios schmittianos se confirmaron parcialmente en las décadas posteriores a la Segunda Guerra Mundial. A primera vista se diría que el orden bipolar de la Guerra Fría correspondía a la teoría de los «grandes espacios», puesto que los dos bloques enfrentados eran dos vastas zonas de influencia dominadas por grandes potencias y diferenciadas por su identidad económica y política: el liberalismo y el comunismo. Pero los grandes espacios, tal como Schmitt los concebía, debían poder coexistir sin hostilidades respetando el principio de no intervención en los asuntos internos de otros grandes espacios, y no era esto lo que sucedía durante la Guerra Fría. Más bien al contrario, las dos superpotencias permanecían en una situación de guerra latente, observándose mutuamente como enemigos ilegítimos. Mediante esa «discriminación» o criminalización mutua, ambas superpotencias rehabilitaban y elevaban a una escala global la lógica de la guerra justa. Schmitt caracteriza esta nueva situación geopolítica como una «guerra civil mundial», y con esta expresión paradójica pretende captar la combinación explosiva de un conflicto internacional en el cual, sin embargo, y como sucede en las guerras civiles, los enemigos no reconocen ninguna legitimidad a la causa de la parte contraria. «Forma parte de la guerra civil que cada bando trate al otro como criminal, asesino y saboteador», escribe Schmitt en un ensayo publicado en la posguerra[35]. Y *El nomos de la tierra* identifica la guerra civil como el paradigma de la guerra justa en el mundo contemporáneo: «la guerra se convierte en guerra justa, lo que significa en guerra civil»[36].

En este escenario geopolítico de guerra civil mundial cobra una inesperada relevancia la figura del partisano, un tipo de combatiente que puede considerarse como el precedente del terrorista moderno como nuevo actor político global. El auge del partisanismo coincide con el declive del *Ius Publicum Europaeum* y con la supresión de las acotaciones de la guerra, pero su origen histórico es anterior. Schmitt sitúa dicho origen en la España de las guerras napoleónicas, donde las tropas francesas tuvieron que enfrentarse a partidas de guerrilleros que combatían de un modo completamente diferente al de los soldados de los ejércitos convencionales[37]. Aquellos partisanos eran combatientes *irregulares* que no vestían uniforme ni portaban abiertamente sus armas, y que se camuflaban confundiéndose con la población civil. Eran capaces de moverse en el terreno mucho más deprisa que los soldados de los ejércitos regulares, y eran también mucho más

---

35. C. Schmitt, «Amnistía es la fuerza de olvidar» [1949], *El País*, 21/01/1977, p. 2.
36. C. Schmitt, *El nomos de la tierra*, p. 324.
37. C. Schmitt, *Teoría del partisano*, pp. 32 y sigs.

hábiles que estos para operar «cambios bruscos de ataque y retirada»[38], es decir, para atacar y desaparecer. Pero la característica más importante de los partisanos siempre fue, según Schmitt, su «intenso compromiso político»[39], probablemente mucho mayor que el de la mayor parte de los soldados de los ejércitos regulares. Los guerrilleros españoles del siglo XIX que luchaban para expulsar de su territorio a un invasor extranjero contaban con una fuerte motivación ideológica, y ese intenso compromiso político explica la virulencia que puede alcanzar la lucha partisana. El partisano nunca percibe al enemigo –por ejemplo, al invasor extranjero– como un *iustus hostis*. Para el guerrillero español de las guerras napoleónicas, o para cualquier otro partisano nacionalista o defensivo –«telúrico», como lo denomina Schmitt–, el enemigo es más bien un «enemigo verdadero», es decir: un enemigo ilegítimo al cual hay que *expulsar* del territorio que ocupa ilegítimamente[40]. Precisamente porque la causa del invasor nunca es una causa justa, el partisano puede permitirse moralmente todos los medios del combate irregular, incluido el camuflaje, el sabotaje, el engaño, la emboscada. Así pues, desde el principio la desacotación de la guerra acompaña al partisano como una sombra. Pero la máxima hostilidad entre combatientes no se alcanzó to-

---

38. *Ibid.*, p. 34. Schmitt relaciona la movilidad del partisano con la capacidad de camuflarse en la entrevista con Joachim Schickel, «Gespräch über den Partisanen», en: C. Schmitt, *Staat, Grossraum, Nomos*, p. 625.

39. C. Schmitt, *Teoría del partisano*, p. 32.

40. E. Laclau, «On "Real" and "Absolute" Enemies», *The New Centennial Review*, vol. 5, n.º 1 (2005), p. 8.

davía en el partisanismo defensivo, nacionalista y «telúrico» del siglo XIX, sino en dos figuras que le sucedieron históricamente, y que llegan hasta nuestra propia época: el guerrillero que opera al servicio de la revolución mundial y el terrorista internacional.

En algunos de sus escritos, Lenin incluyó la lucha partisana entre los recursos de la revolución comunista[41], y más tarde Mao y Stalin emplearían los métodos de la guerrilla en la «larga marcha» de 1934 y en la lucha contra las tropas alemanas que invadieron el territorio de la Unión Soviética durante la Segunda Guerra Mundial[42]. Pero la fusión con el comunismo modificó en dos aspectos importantes la figura del partisano. Schmitt se refiere al primero de ellos como la «motorización» de la lucha partisana, es decir: el empleo de modernos medios de transporte y comunicación, así como de armas modernas. El revolucionario del siglo XX (y el terrorista del XXI) ya no se parece a aquellos campesinos decimonónicos, apegados defensivamente a su territorio y pertrechados con armas rudimentarias (horcas, hoces o trabucos), sino que está en contacto «con una red de comunicaciones», y «lucha con pistolas ametralladoras, granadas de mano [y] bombas plásticas»[43]. Sus armas son más mortíferas, y su campo de batalla se amplía hasta abarcar todo el planeta. Y el segundo aspecto de la transformación del partisanismo

41. C. Schmitt, *Teoría del partisano*, pp. 62-73. Cf. V. I. Lenin, *La guerra de guerrillas*, en: *Obras*, vol. III, Moscú: Progreso, 1973, pp. 109-113.
42. Mao Tse-Tung, «Problemas estratégicos de la guerra de guerrillas contra el Japón», en: *Obras escogidas*, Pekín: Ediciones en Lenguas Extranjeras, 1976, pp. 75-111.
43. C. Schmitt, *Teoría del partisano*, p. 86.

a manos del comunismo afecta al tipo y al nivel de hostilidad hacia el enemigo: el partisano revolucionario ya no percibe a su enemigo como un «enemigo verdadero» al que basta con expulsar del territorio ocupado, sino más bien como un «enemigo absoluto» al que hay que destruir por todos los medios allí donde se encuentre. Dado que el enemigo de clase es un enemigo absoluto, el comunismo revolucionario eleva la hostilidad política hasta alcanzar su cota más alta, y con ello suprime definitivamente los límites morales de las viejas guerras entre Estados soberanos. Y en efecto, Schmitt afirma que «Lenin destruyó sin miramientos todos los acotamientos tradicionales de la guerra»[44].

Schmitt ofrece así un análisis preciso de algunos de los fenómenos de violencia política más característicos de las últimas décadas. Su teoría se orienta todavía por el modelo del partisanismo anticolonial de mediados del siglo XX, pero puede hacerse extensiva al terrorismo europeo de ultraizquierda surgido en la década de 1970 –RAF, Brigadas Rojas, GRAPO– o al terrorismo yihadista de nuestro tiempo, que ha abandonado la motivación política revolucionaria pero ha mantenido la lógica de la enemistad absoluta. En cualquiera de sus modalidades, el nuevo partisanismo representa para Schmitt una *involución* de los estándares civilizatorios del *Ius Publicum Europaeum* y un anuncio de formas más extremas de violencia política:

44. *Ibid.*, p. 97.

La obra destructora de los revolucionarios profesionales [...] fue una gran desdicha. Porque la humanidad europea había conseguido algo único con aquellos acotamientos de la guerra: el prescindir de la criminalización del adversario de guerra, es decir, una relativización de la enemistad, la negación de la enemistad absoluta. Es algo muy raro, humanamente casi inverosímil, que los hombres consientan en prescindir de una discriminación y difamación de sus enemigos[45].

No obstante, para Schmitt ni el concepto discriminatorio de la guerra (típico del liberalismo) ni la enemistad absoluta (típica del comunismo revolucionario) explican por sí solos la escalada de la hostilidad y la supresión de las restricciones de la guerra. Antes bien, este recrudecimiento de la violencia bélica parece acompañar al desarrollo tecnológico de los armamentos, los cuales alcanzan en nuestra época un potencial mortífero tan desmedido que su utilización solo puede justificarse moralmente si antes se ha deshumanizado por completo al adversario. En un mundo enteramente tecnificado, se pone en marcha una espiral siniestra en la que el desarrollo armamentístico y la criminalización del enemigo político se refuerzan mutuamente:

> El desarrollo técnico-industrial convirtió las armas del hombre en meros medios de destrucción. [...] Semejantes medios de destrucción absolutos exigen que haya un enemigo absoluto, porque de otra forma resultarían absolutamente inhu-

---

45. *Ibid.*, p. 97.

manos. [...] Los hombres que emplean aquellos medios contra otros hombres se ven obligados a destruir también moralmente a los otros hombres, es decir, a sus víctimas y objetos. Hay que declarar a la parte contraria, en su totalidad, como criminal e inhumana, como un disvalor absoluto. Si no es así, ellos mismos resultarían criminales e inhumanos. La lógica de valor y disvalor despliega toda su consecuencia destructora y obliga a nuevas discriminaciones, criminalizaciones y desvalorizaciones cada vez más profundas, hasta la destrucción de toda vida que no merece vivir. Nuevas especies de enemistad absoluta tienen que surgir en un mundo en donde los contrincantes se empujan unos a otros hacia el abismo de la desvalorización total antes de aniquilarse físicamente. La enemistad se hará tan horrorosa que ni siquiera se podrá hablar de enemigo y enemistad[46].

Como siempre, una lectura distanciada de los escritos de Schmitt sobre la transformación estructural del orden internacional durante el siglo XX (y XXI) revela algunas confusiones que a primera vista quedan ocultas bajo la brillantez del estilo. En páginas anteriores ya cuestionamos la tesis schmittiana que atribuía a la juridificación de las relaciones internacionales una tendencia a desencadenar violentas guerras mundiales, y también ahora podríamos objetar a Schmitt que el paradigma de esa siniestra dialéctica de desarrollo técnico y deshumanización política, que tan agudamente describen las últimas pági-

46. C. Schmitt, *Teoría del partisano*, pp. 101-101.

nas de *Teoría del partisano*, no se localiza en las democracias liberales, sino más bien en los regímenes totalitarios, como el que él mismo apoyó. Ya Theodor W. Adorno observó que el «asesinato administrativo de millones de personas»[47] con medios industriales había requerido previamente la completa deshumanización de las víctimas, su reducción a meros ejemplares anónimos de un concepto genérico, como podría ser –por emplear la terminología schmittiana– el concepto de «enemigo absoluto».

No obstante, siguen siendo muy lúcidas las observaciones de Schmitt sobre el vínculo entre la capacidad destructiva de las armas modernas y la deshumanización de aquellos contra quienes se emplean, o sus tesis sobre el potencial deshumanizador de la vieja noción medieval de la guerra justa, que el *Ius Publicum Europaeum* parecía haber arrojado al desván de la historia, y que suele retornar como parte del arsenal retórico de la política imperialista *también* de las potencias liberales: «la dinamita Nobel y el premio Nobel son solo dos caras del mismo hecho –escribe Schmitt en un pasaje de su *Glossarium*–, al igual que la bomba atómica y la guerra justa»[48]. Esta afirmación no es exacta, porque no hay ninguna necesidad lógica que obligue a librar guerras justas con armas atómicas, y porque conviene diferenciar –y Schmitt *nunca* lo hace– entre el derecho internacional y su empleo retórico e hipócrita para justificar políticas de poder que precisamente lo vulneran. Pero los análisis de Schmitt

47. Th. W. Adorno, *Dialéctica negativa*, Tres Cantos: Akal, 2008, p. 332.
48. C. Schmitt, *Glossarium*, p. 246.

contienen advertencias importantes para el siglo xxi, que de momento está confirmando los peores presagios de este autor. La deshumanización del enemigo forma parte de la retórica habitual de los grupos terroristas, que de otro modo no podrían justificar, quizás ni siquiera ante sí mismos, las carnicerías indiscriminadas que causan hoy con armas muy mortíferas y al mismo tiempo muy fáciles de obtener o de fabricar. Paralelamente, a comienzos de nuestro siglo la fraseología «discriminatoria» o criminalizadora de la «guerra contra el terror» o contra el «eje del mal» sirvió de pretexto para un imperialismo contrario al derecho internacional, y dos décadas después de aquel abuso retórico del concepto de guerra justa, la deshumanización y la criminalización de un enemigo considerado como «absoluto» legitiman hoy una brutal guerra de exterminio en Gaza. El orden mundial parece hoy más schmittiano que en tiempos de Schmitt.

La doctrina del *katechon:* el cristianismo como dique contra la barbarie

Carl Schmitt se refugió personalmente en la religión durante los duros años de la posguerra, y quizás esto explica por qué el cristianismo adquiere en sus escritos tardíos una importancia que no había vuelto a tener desde los libros de los primeros años veinte. Un buen ejemplo de esto es *Interpretación europea de Donoso Cortés*, un ensayo publicado en 1950 en el que Schmitt retoma su apuesta de treinta años atrás por el catolicismo antiliberal como solución para las turbulencias políticas del siglo xx. Donoso Cortés sigue siendo para Schmitt el principal referente de «una imagen cristiana de la Historia»[49], y el autor que apuntó la respuesta política adecuada a la aparición del movimiento obrero revolucionario en 1848. Esa respuesta –como ya vimos en el capítulo segundo– era la dictadura. En el ecuador del siglo xx, las ideas de Donoso seguían siendo válidas para Carl Schmitt, pero había que situarlas en el contexto de la «guerra civil mundial», que el pensador español también había vaticinado a mediados del siglo xix, cuando surgieron en Europa «problemas enteramente inéditos bajo las formas del socialismo, el comunismo, el anarquismo, el ateísmo y el nihilismo»[50]. Donoso localizaba la raíz común de estas ideologías, y de la barbarie política que las acompaña, en la «pseudorreligión de la humanidad absoluta»[51], es decir: en el antropocentrismo que, pese a sus diferencias, tienen en común el liberalismo, el comunismo y el fascismo. Al igual que Donoso, Schmitt piensa que ninguna filosofía antropocéntrica y atea puede fundar la autoridad política: «las afirmaciones *Dios ha muerto* y *el poder es en sí malo* proceden de la misma época y de la misma situación. En el fondo, ambas dicen lo mismo»[52]. En cualquiera de sus variantes, el antropocentrismo abre «un camino que con-

49. C. Schmitt, *Interpretación europea de Donoso Cortés*, Madrid: Rialp, 1963, p. 29.
50. *Ibid.*, p. 36.
51. *Ibid.*, p. 65.
52. C. Schmitt, «Diálogo sobre el poder y el acceso al poderoso», pp. 86-87.

duce a un terror inhumano»[53], a guerras terribles y a revoluciones sangrientas. Y «lo asombroso –escribe Schmitt refiriéndose a Donoso Cortés– es que un hombre, en el año 1848, vislumbrara todo el mar de sangre en el cual habían de desembocar aún por espacio de cien años todas las corrientes revolucionarias»[54].

Esta lectura de Donoso Cortés recuerda a las tesis de la célebre *Carta sobre el humanismo* de Martin Heidegger, pero Schmitt confiere a su crítica del antropocentrismo (o «humanismo», en el lenguaje de Heidegger) un significado más claramente político[55]. Si el antropocentrismo conduce a la barbarie, ello no se debe –como piensa Heidegger– a que sea una filosofía de la autoafirmación de la voluntad humana que «emplaza» *(Gestell)*, instrumentaliza y avasalla la totalidad de lo real, sino a que «la idea de humanidad absoluta» permite «calificar de bestia a todo adversario»[56]. Dicho de otro modo: quien invoca la humanidad para justificar su causa política –como hace el discurso liberal de los derechos humanos–, o quien persigue el objetivo de la emancipación definitiva de la humanidad –como promete el comunismo–, se verá obligado a calificar de *inhumano* a su adversario político, que quedará automáticamente designado como enemigo absoluto. Y aunque Schmitt siempre tiene en mente el liberalismo y el comunismo, su ensayo sobre Donoso pa-

53. C. Schmitt, *Interpretación europea de Donoso Cortés*, p. 65.
54. *Ibid.*, p. 66.
55. M. Heidegger, *Carta sobre el humanismo*, Madrid: Alianza Editorial, 2013.
56. C. Schmitt, *Interpretación europea de Donoso Cortés*, p. 67.

rece incluir una velada referencia al nacionalsocialismo, puesto que una de las formas que puede adquirir la enemistad absoluta es el antagonismo del *superhombre* y el *infrahombre*, una distinción que anticipa el exterminio del grupo calificado de infrahumano:

> La escisión entre lo humano y lo inhumano tiene su continuación necesaria y lógica en la escisión, todavía más profunda, entre el *superhombre* y el *infrahombre*. El hombre que trata a otro como a un ser inhumano realiza ya prácticamente la distinción entre superhombre e infrahombre. Ahora bien, para el infrahombre ya no existe la pena de muerte; en general ya no hay ninguna pena para él, sino tan solo el exterminio y la aniquilación[57].

De este modo, Schmitt responsabiliza del genocidio a la metafísica antropocéntrica que el nacionalsocialismo compartía con el liberalismo y el comunismo. Esta nivelación metafísica de las diferencias entre ideologías tan dispares permite a Schmitt contraponerlas en bloque a una filosofía cristiana de la historia que «tiene muchas y grandes posibilidades»[58] como alternativa antihumanista a la Modernidad. Según Schmitt, solo un orden geopolítico de inspiración cristiana lograría frenar o contener la pretensión hegemónica global de los dos bloques de la Guerra Fría y rehabilitar el modelo multipolar de «gran-

57. *Ibid.*, p. 68.
58. C. Schmitt, «La unidad del mundo», *Anales de la Universidad de Murcia*, vol. IX, (1951), p. 352.

des espacios» heterogéneos, no unificados ni política ni culturalmente. Pero las reflexiones geopolíticas de Schmitt adquieren en esta época una dimensión nueva, que retoma las ideas expuestas en el ensayo de 1916 sobre Theodor Däubler, y que enlaza con la preocupación por la técnica que en aquellos mismos años permeaba los textos de Heidegger. Frente a la *hybris* no solo política sino también tecnológica de las ideologías antropocéntricas, el cristianismo –piensa Schmitt– favorecería la autocontención de la civilización científico-técnica y propiciaría un mayor arraigo de la humanidad en la Tierra. Un arraigo al que alude el siguiente pasaje de un curioso escrito de Schmitt, el *Diálogo sobre el nuevo espacio*, publicado en 1958:

> Los nuevos espacios tienen que encontrarse en nuestra tierra y no fuera, en el cosmos. Aquel que consiga captar la técnica desencadenada, domarla e insertarla en un orden concreto, está más cerca de contestar a la llamada actual que otro que busque aterrizar en la Luna o en Marte con los medios de una técnica desencadenada. La doma de la técnica desencadenada: he aquí la hazaña de un nuevo Hércules[59].

La filosofía cristiana de la historia que Schmitt quiere contraponer a la desmesura política y tecnológica del antropocentrismo o humanismo se articula en torno a la doctrina del *katechon*. Desde principios de los años cuarenta y hasta finales de los cincuenta, Schmitt se refiere

---

59. C. Schmitt, «Diálogo de los nuevos espacios», en: *Diálogos*, p. 56.

varias veces, si bien de un modo disperso, a esta figura mencionada en la Segunda epístola a los tesalonicenses de Pablo de Tarso, cuyo significado solo se comprende a la luz de las esperanzas escatológicas del primer cristianismo[60]. Recordemos brevemente aquel contexto. Hacia el año 50, poco después de la muerte de Jesús, algunas comunidades cristianas estaban convencidas de que el retorno de Cristo y el fin de los tiempos eran inminentes. Como aquella impaciencia escatológica motivó que los tesalonicenses dieran crédito a todo tipo de profecías y supersticiones, san Pablo quiso rebajar su entusiasmo mediante una carta en la que les advertía de que el fin de los tiempos no estaba tan cerca como creían: antes de su retorno debía consumarse el triunfo del mal en el mundo, y ese momento tampoco había llegado aún, porque algo o alguien lo impedía. *Katechon* significa en griego 'el que retiene', y en dicha epístola de san Pablo este término se refiere a la figura que contiene o retrasa el triunfo del mal en el mundo[61].

Por extraño que parezca, Schmitt encuentra en esta doctrina la clave de una filosofía de la historia capaz de competir en el siglo xx con el liberalismo y el comunismo. «Creo en el *katechon* –leemos en una entrada de *Glossarium* fechada a finales de 1947–; para mí es la única po

60. Para lo que sigue, cf. F. Grossheutschi, *Carl Schmitt und die Lehre vom Katechon*, Berlín: Duncker & Humblot, 1996. En las pp. 57-59, Grossheutschi hace una lista de todas las publicaciones en las que Schmitt se ocupa del *katechon*.
61. 2 Tes. 2: 7: «Porque ya está en acción el misterio de la iniquidad; solo que hay quien al presente lo detiene *[katechon]*, hasta que él a su vez sea quitado de en medio».

sibilidad, como cristiano, de entender la historia y encontrarle sentido»[62]. La doctrina del *katechon* se opone, en efecto, a una Ilustración que concibe la historia como un progreso continuo, pero también a la hipótesis marxista de una sucesión de revoluciones que conducen a la utopía social que clausura definitivamente la historia. Para el cristianismo la historia no progresa indefinidamente, sino que concluye; pero no en una sociedad perfecta, sino en la parusía o el apocalipsis. Y el periodo que más interesa al filósofo cristiano de la historia es precisamente el que precede al fin del mundo. La cuestión es identificar ese dique, ese retardador, ese *katechon* que retrasa o contiene el fin de los tiempos. «Yo creo que hay en cada siglo un portador concreto de esa fuerza "que retiene", y solo hay que encontrarlo»[63].

Tanto el mal como el dique que impide su triunfo cambian de rostro en función de las épocas y los contextos históricos. Schmitt menciona como ejemplos el Imperio Bizantino, que evitó la debacle de la cristiandad al contener la invasión musulmana de Europa; o al emperador alemán Rodolfo II, quien retrasó durante algún tiempo el estallido de la Guerra de los Treinta Años que desangró Europa; o a Hegel, a quien Nietzsche acusó, con razón, de frenar, retrasar o entorpecer la expansión del ateísmo en el siglo XIX[64]. A mediados del siglo XX, el mal que

62. C. Schmitt, *Glossarium*, p. 79.
63. *Ibid.*, p. 101.
64. Cf. C. Schmitt, *Tierra y mar*, pp. 28, 64; *El nomos de la tierra*, pp. 22 y sigs.; F. Grossheutschi, *Carl Schmitt und die Lehre vom Katechon*, pp. 98 y sigs. Grossheutschi (pp. 59 y sigs.) llama la atención sobre un inusual empleo del término

estaba a las puertas era el orden global que seguiría al todavía incierto desenlace de la Guerra Fría: la distopía de una civilización planetaria marcada por la desmesura tecnológica y el sometimiento político universal a una gran potencia hegemónica liberal o comunista. Por consiguiente, el *katechon* moderno sería aquella fuerza histórica que lograse contener ese empuje distópico y preservar, mientras pudiera, la autocontención tecnológica y la soberanía de grandes espacios culturales y políticos heterogéneos. El *katechon* tenía, pues, una función conservadora en el sentido literal del término, porque para el conservador Schmitt todo pensamiento utópico es revolucionario, y todo pensamiento revolucionario –en lo político y en lo científico-técnico– es inseparable del desarraigo, la desmesura y el desorden:

> Yo no veo en la utopía una fantasía arbitraria o una construcción idealizada, sino un sistema de pensamiento erigido sobre el requisito de la disolución del espacio y la deslocalización. [...] Con el avance de la técnica avanza la utopía en cada vez mayores y más atrevidas dimensiones. [...]. Utopía significa, por tanto, deslocalización consecuente absoluta, también del lugar de los hombres en la naturaleza dada hasta ese momento, [significa] extinción de la relación entre orden y lugar[65].

katechon con un significado negativo: en 1942, Schmitt se refiere al Imperio Británico como *katechon* que impide la realización del orden europeo pretendido por el Tercer Reich. El *katechon* tenía en ese caso el significado negativo de lo que se opone a lo nuevo, no el de lo que retrasa el triunfo del mal. En el resto de la obra de Schmitt, el término *katechon* siempre aparece con un valor positivo.
65. C. Schmitt, *Glossarium*, pp. 59-60.

La Iglesia católica era otra de las figuras históricas que podían asumir la función conservadora que esta filosofía de la historia atribuía al *katechon*. «La Iglesia romana es una realidad histórica –escribe Schmitt en *Glossarium*– [...]. Es el *katechon*»[66]. Pero la Iglesia solo podía fungir de dique frente al caos a condición de que no cambiase de bando aliándose con las fuerzas que amenazaban el orden. Dicho en términos más concretos: en el contexto de la guerra civil mundial en que consistía, según Schmitt, la Guerra Fría, la Iglesia no debía aliarse con el comunismo y convertirse ella misma en una fuerza revolucionaria, ni comprometerse con un liberalismo que redujese el catolicismo a una religión apolítica.

Por eso en *Teología política II*, su último libro –publicado en 1970–, Schmitt defiende la politización de la Iglesia *contra* las corrientes liberales y revolucionarias presentes en el catolicismo de la época. Esta obra, muy hermética y de un aire extrañamente anacrónico, es una réplica a las tesis del teólogo católico Erik Peterson, quien en un libro de 1935 titulado *El monoteísmo como problema político* había criticado la teología política de Schmitt[67]. Bajo la apariencia de un estudio erudito de viejas disputas teológicas desarrolladas en los primeros siglos del cristia-

---

66. C. Schmitt, cit. en J.-F. Kervégan, *¿Qué hacemos con Carl Schmitt?*, p. 99, n. 113.
67. E. Peterson, *El monoteísmo como problema político*, Madrid: Trotta, 1999. Para comprender la abstrusa controversia entre Peterson y Schmitt, cf. por ejemplo el estudio preliminar de G. Uríbarri, «Erik Peterson: teología y escatología», en E. Peterson, *El monoteísmo como problema político*, *op. cit.*; M. Herrero, *The Political Discourse of Carl Schmitt*, pp. 166 y sigs., y el estudio de J. L. Villacañas, «La leyenda de la liquidación de la teología política», en: C. Schmitt, *Teología política*, pp. 135-180.

nismo, Peterson –que había sido amigo de Schmitt hasta 1933– atacaba el compromiso con el nacionalsocialismo que asumieron muchos católicos alemanes, entre los cuales se contaba no solo Schmitt, sino también los representantes de una corriente teológica denominada «teología del Reich» *(Reichstheologie)*, que veía en la Alemania nazi la heredera y continuadora del Sacro Imperio Romano Germánico[68]. Peterson mostraba cómo los teólogos de los primeros siglos del cristianismo creyeron posible legitimar la monarquía sobre la base del monoteísmo, una línea de pensamiento teológico y político (o teológico-político) que culmina en Eusebio de Cesarea, un autor contemporáneo del emperador Constantino que veía en el Imperio Romano la realización del reino de Dios en la tierra[69]. Contra aquella sacralización de un orden político temporal, Peterson recordaba –y reivindicaba implícitamente– la posición de Agustín de Hipona, quien contraponía a la «dudosa teología política»[70] de Eusebio de Cesarea su doctrina de las dos ciudades –la ciudad de Dios, la ciudad de los hombres–, conforme a la cual ningún orden político humano puede presentarse como la realización del reino de Dios. Pero la crítica de Peterson a la sacralización del Tercer Reich recurría también a un ar-

---

68. G. Uríbarri, «Erik Peterson: teología y escatología», p. 30. Koenen *(Der Fall Carl Schmitt, op. cit.)* estudia la relación de Carl Schmitt con esta corriente teológica.
69. Según Peterson, para Eusebio de Cesarea «hay una relación providencial entre [...] la monarquía de Augusto y la aparición de Cristo», y por eso «considera cumplidas en el Imperio romano todas las predicciones proféticas sobre la paz de los pueblos». E. Peterson, *El monoteísmo como problema político*, p. 79, p. 81.
70. *Ibid.*, p. 93.

gumento estrictamente teológico. La legitimación teológica del Imperio Romano se había basado en la afinidad o la identidad estructural entre la monarquía y la idea del Dios único, pero la teología cristiana es –recuerda Peterson– una teología trinitaria, y por tanto no presenta ninguna analogía con la monarquía como régimen político: «los cristianos [...] profesan la monarquía de Dios. Pero no una monarquía unipersonal [...], sino la monarquía del Dios trino. Ese concepto de unidad no tiene correspondencia alguna con la criatura»[71]. Peterson defendía, pues, una separación nítida entre política y religión, pero no lo hacía –como es habitual– invocando el liberalismo o el secularismo de la Ilustración, sino apelando a la teología trinitaria y a la doctrina agustiniana. Su argumentación era muy indirecta y bastante críptica, pero quien leyese con atención advertiría en ella una denuncia de la complicidad de las Iglesias cristianas con el totalitarismo, tal como mostraba, de un modo bastante transparente, la última página del tratado: «la paz que busca el cristiano es una paz que no garantiza ningún César»[72]. El propio Schmitt resume de este modo la conclusión del libro: «[Peterson] rompe por principio con toda "teología política" que abuse de la proclamación cristiana para justificar una situación política»[73].

En su tardía respuesta de 1970 –Peterson había muerto diez años antes–, Schmitt reproduce la estrategia ar-

71. *Ibid.*
72. E. Peterson, *El monoteísmo como problema político*, p. 95.
73. C. Schmitt, *Teología política*, p. 113.

gumentativa de su adversario: si Peterson se remontaba a la teología de los primeros siglos cristianos para hablar de lo que estaba sucediendo en la Alemania nazi, Schmitt se remonta a un libro publicado durante el Tercer Reich para atacar las corrientes más progresistas y moderniza-doras del catolicismo durante la Guerra Fría. Contra Pe-terson, Schmitt argumenta que un catolicismo liberal, comprometido con la tolerancia, la democracia y los de-rechos humanos, tal vez había sido una opción posible para las sociedades relativamente pacificadas del siglo XIX, pero había dejado de serlo a medida que la democracia de masas y el avance del movimiento obrero difuminaron la demarcación liberal entre Estado y sociedad. Cuando el Estado pierde el «monopolio de lo político» y la so-ciedad se politiza de punta a cabo, polarizándose en fren-tes de amigos y enemigos que surgen por todas partes, la religión no puede permanecer neutral:

En el liberalismo del siglo XIX se podía mantener la ficción de separaciones «puras» y «limpias» entre religión y política. La religión era o asunto de la Iglesia o asunto privado. La po-lítica era asunto del Estado. [...] Pero llegó el momento del cam-bio, y la fachada conceptual heredada se desmoronó cuando el Estado perdió *el monopolio de lo político* y otras magnitudes polí-ticas que luchaban con eficacia le disputaron este monopolio, sobre todo cuando una clase revolucionaria (el proletariado in-dustrial) se convirtió en un nuevo sujeto efectivo de lo político[74].

74. C. Schmitt, *Teología política II*, p. 70. Otros miembros del círculo de Schmitt, como el teólogo Hans Barion, sostenían que el cristianismo liberal solo en apa-

La réplica de Schmitt a Peterson en *Teología política II* se asienta, pues, sobre las tesis expuestas en *El concepto de lo político* acerca de la transformación de las sociedades liberales del siglo XIX en las democracias de masas del XX[75]. En sociedades enteramente politizadas, la religión y la teología también tienen que politizarse, y por eso el catolicismo que defiende Schmitt no es liberal, sino que permanece fiel, medio siglo después, a la apuesta de su primera *Teología política* de 1922 y al ideario propuesto por Donoso Cortés en aquel año de 1848 tan crucial para el pensamiento schmittiano. En plena Guerra Fría el catolicismo debía decidirse, tomar partido, y debía hacerlo –como siempre en Schmitt– contra la revolución y a favor del orden. Esto implicaba posicionarse contra el catolicismo liberal del Concilio Vaticano II y contra la teología de la liberación que surgía en esa misma época. Contra estas corrientes, Schmitt reivindica los acuerdos de la Iglesia católica con el Estado fascista italiano como modelo de una forma «algo menos revolucionaria de la teología política o de la política teológica»[76]. El autoritarismo y el catolicismo seguían siendo en 1970 los elementos principales de la respuesta de Schmitt a las incertidumbres políticas

riencia asumía una posición apolítica, puesto que se alineaba inequívocamente en uno de los frentes de la guerra civil mundial, precisamente el que representaban las democracias liberales capitalistas. Cf. sobre esto J. L. Villacañas, «La leyenda de la liquidación de la teología política», p. 140.

75. C. Schmitt, *El concepto de lo político*, pp. 49-56. Cf. también C. Schmitt, «Die Wendung zum totalen Staat», en: *Positionen und Begriffe*, p. 172.

76. C. Schmitt, *Teología política II*, p. 103. Cf. también J. L. Villacañas, «La leyenda de la liquidación de la teología política», pp. 150 y sigs.; Y.-Ch. Zarka, «Para una crítica de toda teología política», pp. 27-32.

de un siglo XX que este autor interpretó hasta el final de su vida como la continuación y propagación a escala global de la lucha de clases que desgarró Europa entre 1848 y el final de la Segunda Guerra Mundial.

La revolución no ha terminado

El lector de los últimos escritos de Carl Schmitt no puede evitar la impresión de que hay en ellos algo incurablemente anacrónico. La apocalíptica visión schmittiana de la sociedad europea y mundial de la segunda mitad del siglo XX casaba mal con la realidad de una República Federal de Alemania que mientras tanto, y de espaldas a Schmitt, se consolidaba como una democracia liberal con un robusto Estado del bienestar. La revolución comunista, tan temida por Schmitt desde el final de la Primera Guerra Mundial, había desaparecido del horizonte, desactivada mediante la integración de las clases trabajadoras en un capitalismo social no exento de tensiones y contradicciones, pero que contaba con una amplia base de legitimación popular. En Alemania, y fuera de ella, aparecieron nuevos movimientos sociales que tomaron el relevo del proletariado como sujeto político, o que más bien lo reemplazaron: el movimiento afroamericano de los derechos civiles, el movimiento antinuclear, el pacifismo, el feminismo, el ecologismo. Y a finales de la década de 1960, la protesta estudiantil reclamaba en muchos países una sociedad más libre invocando unos valores «posmaterialistas» –democracia, libertad individual, satisfacción estética y erótica– que ya no se expresaban en la terminología de la lucha de clases ni se realizaban automáticamente mediante una distribución más justa de la riqueza[77]. Con todas sus imperfecciones –y no era la menor de ellas cierta desmemoria colectiva del pasado nacionalsocialista que representaba, precisamente, alguien como Carl Schmitt–, Alemania atravesaba un periodo seguramente mucho mejor, se mire como se mire, que cualquier otro de los que Schmitt había conocido. Pero el filósofo de la dictadura contrarrevolucionaria permaneció hasta el final impermeable a estos cambios, ajeno a ellos.

Es verdad que, en *La revolución legal mundial* –un ensayo que vio la luz en 1978, y que por ser la última publicación de Schmitt puede interpretarse como su testamento intelectual–, Schmitt toma nota de la renuncia de los partidos comunistas de Europa occidental a una política revolucionaria. Pero mientras que otros autores interpretaron la renuncia a la violencia y la aceptación de las vías legales de la democracia parlamentaria como un giro reformista que aproximaba el comunismo a una socialdemocracia que todavía se hallaba (por poco tiempo ya) en su época de esplendor, Schmitt no veía las cosas exactamente así. Para él, el eurocomunismo de, por ejemplo, el dirigente español Santiago Carrillo solo era una continuación de la revolución por otros medios: «la revolución legal se hace permanente y la revolución estatal per-

---

77. Cf. I. Gilcher-Holtey, *Die 68er Bewegung*, Múnich: Beck, 2001.

manente se hace legal»[78]. Expresiones como «revolución legal» o «revolución pacífica»[79] son paradójicas, pero Schmitt las emplea en un sentido literal, porque a su juicio la conquista del poder por medios legales permite realizar revoluciones que son incruentas, pero no menos radicales que las otras. Y Schmitt conoce bien cuál es el secreto de las revoluciones legales. Lo identificó en un libro de 1932 cuyo eco resuena a casi medio siglo de distancia:

La legalidad *estatal* implica las inevitables primas políticas sobre la posesión del poder estatal y legal: *obéissance préalable* para todas las leyes y actos estatales; reparto del producto social, de cargos, encargos y subvenciones; interpretación de las múltiples situaciones nuevas que surgen continuamente del rápido progreso científico, técnico y económico-industrial. [...] La legalidad estatal [...] proporciona una plusvalía política; como dice Karl Marx acerca del capital, es «un valor que incuba plusvalor»[80].

Para Schmitt, el arma principal de toda revolución legal es –como vimos en el capítulo cuarto– la *plusvalía o prima política* de la que se beneficia quien accede legalmente al control del Estado, y que le permite realizar cambios radicales sin necesidad de construir barricadas, asaltar palacios de invierno ni derramar sangre. Ciertamente,

78. C. Schmitt, «La revolución legal mundial», p. 6. Schmitt hace referencia expresamente al libro de Carrillo *Eurocomunismo y Estado*, Barcelona: Crítica, 1977.
79. C. Schmitt, «La revolución legal mundial», p. 6.
80. *Ibid.*, p. 7.

los Estados constitucionales disponen de sus propios dispositivos jurídicos para evitar las revoluciones legales apoyadas en dicha prima política. Esos dispositivos, que Schmitt denomina «supralegales», son todas aquellas «normas de procedimiento que deben dificultar la transformación o abolición» de las Constituciones, como las mayorías cualificadas o el blindaje de derechos constitucionales[81]. Pero esos medios supralegales no siempre resultan eficaces para impedir los cambios revolucionarios efectuados con medios legales. Así lo prueba la historia de Alemania. Y si Hitler llevó a cabo una «revolución legal» en los años treinta, cincuenta años más tarde nada impedía que el comunismo, incluso remozado como reformismo eurocomunista, hiciese otro tanto. Por eso el final del siglo XX seguía siendo, para Schmitt, una época situada bajo el signo de la revolución mundial, aunque ahora se tratase de una revolución *legal* mundial.

Pero lo más interesante de este testamento intelectual de Schmitt –que revela, bajo su apariencia algo dispersa, un argumento preciso, y que de algún modo clausura la totalidad de la obra schmittiana– no es su advertencia de la amenaza que, a su juicio, seguía representando en los años setenta el comunismo, sino su sombrío pronóstico de una humanidad unificada bajo cualquiera de las dos «superpotencias atómicas»[82] de la Guerra Fría. Definitivamente absorbida por una de ellas, la Europa occidental de finales de los años setenta había perdido la capaci-

81. *Ibid.*, p. 8.
82. *Ibid.*, p. 14.

dad y la oportunidad de constituirse como un *katechon* o como un «gran espacio» con identidad propia[83]. Otros «grandes espacios» parecían tomar el relevo de una Europa geopolíticamente irrelevante, y de hecho ya desde los años sesenta Schmitt consideraba que la fase «dualista» o bipolar de la Guerra Fría había quedado superada, y que se abría paso una nueva fase «pluralista» en la cual las dos superpotencias tendrían que competir con otros actores, como China y los Estados árabes[84], en función de un nuevo *nomos* de la Tierra que comenzaba a dividir el mundo «en regiones industrialmente desarrolladas o menos desarrolladas»[85]. No obstante, Schmitt nunca descartó la posibilidad de que el curso de la historia condujese hacia un mundo globalizado y una humanidad unificada[86], y esa perspectiva le parecía completamente distópica, porque –contra la opinión de pacifistas, liberales y cosmopolitas– una humanidad unificada no sería, según Schmitt, una humanidad pacificada, sino todo lo contrario: antes o después quedaría desgarrada por los más violentos antagonismos.

Este último pronóstico, con el que en cierto modo Schmitt concluye su obra, es simplemente la consecuen-

83. Empleamos aquí el término *katechon*, si bien esta expresión prácticamente desaparece de los escritos de Schmitt desde finales de los años cincuenta, como señala F. Grossheutschi, *Carl Schmitt und die Lehre vom Katechon*, p. 59.
84. C. Schmitt, «La revolución legal mundial», p. 14.
85. C. Schmitt, «El orden del mundo después de la Segunda Guerra Mundial», p. 33.
86. C. Schmitt, «El orden del mundo después de la Segunda Guerra Mundial», p. 35: «¿En qué sentido se solucionará la contradicción entre el dualismo de la guerra fría y el pluralismo de los grandes espacios [...]?».

cia de la vieja e implacable lógica iliberal de *El concepto de lo político*, de la que Schmitt no se distanció ni un milímetro a lo largo de cincuenta años. Si toda comunidad política necesita definirse mediante la identificación de un enemigo, cuando una comunidad abarque a la humanidad entera, el enemigo ya solo podrá buscarse hacia dentro, y eso significa que tendrá que construirse declarando inhumano o infrahumano al adversario: «Si se discrimina dentro de la humanidad, si se le quita la cualidad de hombre al negativo, al nocivo, al perturbador, entonces el hombre juzgado de esta manera negativa se convierte en no-hombre, no-persona, y su vida ya no es el valor supremo»[87]. Por eso una humanidad unificada desataría formas de enemistad mucho más agudas y violentas que cualquier otro antagonismo conocido. Más violentas –precisaba Schmitt en 1978– que la enemistad entre «helenos y bárbaros» o entre «cristianos y paganos»[88]. Uno habría querido preguntarle a Schmitt si esa enemistad sería también más violenta que la de, pongamos por caso, arios y no arios; y si de verdad pensaba que el universalismo de los derechos humanos no es nada más que una variante retorcida e hipócrita del particularismo de la política excluyente que enfrenta a amigos y enemigos. Pero ni en este ni en ningún otro escrito responde Schmitt a estas preguntas. Hasta la última página de su extensa y compleja obra, y en una extraña amalgama de lucidez y ceguera, Schmitt atribuye el mismo potencial de

---

87. C. Schmitt, «La revolución legal mundial», p. 23.
88. *Ibid.*, p. 24.

violencia a todas las grandes ideologías del siglo xx –el liberalismo, el comunismo y el fascismo–, porque esa violencia parece estar inscrita categorialmente en el concepto de lo político, en la política misma. Por eso el último escrito publicado por este pensador concluye con una fábula visionaria y enigmática:

> Un soberano está moribundo en su lecho de muerte. Su padre espiritual le pregunta: «¿Perdona usted a sus enemigos?». Y el soberano contesta, con la mejor conciencia del mundo: «No tengo enemigos; los he matado a todos»[89].

Schmitt murió en Plettenberg en 1985, cuando la Guerra Fría aún no había concluido. No llegó a conocer la globalización neoliberal que comenzaría pocos años después de su muerte, y que hoy parece concluir su ciclo para dar paso a un nuevo orden multipolar de grandes espacios. Hasta el final de su vida, Schmitt interpretó el mundo desde una óptica marcada por los acontecimientos de 1848 y 1917, y por la amenaza del comunismo: una perspectiva formada *sous l'œil des Russes*, como él mismo aclaró en 1929[90]. Quizás no entendió bien los cambios políticos decisivos que trajo consigo la derrota del fascismo en 1945 y la consolidación posterior de la democracia liberal y del Estado del bienestar en Europa. Quizás nunca entendió que el liberalismo político, con todos sus defec-

---

89. *Ibid.*
90. C. Schmitt, «La época de las neutralizaciones y despolitizaciones», en: *El concepto de lo político*, p. 107.

tos, era mucho mejor que su propia solución autoritaria a las tensiones políticas de su época. Pero en una cosa podemos darle la razón a Schmitt: contra lo que proclamaban los partidarios de la globalización a finales del siglo XX, el proyecto de unificar la humanidad bajo el signo del neoliberalismo económico no ha sido pacífico. Schmitt añadiría que no podía ni podrá serlo nunca, porque una humanidad unificada bajo un único principio político solo podría parecerse a aquel soberano de la fábula. Si alguna vez sucede que los hombres han dejado de tener adversarios políticos, será porque los habrán matado a todos.

Schmitt después de Schmitt

8. Una breve panorámica

El ensayista Alain de Benoist, figura prominente de la *nouvelle droite* francesa, publicó en 2010 una muy completa recopilación bibliográfica de las obras de Schmitt y de su posterior recepción internacional[1]. El volumen abarca quinientas veintiocho páginas, y ocupa más de trescientas el capítulo dedicado a referir, por orden cronológico, los estudios sobre Schmitt. Cualquier intento de profundizar en esas referencias y orientarse en la recepción de la obra de este autor hasta nuestros días se enfrenta, pues, a un material que ya resulta inabarcable. Algunos especialistas han optado por identificar autores y corrientes intelectuales concretas que se han hecho eco del pensamiento schmittiano desde una perspectiva más favora-

---

1. A. de Benoist, *Carl Schmitt: internationale Bibliographie der Primär- und Sekundärliteratur, op. cit.* Una relación muy completa (aunque no exhaustiva) de los escritos de Carl Schmitt puede hallarse también en J. Meierhenrich y O. Simons (eds.), *The Oxford Handbook of Carl Schmitt*, pp. XXXI-XLIII.

ble o más crítica. Tal es el caso de Ellen Kennedy, quien, en un estudio pionero y muy citado, se ocupó de rastrear la presencia de las ideas de Schmitt en los autores de la Escuela de Frankfurt[2]; o el de Jan-Werner Müller, autor de una excelente monografía sobre la recepción europea de la obra de Schmitt[3]. Existen también varios estudios sobre su recepción en diversas tradiciones académicas nacionales, como una monografía de Manuel Saralegui sobre España[4], un artículo de Alain de Benoist sobre Francia[5] o un volumen colectivo editado por Rüdiger Voigt que se ocupa de Alemania, el sur de Europa, Latinoamérica, Estados Unidos y Asia[6].

Todos esos estudios confirman que la influencia de Carl Schmitt ha sido amplia, constante e ideológicamente transversal. Ya hemos mencionado a varios autores de izquierdas –Walter Benjamin, Franz Neumann, Otto Kirchheimer– que leyeron a Schmitt antes de 1945[7]. Esta recepción políticamente progresista continuó después de la guerra, y no solo en Alemania. Desde los años sesenta, las ideas

2. E. Kennedy, «Carl Schmitt and the Frankfurt School», *op. cit.*; E. Kennedy, «Carl Schmitt and the Frankfurt School: A Rejoinder», *Telos: Critical Theory of the Contemporary*, 73 (1987), pp. 101-116.
3. J.-W. Müller, *A Dangerous Mind. Carl Schmitt in Post-War European Thought*, *op. cit.*
4. M. Saralegui, *Carl Schmitt pensador español*, *op. cit.* Para la recepción en español de la obra schmittiana, cf. también J. Díaz Nueva y J. Molina Calvo, *Los enemigos de España son mis enemigos: bibliografía panhispánica de Carl Schmitt (1926-2022)*, Granada: Comares, 2022.
5. A. de Benoist, «Carl Schmitt y su recepción en Francia», *Revista argentina de ciencia política*, 23, 1 (2019), pp. 3-30.
6. R. Voigt (ed.), *Der Staat des Dezisionismus. Carl Schmitt in der internationalen Debatte*, Baden-Baden: Nomos, 2007.
7. E. Kennedy, «Carl Schmitt and the Frankfurt School», *op. cit.*

schmittianas sobre el liberalismo y sus tensiones con la democracia están presentes en la obra de Jürgen Habermas, un autor más influido por Schmitt de lo que cabría suponer[8]. Y desde los años ochenta o noventa, Schmitt influye sobre cierta izquierda posmoderna o posliberal que incluye a autores como Chantal Mouffe, Giorgio Agamben, Jacques Derrida, Slavoj Žižek, Antonio Negri y Michael Hardt, Roberto Esposito o, más recientemente, Achille Mbembe y Maurizio Lazzarato[9]. Desde una orientación ideológica liberal o conservadora, tras la guerra se

8. Pese a las evidentes diferencias políticas entre ambos autores, cabe reconocer la influencia de Schmitt en varias etapas de la producción teórica de Habermas. Aparte de la influencia de Schmitt (y de Koselleck) en la tesis de habilitación de Habermas, que estudiaremos en el próximo capítulo, la tensión entre liberalismo y democracia, analizada por Schmitt en los años veinte, constituye el problema principal que se propone resolver Habermas en la compleja argumentación filosófico-jurídica de *Facticidad y validez* (1992). Y sus reflexiones sobre las relaciones internacionales, expuestas en un libro ya perteneciente al siglo XXI como es *El Occidente escindido* (2004), se presentan como una rehabilitación del proyecto kantiano de la paz perpetua y como una réplica a los argumentos de Schmitt contra la juridificación de las relaciones internacionales. Sobre la influencia de Schmitt en Habermas, cf. J. C. Velasco, «Der lange Schatten von Carl Schmitt. Der "Kronjurist des Dritten Reiches", gelesen von Jürgen Habermas», *Leviathan*, 47, 1 (2019), pp. 86-101; E. Kennedy, «Carl Schmitt and the Frankfurt School», *op. cit.*; J.-W. Müller, *A Dangerous Mind, op. cit.*

9. Ch. Mouffe (ed.), *The Challenge of Carl Schmitt, op. cit.*; Ch. Mouffe, *El retorno de lo político, op. cit.*; Ch. Mouffe, *La paradoja democrática, op. cit.*; G. Agamben, *Homo sacer. El poder soberano y la nuda vida*, Valencia: Pre-Textos, 1998; G. Agamben, *Estado de excepción*, Valencia: Pre-Textos, 2004; J. Derrida, *Políticas de la amistad*, Madrid: Trotta, 2013; S. Žižek, «Carl Schmitt in the Age of Post-Politics», *op. cit.*; M. Hardt y A. Negri, *Imperio*, Barcelona: Paidós, 2002; A. Negri, *El poder constituyente*, Madrid: Traficantes de sueños, 2015; R. Esposito, *Categorías de lo impolítico*, Buenos Aires: Katz, 2006; A. Mbembe, *Políticas de la enemistad*, Barcelona: NED, 2018; M. Lazzarato, *¿Hacia una nueva guerra civil mundial?*, Madrid: Traficantes de sueños, 2024. Sobre esta línea de recepción de Schmitt, cf. también J.-C. Monod, «La radicalité constituante (Negri, Balibar, Agamben) ou peut-on lire Schmitt de droite à gauche?», *Mouvements*, 37 (2004), pp. 80-88.

forma en torno a Schmitt un círculo de discípulos más o menos próximos que incluye nombres importantes del panorama académico e intelectual de la República Federal de Alemania, como Reinhart Koselleck, Ernst Forsthoff, Ernst-Wolfgang Böckenförde o Hermann Lübbe[10]. Otros liberales como Hannah Arendt, Alexander Kojève o Raymond Aron leyeron seriamente a Schmitt, y los dos últimos mantuvieron incluso correspondencia con él[11]. La ultraderecha europea también se hará eco del pensamiento schmittiano: tras el precedente del intelectual fascista Julius Evola, quien mantuvo correspondencia con Schmitt después de la Segunda Guerra Mundial, el ya mencionado Alain de Benoist se ha ocupado de Schmitt en varias publicaciones desde los años ochenta, y más recientemente se observa la influencia de la teoría schmittiana de los grandes espacios en las ideas geopolíticas del ecléctico Alexander Dugin, el más destacado ideólogo del actual neoimperialismo ruso[12]. Por último, Schmitt también ha

10. Cf. J.-W. Müller, *A Dangerous Mind*, pp. 63-86, pp. 116-132; R. Koselleck, *Crítica y crisis, op. cit.*; E.-W. Böckenförde, *El surgimiento del Estado como proceso de secularización, op. cit.*; F. Sosa Wagner, *Carl Schmitt y Ernst Forsthoff: coincidencias y confidencias*, Madrid: Marcial Pons, 2008; H. Lübbe, «Carl Schmitt liberal rezipiert», *op. cit.*

11. H. Arendt, *Los orígenes del totalitarismo*, especialmente p. 422, n. 65; sobre la relación de Kojève con Schmitt, cf. J.-W. Müller, *A Dangerous Mind*, pp. 90-103, y el número monográfico de la revista *Philosophie* editado por J.-F. Kervégan, *Alexandre Kojève face à Carl Schmitt, Philosophie*, 135 (2017). Sobre Raymond Aron y Schmitt, cf. P. Tommissen, «Raymond Aron face à Carl Schmitt», en: P. Tommissen (ed.), *Schmittiana*, 7 (2001), pp. 111-129. Aron discute las ideas de Schmitt en R. Aron, *Pensar la guerra. Clausewitz*, Madrid: Ministerio de Defensa, 1993, 2 vols., y ofrece una favorable semblanza personal de Schmitt en sus *Mémoires*, París: Robert Laffont, 2010.

12. J. Evola, *Lettere di Julius Evola a Carl Schmitt : 1951-1963*, Roma: Fondazione Julius Evola, 2000; en cuanto a De Benoist, además del ya mencionado re-

ejercido cierta influencia sobre los conservadores y neo-conservadores del otro lado del Atlántico: sus ideas se introdujeron en el mundo académico estadounidense de la mano de autores emigrados como Leo Strauss y Hans Morgenthau, y parecen haber inspirado algunos episodios de la política exterior estadounidense, como la «guerra contra el terror» declarada durante la presidencia de George W. Bush[13].

Como ya señalamos en la introducción de este libro, en las páginas que a continuación dedicamos a la recepción del pensamiento de Schmitt hemos renunciado a desarrollar la panorámica que acabamos de esbozar, puesto que esa tarea desbordaría completamente la extensión prevista para este volumen. Por eso hemos preferido presentar algunos autores y líneas temáticas que recogen y, en mayor o menor medida, preservan y actualizan algunas de las ideas políticas de Schmitt. El capítulo noveno presenta las lecturas de Carl Schmitt desarrolladas durante la Guerra Fría por el historiador Reinhart Koselleck y

pertorio bibliográfico, cf. A. de Benoist, *Carl Schmitt actual, op. cit.*; A. de Benoist, *Carl Schmitts «Land und Meer»*, Schnellroda: Antaios, 2019; A. Dugin, *La Cuarta Teoría Política*, Tarragona: Fides, 2015; A. Dugin, «La Cuarta Teoría Política como estrategia de lucha contra el capitalismo mundial», *Política internacional*, III, 4 (2021), pp. 117-130. Sobre la influencia de Schmitt en el pensamiento de Dugin, cf. R. Máiz, «Eurasianismo y nacionalismo ruso imperialista en Aleksandr Dugin», *Política y gobernanza*, n.º 7 (2023), pp. 5-32.
13. Para una interpretación de la política exterior de la administración Bush desde categorías schmittianas, cf. W. E. Scheuerman, «Carl Schmitt and the Road to Abu Ghraib», *Constellations*, 13, 1 (2006), pp. 108-117. Alain de Benoist sostiene un punto de vista completamente diferente, e insiste en disociar las ideas de Schmitt de la política exterior «neocon» desarrollada por Estados Unidos tras el 11-S. Cf. A. de Benoist, *Carl Schmitt actual, op. cit.*

el filósofo Jürgen Habermas. Ambas son sorprendentemente afines, y al mismo tiempo resultan completamente opuestas en su orientación política: si el conservador Koselleck ofrecía una historia de la esfera pública ilustrada del siglo XVIII que, implícitamente, rehabilitaba el antiliberalismo schmittiano de entreguerras en el contexto de la República Federal de Alemania, el socialdemócrata Habermas le respondía reivindicando contra Koselleck –y contra Schmitt– la función política de la esfera pública ilustrada y su plasmación en las estructuras institucionales del Estado democrático de derecho. En el capítulo décimo nos ocupamos de la filósofa belga Chantal Mouffe y del italiano Giorgio Agamben, dos autores muy representativos de lo que cabe considerar como la izquierda schmittiana contemporánea. En la última década del siglo XX y la primera del XXI, Chantal Mouffe defendió en varias publicaciones la conveniencia de recurrir a las categorías políticas schmittianas a fin de formular una concepción de la democracia que resultase más dinámica y radical que la que hallamos en las teorías liberales o deliberativas propuestas en aquellos mismos años por autores como John Rawls o Jürgen Habermas. Y en la misma época, Giorgio Agamben se embarcó en un ambicioso proyecto teórico en el cual ocupa un lugar destacado la concepción schmittiana del estado de excepción. Intentaremos dar cuenta de estas dos aproximaciones, que acreditan la fecundidad de las ideas de Schmitt para entender nuestra propia época y al mismo tiempo muestran las ambigüedades normativas en las que incurren quienes recurren a Schmitt desde posiciones políticas muy alejadas de las suyas. Por último, en el capítulo undécimo presentamos las ideas de dos autores alemanes contemporáneos que actualizan las ideas schmittianas acerca de la guerra. El politólogo Herfried Münkler desarrolla en la actualidad una interesante teoría de las «nuevas guerras» híbridas que confirma la inquietante tendencia, ya observada por Schmitt, a la supresión de las limitaciones de la violencia en los conflictos bélicos[14]. Y el ensayista Hans Magnus Enzensberger publicó a finales del siglo XX y principios del XXI algunas reflexiones sobre el terrorismo y la violencia política contemporánea que pueden leerse en continuidad con la *Teoría del partisano*[15]. Ninguno de estos dos autores es propiamente un schmittiano, pero los trabajos de ambos ponen de manifiesto la sorprendente vigencia de las ideas de Schmitt para comprender un orden mundial que este autor vislumbró pero que no llegó a conocer: el nuestro.

---

14. Entre otras obras, cf. H. Münkler, *Gewalt und Ordnung*, Frankfurt: Fischer, 1992; H. Münkler, *Über den Krieg*, Weilerswist: Velbrück, 2002; H. Münkler, *Die Neuen Kriege*, Hamburgo: Rowohlt, 2004; H. Münkler, *Kriegssplitter*, Hamburgo: Rowohlt, 2017.

15. H. M. Enzensberger, *Ensayos sobre las discordias*, Barcelona: Anagrama, 2016; H. M. Enzensberger, *El perdedor radical*, Barcelona: Anagrama, 2007.

9. Dos lecturas de Carl Schmitt durante la Guerra Fría

Reinhart Koselleck: un diagnóstico schmittiano de la Guerra Fría

Uno de los más brillantes discípulos de Carl Schmitt durante los primeros años de la República Federal de Alemania fue el historiador Reinhart Koselleck, cuya tesis doctoral –supervisada oficiosamente por un Schmitt desterrado del mundo académico después de la guerra y publicada en 1959 con el título de *Crítica y crisis*– puede leerse como una continuación del estudio sobre Hobbes que Schmitt publicó en 1938[1]. Koselleck desarrolla y do-

---

1. Cf. A. Galindo Hervás, «El antiliberalismo como clave de la obra de Koselleck», *Araucaria. Revista Iberoamericana de Filosofía, Política y Humanidades*, 11, 21 (2009), pp. 44-62. Galindo Hervás sostiene que el antiliberalismo de raíz schmittiana es la clave que permite comprender la totalidad de la obra de Koselleck. Por nuestra parte, nos ceñiremos aquí a un estudio de *Crítica y crisis*, el primero y más conocido libro de Koselleck.

cumenta históricamente una tesis que el propio Schmitt se había limitado a apuntar: la tesis de que el Estado absolutista terminó desmoronándose en el siglo XVIII como consecuencia de la aparición de una sociedad civil que ese mismo Estado había hecho posible, y que sin embargo se arrogó el derecho de cuestionar radicalmente su autoridad en nombre de las ideas de la Ilustración y de una moral supuestamente apolítica, pero cuyos efectos eran revolucionarios. Y siguiendo también a Schmitt, pero hablando un lenguaje mucho más claro que el que este pudo permitirse en un libro publicado todavía durante el Tercer Reich, Koselleck atribuye la posterior aparición del totalitarismo a esas mismas fuerzas ideológicas y sociales que socavaron el modelo político ideado por Hobbes y plasmado en el absolutismo. El diagnóstico de la época que se desprende del libro de Koselleck actualiza, pues, las ideas de Schmitt: la Segunda Guerra Mundial no resolvió ninguna de las tensiones fundamentales del periodo de entreguerras, sino que, por el contrario, en los años cincuenta el mundo se encontraba en una «crisis universal determinada por la tensión bipolar de las dos potencias mundiales»; una crisis que hundía sus raíces en la crítica de la autoridad estatal, en las utopías sociales y en la filosofía de la historia de una Ilustración «todavía omnipresente»[2].

Como para Schmitt, también para Koselleck el absolutismo sentó las bases de su propio declive con el mis-

2. R. Koselleck, *Crítica y crisis*, p. 23, p. 161.

mo gesto con el que obtuvo su mayor logro: la pacificación de las guerras de religión de los siglos xvi y xvii.
Dicha pacificación se logró cuando el Estado adoptó el
principio *cuius regio, eius religio*, es decir, cuando el soberano estableció (o restableció) el orden social desga-
rrado por los conflictos religiosos imponiendo autoritariamente una religión estatal. De este modo la religión
quedó –por decirlo en la terminología de Schmitt– «neu-
tralizada», es decir: despolitizada, sustraída al conflicto
entre facciones. El autoritarismo y la intolerancia religiosa
tienen hoy mala prensa y pocos partidarios, y desde una
perspectiva liberal quizás objetaríamos a Koselleck (o a
Schmitt) que las sociedades modernas solo lograron resolver realmente sus conflictos religiosos cuando el Estado garantizó la libertad de culto y los ciudadanos culti-
varon una tolerancia que, antes o después, favoreció la
secularización de la vida política y de la sociedad en general. Desde este punto de vista –que no es el de Koselleck ni el de Schmitt–, podría concederse a la religión de
Estado y al lema *cuius regio, eius religio* el mérito de haber frenado la sangría de las guerras de religión en la Europa posterior a la Edad Media, pero solo habría que considerar ese logro como una fase intermedia entre aquellas
guerras y el liberalismo político, y no como el punto de
llegada o la solución definitiva a los problemas derivados
del pluralismo religioso. Pero ni Schmitt ni Koselleck con-
templan el modelo teórico del *Leviatán* hobbesiano como
un precedente del Estado liberal, sino como una alternativa a este, y de hecho como la única alternativa capaz de

frenar la tendencia entrópica o patógena que parece inherente a las sociedades modernas. Y es que para ambos autores el gran logro del absolutismo no fue únicamente la neutralización autoritaria del conflicto religioso, sino, más en general, el blindaje de la política contra la injerencia de la sociedad. La política del Estado absolutista «podía desplegarse con plena libertad frente a la moral»[3], podía imponerse sobre las creencias religiosas y el juicio moral de los súbditos, y gracias a eso funcionar sin fricciones. Hobbes consideraba sediciosa la pretensión de que los súbditos tuvieran su propia religión o sus propias convicciones morales y, basándose en ellas, opinasen libremente sobre los asuntos de interés público[4]. De modo similar, las monarquías absolutistas reprimían la libertad de juicio en materia de religión y de moral, en nombre de una doctrina de la razón de Estado que sería muy denostada por la Ilustración, pero solo porque las sociedades pacificadas por el absolutismo habían olvidado las guerras de religión y ya no comprendían el sentido que una vez tuvo «la separación entre el hombre y el súbdito»[5], es decir: el confinamiento del juicio particular en la esfera privada y la diferenciación funcional de un sistema político regido por la razón de Estado.

Sin embargo, la persecución y la represión no consiguieron eliminar ni las creencias religiosas ni el juicio moral de los particulares, puesto que –como ya señaló Schmitt

3. *Ibid.*, p. 32.
4. Th. Hobbes, *Leviatán*, ii, cap. 29.
5. R. Koselleck, *Crítica y crisis*, p. 49.

en su estudio de 1938– en materia de religión o de moral el poder público solo alcanzaba a imponer conductas, pero no creencias. Y ese hueco abierto entre el culto público y la conciencia privada será el lugar en el que la Ilustración prenda la mecha que finalmente hará saltar por los aires el Antiguo Régimen. Pues si bien en la filosofía de Hobbes la esfera de la política, regida por la razón de Estado, y la de la moral privada de los particulares todavía podían coexistir armoniosamente, a condición de que el individuo comprendiese que su interés racional bien entendido consistía en acatar sin reservas la autoridad estatal, en el mundo real, más allá de las páginas de *Leviatán*, esa armonía empezó a resquebrajarse tan pronto como el juicio del súbdito particular se atrevió a expresarse, se sumó al juicio de otros y finalmente se convirtió en un factor de desestabilización política.

Ese proceso se desarrolló a lo largo del siglo XVIII, pero había encontrado su justificación teórica ya antes, en la obra de John Locke, cuya filosofía política puede leerse de punta a cabo como una réplica liberal al autoritarismo hobbesiano. En el *Ensayo sobre el entendimiento humano*, Locke distingue tres tipos de normas que regulan la vida social: la «ley divina», la «ley civil» y la «ley filosófica» o «ley de la opinión»[6]. La primera establece «los pecados y deberes» religiosos, y la segunda determina qué acciones son legales y cuáles son delitos. Pero ni una ni otra pueden usurpar las competencias de la «ley de la opi-

---

6. J. Locke, *Ensayo sobre el entendimiento humano*, II, 28, § 7, México: FCE, 1994, p. 336.

nión» que determina «la virtud y el vicio», es decir: la
corrección o incorrección de las acciones, independientemente de si se ajustan o no a los preceptos religiosos o
a las leyes del Estado. Para Locke, esta ley de la opinión
no queda suprimida aunque los individuos acaten la autoridad estatal en los términos que establece el contrac-
tualismo hobbesiano:

> Si es cierto que los hombres reunidos en sociedades políti-
> cas han renunciado en favor de la comunidad al empleo
> de todas sus fuerzas, de manera que no pueden disponer de
> ellas en contra de ningún ciudadano más allá de lo permiti-
> do por la ley del país, sin embargo retienen todavía el poder
> de pensar bien o mal, de aprobar o desaprobar los actos de
> aquellos entre quienes viven o con quienes tienen tratos, y
> es por esa aprobación o desaprobación como se establece
> entre ellos lo que llaman virtud o vicio[7].

De este modo, Locke yuxtapone a la legislación estatal
una jurisdicción moral que queda en manos de eso que
más tarde la teoría política empezará a denominar «sociedad civil», cuya medida de lo correcto y lo incorrecto no
necesariamente coincide con la ley pública o con la razón
de Estado. Y sobre la base de esta nueva jurisdicción que
Locke retira al Estado y confía a la sociedad, la Ilustración
del siglo XVIII operará la conversión del juicio moral privado en una fuerza política. Koselleck lo resume así:

7. *Ibid.*, § 10, p. 338.

La Ilustración emprende su marcha triunfal al mismo ritmo con que va ensanchando el espacio privado interior hacia la esfera pública. Sin renunciar a su carácter privado, la esfera pública se convierte en tribuna de la sociedad que permea el Estado entero. La sociedad, finalmente, llamará a las puertas de quienes ostentan el poder político para exigir aquí también publicidad y solicitar libre acceso[8].

Normalmente reconocemos en esta evolución un logro, un avance en el proceso que condujo a las sociedades europeas del Antiguo Régimen hacia el Estado democrático de derecho. Pero Koselleck, como Schmitt antes que él, no lee la historia del pensamiento político del siglo XVIII desde la perspectiva de la sociedad democrática entonces emergente, sino desde la del Estado absolutista en declive. O por decirlo de otro modo: contempla el siglo XVIII desde la óptica de Hobbes, no desde la de Rousseau, y esto explica el modo insólito en que describe la politización de la sociedad civil dieciochesca. Su exposición destaca la importancia de dos actores políticos: las logias masónicas y la «república de las letras», es decir, los intelectuales que se reunían en salones, teatros, cafés o clubs. Y es significativo el hecho de que Koselleck interprete que ambos actores operaban de acuerdo con una misma lógica: la de la conspiración.

En efecto, las logias masónicas, que fueron muy importantes en Alemania durante el siglo XVIII, basaban su fun-

---

8. R. Koselleck, *Crítica y crisis*, p. 58 (traducción modificada).

cionamiento en el secreto. Este era el aglutinante que mantenía cohesionados a sus miembros, y era en sí mismo mucho más importante que el contenido concreto de las enseñanzas que se impartían o de los rituales que se ejecutaban en secreto. El secretismo se extendía también a la práctica propiamente política de la masonería, que aspiraba a fundar una sociedad diferente y moralmente más virtuosa que la sociedad del absolutismo, pero no mediante el enfrentamiento con el Estado, sino mediante una conquista y ocupación discretas, inadvertidas, de sus instituciones más relevantes[9]. En cambio, la «república de las letras» no se ocultaba tanto. En los salones y cafés los intelectuales discutían asuntos de índole no solo científica, moral o estética, sino eventualmente –aunque asumiendo más riesgos– también política. A pesar de que algunos destacados representantes de la Ilustración, como Bayle o Voltaire, insistían en que la crítica ilustrada debía abstenerse de atacar la autoridad estatal[10], lo cierto es que la Ilustración contenía la semilla de un «contencioso entre el *règne de la critique* y la soberanía del Estado»[11]. Ese contencioso conduciría pronto a una completa subversión del orden social del absolutismo, pues cuando los ilustrados pasaron a la acción, no asumieron la estrategia de infiltración que había escogido la masonería, sino que llevaron a cabo una revolución. Desde la óptica de Koselleck, este desarrollo era más que previsible desde el momento

9. *Ibid.*, p. 89.
10. *Ibid.*, pp. 104-105.
11. *Ibid.*, p. 105.

en que la sociedad civil se arrogó el derecho de administrar por su cuenta esa «ley de la opinión» lockeana que ya no acataba la exigencia de subordinar el juicio particular a la razón de Estado. La historia europea de los siglos XIX y XX mostraría todas las consecuencias de aquel desacato: cuando la crítica ilustrada le disputó al Estado el monopolio de la decisión sobre lo correcto y lo incorrecto, el orden social comenzó a desmoronarse y Occidente se precipitó en una «crisis universal», o en una guerra civil «bajo cuyo signo y ley vivimos todavía hoy»[12].

Pero la conexión entre crítica ilustrada y crisis política no solo explica las revoluciones liberales de los siglos XVIII y XIX. Cuando la sociedad civil destrona al soberano absolutista, el lugar de la soberanía pasa a ocuparlo «el pueblo», la masa anónima de la nueva ciudadanía democrática. Y como este soberano plural y heterogéneo no es capaz de formar por sí solo una voluntad política unánime, pronto se impone la figura del líder que interpreta y dota de consistencia y de capacidad operativa a una voluntad popular siempre más invocada que real. Por eso *El contrato social* de Rousseau solo podía conducir a la dictadura de Robespierre, y antes o después también a las de Hitler o Stalin. Para Koselleck –como para Schmitt antes que él– las nuevas dictaduras que interpretan y concretan la voluntad popular acaban configurándose como regímenes totalitarios, los cuales, al subordinar la legalidad del Estado a las fluctuantes exigencias de la voluntad

12. *Ibid.*, pp. 23, 161.

popular o de los líderes que la representan, no son los herederos del absolutismo, sino más bien los destructores definitivos de su doctrina de la razón de Estado:

> La dictadura, *tan diferente del absolutismo*, ha de ser entendida como el ámbito privado interior que Hobbes había separado cuidadosamente del Estado. El Estado absolutista se derrumba a causa del último resto, todavía no dominado por él, que penetra en su carne misma desde la guerra civil religiosa [...]. El pueblo, incapaz incluso en su mayoría de reconocer su verdadera voluntad, necesita del *guide*, del *chef*. El caudillo no impera en virtud de su propia decisión, sino que lo hace porque se halla mejor y más profundamente ilustrado sobre la voluntad general hipostasiada que la suma de todos los individuos que integran el pueblo. La tarea del caudillo es crear la identidad ficticia entre moral y política[13].

De este modo, Koselleck rastrea por una vía diferente la paradójica autodestrucción de la Ilustración que Adorno y Horkheimer habían certificado algunos años antes[14]. La guerra civil, la lucha de clases y las dictaduras totalitarias de signo fascista o comunista son, para Koselleck, consecuencias de la politización de una sociedad civil ilustrada que, olvidando la justificación que alguna vez tuvo el autoritarismo político, se atrevió a disputarle al Estado el monopolio de la decisión sobre lo correcto y lo inco-

13. *Ibid.*, p. 144. Las cursivas son mías.
14. M. Horkheimer y Th. W. Adorno, *Dialéctica de la Ilustración*, Madrid: Trotta, 1998.

rrecto. El totalitarismo no es, pues, la antítesis de la democracia liberal, sino más bien su consumación. Y aunque la argumentación de Koselleck es muy interesante, sorprende que esta interpretación profundamente antiliberal de la historia política europea fuese formulada después de la Segunda Guerra Mundial, cuando ya Europa había experimentado hasta dónde podía llegar un régimen totalitario que no solo despreciaba la estatalidad del Estado burocrático moderno, sino también, y por encima de todo, los principios de la democracia liberal. No en vano el conservadurismo antiliberal de Koselleck –y de Schmitt– encontró pronto una réplica en un autor cuya orientación política era muy diferente. Pocos años después de la publicación de *Crítica y crisis*, Jürgen Habermas defendía en la universidad de Marburgo una tesis de habilitación como profesor universitario que abordaba los mismos fenómenos históricos que habían interesado a Koselleck, pero los valoraba de un modo completamente opuesto.

Una réplica progresista: Jürgen Habermas

La tesis de habilitación de Habermas, publicada en 1962 con el título de *Cambio estructural de la esfera pública*[15], se sitúa en la estela de *Dialéctica de la Ilustración* de

---

15. J. Habermas, *Strukturwandel der Öffentlichkeit, op. cit.* La traducción española de este libro se titula *Historia y crítica de la opinión pública*, Barcelona: Gustavo Gili, 2011.

Horkheimer y Adorno, pero también puede leerse como una réplica liberal al diagnóstico de la época propuesto por el conservador Koselleck, y por tanto indirectamente como una discusión con Carl Schmitt. Habermas identifica en el capitalismo social de la segunda posguerra europea una tendencia al «desmoronamiento de la esfera pública»[16] que, paradójicamente, no se debe a una restricción de dicha esfera, sino más bien a su inmensa expansión, propiciada por la ampliación del Estado de bienestar y por los medios de comunicación de masas: «mientras que [la esfera pública] se amplía de un modo cada vez más grandioso, su función se hace cada vez más débil»[17]. La tesis principal del libro de Habermas afirma, pues, que las modernas democracias de masas presentan una esfera pública muy desarrollada, incluso hipertrofiada, pero que ya no es capaz de desempeñar la función política que asumió en la época de la Ilustración, y que consistía en someter el poder a eso que Locke llamaba la «ley de la opinión», y que en un lenguaje más moderno denominamos «opinión pública».

El contraste con Carl Schmitt aparece ya en la caracterización del objeto de estudio. La esfera pública moderna se distingue de otro tipo de esfera pública que Habermas, inspirándose en Carl Schmitt, denomina «representativa»[18], y que es típica de la Edad Media feudal y, posteriormente, del Estado absolutista. Ni el feudalismo ni el

16. J. Habermas, *Strukturwandel der Öffentlichkeit*, pp. 267 y sigs.
17. *Ibid.*, p. 57.
18. *Ibid.*, pp. 58 y sigs.

absolutismo distinguían propiamente entre el ámbito privado de las clases dominantes y el espacio público en el que se debatían los asuntos de interés general. Por eso la esfera pública feudal y absolutista estaba ocupada por particulares que exhibían su propio estatus, como en el caso de la nobleza o de la realeza, o que encarnaban los símbolos de un poder trascendente, como en el caso –estudiado detalladamente por Carl Schmitt– de los representantes de la Iglesia católica[19]. Como ya vimos, en la esfera pública representativa adquirían protagonismo los rituales y los signos exteriores de autoridad, y en ella predominaba un lenguaje retórico que se dirigía a un público pasivo (el «pueblo»), siempre presente, pero siempre privado de toda posibilidad de intervención. Este tipo de esfera pública atravesó la Edad Media, se mantuvo e incluso se reforzó en las cortes absolutistas y en la Edad Contemporánea sobrevive en algunas instituciones como la Iglesia católica. Pero Habermas no comparte con Carl Schmitt la convicción de que el principio de representación eclesiástico, medieval o feudal sea la única fuente (si bien cada vez más oculta o menos reconocida) de legitimación política. Para Habermas, la esfera pública burguesa que surge en la Edad Moderna supone un progreso en comparación con aquel otro tipo de esfera pública, puesto que anticipa los principios de legitimación política del Estado democrático de derecho que iniciaría su andadura histórica tras las revoluciones burguesas del siglo XVIII.

19. C. Schmitt, *Catolicismo y forma política*, op. cit.

La esfera pública burguesa surge junto con el mercado y la prensa, dos fenómenos estrechamente emparentados, puesto que el tráfico de mercancías y de noticias comerciales –a través de boletines escritos que más tarde se convertirán en periódicos– establece una red de interacciones económicas y de flujos de información situada al margen del Estado absolutista. Esta nueva esfera pública rebasó pronto sus funciones meramente económicas, aunque durante algún tiempo se mantuvo relativamente al margen de la política y se limitó a ser un espacio de discusión que reunía a intelectuales, burgueses y nobles en cafés y salones. No obstante, esta esfera pública «literaria» –que se corresponde con la «república de las letras» a la que se refiere Koselleck– presentaba desde el principio algunas características que resultarían decisivas para su posterior función política. Especialmente importantes serán el *igualitarismo* y la *libertad de pensamiento*. En efecto, en la cultura de la discusión literaria no importaba el estatus social. Los salones y tertulias reunían a «un público en principio irrestricto»[20] y formalmente igualitario, puesto que las diferencias de poder social quedaban, si no eliminadas, sí al menos neutralizadas momentáneamente, mientras durase la discusión. Además, en los salones, cafés y clubs de la época de la Ilustración se problematizaban asuntos que hasta entonces eran intocables, y que ya nadie podía silenciar fácilmente invocando argumentos

---

20. J. Habermas, *Strukturwandel der Öffentlichkeit*, p. 53. Para una crítica de esta opinión, cf. N. Fraser, «Rethinking the Public Sphere», en: C. Calhoun (ed.), *Habermas and the Public Sphere*, Cambridge (MA): MIT Press, pp. 109-142.

de autoridad, puesto que ahora toda autoridad se veía cada vez más sometida a la exigencia de justificarse mediante razones. Pues bien, estos rasgos igualitarios e irreverentes de la esfera pública literaria tendrán efectos políticos decisivos tan pronto como el público ilustrado se atreva a cuestionar el poder político –contra la recomendación de Bayle o Voltaire–, porque las características de la deliberación racional anticipaban los principios de *libertad* e *igualdad* de los que pronto pasaría a depender la legitimidad del Estado. Así como en la república de las letras solo era válida la opinión que lograse convencer a todos, así en el Estado democrático de derecho solo sería válida la ley que contase con la aprobación de todos. Por eso no es extraño que la esfera pública literaria acabara enfrentándose al Estado absolutista que, paradójicamente, había posibilitado su surgimiento:

> En la esfera pública burguesa se despliega una conciencia política que articula, contra el poder absoluto, el concepto y la exigencia de leyes generales y abstractas, y que finalmente también aprende a afirmarse a sí misma, como opinión pública, como la única fuente legítima de estas leyes[21].

Es evidente el paralelismo entre la argumentación de Habermas y la de Koselleck, pero no menos importantes son las profundas diferencias entre ambos autores por lo que respecta a la valoración de los mismos fenómenos.

---

21. J. Habermas, *Strukturwandel der Öffentlichkeit*, p. 119.

Habermas interpreta el surgimiento de la esfera pública y el cuestionamiento del absolutismo como un capítulo decisivo en la historia de la emancipación política, mientras que Koselleck ve en todo ello el preludio de la crisis política permanente y de la interminable guerra civil mundial en que parecen enfangarse las sociedades contemporáneas. Pero esta diferencia de valoración no se debe simplemente a las preferencias políticas de ambos autores –conservador uno, progresista el otro–, sino que tiene un trasfondo teórico. Y es que, para Habermas, y a diferencia de lo que piensa Koselleck, la opinión pública que en el siglo XVIII se erige en la instancia ante la cual debe acreditarse todo poder político que pretenda ser legítimo no es (o no siempre es) una variable irracional y voluble, ni una mera fuente de perturbación del funcionamiento del Estado burocrático, ni una versión colectiva e hipertrofiada de la conciencia moral subjetiva que el Leviatán hobbesiano recomendaba silenciar o reprimir. No es (o no siempre es) una jaula de grillos o un barullo disonante de creencias arbitrarias e intereses antagónicos que solo pueden conducir a la polarización y a la violencia, y que los Estados hacen bien en silenciar autoritariamente si quieren mantener pacificadas sus sociedades. Al contrario, tal como Habermas la concibe –ya en el libro de 1962, y de un modo más elaborado teóricamente en otras obras posteriores–, la opinión pública tiene una «dimensión epistémica»[22], es decir: un fundamento racional del cual

---

22. J. Habermas, «¿Tiene la democracia una dimensión epistémica? Investigación empírica y teoría normativa», en: *¡Ay, Europa!*, Madrid: Trotta, 2009, pp. 136-184.

depende su autoridad. Si el Estado debe atender a las exigencias de la opinión pública –y el Estado absolutista sucumbió precisamente por no hacerlo–, es porque esas exigencias están justificadas racionalmente, es decir, porque pueden tener, y a veces *tienen* de su parte, las mejores razones:

> La *public opinion* [...] se forma en la discusión pública, luego de que el público, por medio de la educación y la información, haya sido puesto en condiciones de formarse una opinión fundada [...]. Se forma en la disputa argumental alrededor de un asunto, no acríticamente en el apoyo o rechazo –plebiscitaria o ingenuamente manipulados–, apoyados en el *common sense*, de personas [particulares][23].
>
> La *opinion publique* es el resultado ilustrado de la reflexión común y pública sobre los fundamentos del orden social [...]; no domina, pero el gobernante ilustrado se verá obligado a seguir su visión de las cosas[24].

Si concedemos a Habermas que la opinión pública tiene una dimensión epistémica, entonces podemos añadir un tercer escenario para las sociedades contemporáneas, alternativo a los dos únicos escenarios que Schmitt y Koselleck parecen tener en cuenta. En efecto, además del autoritarismo del Leviatán hobbesiano –preferido por Schmitt desde la República de Weimar, y sorprendentemente también por Koselleck tras la Segunda Guerra Mundial–, y además de un Estado democrático que parece

23. J. Habermas, *Strukturwandel der Öffentlichkeit*, p. 133.
24. *Ibid.*, p. 169.

oscilar entre la guerra civil permanente y la pseudopaci-
ficación que imponen los regímenes totalitarios mediante el terror, existen también las democracias liberales, en
las cuales la legitimidad del Estado no depende de su capacidad para pacificar la sociedad, sino de su disposición
a atender a una opinión pública ilustrada, informada y
racional, y a las demandas de una sociedad civil con la que
el Estado no tiene más remedio que compartir su soberanía[25]. Pero Koselleck no podía contemplar seriamente
esta tercera alternativa –pese a que escribió *Crítica y crisis*
ya como ciudadano de una democracia liberal–, porque
sus argumentos se fundaban en la filosofía política
que Carl Schmitt había formulado en el periodo de entreguerras. Recordemos que, en *El concepto de lo político,*
Schmitt reivindicaba una tradición de pensamiento a la
que pertenecen autores como Maquiavelo, Hobbes o Donoso Cortés, quienes tienen en común una concepción
del ser humano como un ser violento y peligroso y, por
tanto, abocado a la confrontación y la violencia. Esta maldad natural hace imprescindibles las instituciones estatales autoritarias, pues, al parecer, solo estas pueden mantener a los hombres a raya. Pues bien, aunque en *Crítica
y crisis* no aparece de forma explícita, esta antropología schmittiana parece estar implícita en la historia de la
Ilustración que ofrece Koselleck, cuyo subtexto político
hobbesiano bien podría formularse de este modo: si la

---

25. Sobre la soberanía compartida entre el Estado y la sociedad civil, cf. J. Habermas, «Tres modelos normativos de democracia», en: *La inclusión del otro*, Barcelona: Paidós, 1999.

violencia desbordó todos los diques en cuanto el Leviatán absolutista abrió la mano, no habrá otro remedio para restablecer el orden en las sociedades contemporáneas que devolver al Estado una autoridad que, «por el terror que inspira», como dice Hobbes[26], sea capaz de pacificar la sociedad civil y silenciar su sediciosa esfera pública.

Es difícil decir si un análisis como este podía resultar verosímil durante mucho tiempo en una democracia liberal de la segunda mitad del siglo XX, como lo era la República Federal de Alemania. En cualquier caso, en una reseña de *Crítica y crisis* publicada en 1960, Habermas ya objetaba a Koselleck –y de paso a su mentor Schmitt– que la opinión pública de las sociedades democráticas no debe confundirse con las convicciones privadas de los particulares, sino que es el resultado de un filtrado deliberativo que le confiere un fundamento racional del cual depende su autoridad política. Por eso es necesario interpretar el siglo XVIII de un modo diferente de como lo interpreta Koselleck (y Schmitt). Lo que pretendía la Ilustración «no era una moralización de la política como tal, sino una racionalización de la misma, mediada por el principio de publicidad»[27]. Y por eso tampoco es cierto que toda politización de la sociedad conduzca necesariamente a la guerra civil. La politización de las sociedades contemporáneas más bien se propone someter el poder del Estado al control democrático, y a veces lo consigue. Pero Kosel-

---

26. Th. Hobbes, *Leviatán*, cap. 17, p. 141.
27. J. Habermas, «Crítica de la filosofía de la historia», en: *Perfiles filosófico-políticos*, Madrid: Taurus, 1984, p. 386.

leck, quien parece tan anclado como el propio Schmitt en la Europa de entreguerras, no capta la diferencia entre la guerra civil y la politización de la sociedad en una democracia liberal:

> Al identificar, por una parte, las convicciones privadas con la opinión pública, y desacreditar, por otra, el principio de la opinión pública como un principio de guerra civil, inevitablemente Koselleck malinterpreta la intención objetiva de la esfera pública[28].

Se diría que la incomprensión de Carl Schmitt hacia el liberalismo, la política deliberativa o la idea de una opinión pública racional impidió también a su discípulo Koselleck interpretar correctamente el significado histórico y político de la Ilustración y de la sociedad civil moderna. Habermas podría haber añadido a su crítica de Koselleck (y de Schmitt) el argumento que ya Locke esgrimió contra Hobbes, y que ya mencionamos en el capítulo quinto de este libro. Por muy poderosas que sean las tendencias entrópicas de las sociedades democráticas, no será el Estado autoritario quien les ponga remedio, porque el Leviatán no pacifica la guerra de todos contra todos, sino que la perpetúa de otro modo: como guerra del Estado contra la sociedad, pues «en esa condición se halla todo príncipe absoluto con respecto a aquellos que están bajo su dominio»[29].

---

28. *Ibid.* (traducción modificada).
29. J. Locke, *The Second Treatise of Civil Government*, § 90, p. 165.

10. Paradojas de la izquierda schmittiana

Chantal Mouffe: ambigüedades de la democracia agonística

La filósofa belga Chantal Mouffe achaca al liberalismo una concepción errónea y empobrecida de la política, y paradójicamente recurre a la filosofía política de un autor tan antiliberal y autoritario como Carl Schmitt para subsanar esa debilidad del liberalismo y profundizar la teoría de la democracia. Esta rehabilitación democrática del pensamiento schmittiano se dirige, pues, contra el liberalismo político, pero tiene su origen en una interesante crítica del marxismo que Mouffe desarrolló en un libro escrito con Ernesto Laclau en los años ochenta del siglo xx: *Hegemonía y estrategia socialista*[1]. Este libro –tal

---

1. E. Laclau y Ch. Mouffe, *Hegemonía y estrategia socialista*, Madrid: Siglo XXI, 2001.

vez el más riguroso de Mouffe desde un punto de vista teórico– se proponía redefinir el discurso político de la izquierda en vísperas del hundimiento del bloque soviético, cuando las categorías del marxismo ortodoxo hacía ya tiempo que habían quedado anticuadas y no permitían comprender adecuadamente aspectos tan centrales de las democracias contemporáneas como la fragmentación de las identidades políticas o el significado de los nuevos movimientos sociales.

En efecto, ya en la época de la publicación de *Hegemonía y estrategia socialista* era evidente que la estratificación de las sociedades modernas era más compleja de lo previsto en la teoría marxista de las clases sociales, y mostraba una fragmentación que no se correspondía con el pronóstico de una creciente y cada vez más aguda polarización en dos frentes formados por burgueses y proletarios. De hecho, hacía ya dos décadas que el proletariado industrial había dejado de ser el único agente de los movimientos políticos progresistas, y había cedido una parte de su protagonismo a nuevos actores –el movimiento afroamericano de los derechos civiles, el feminismo, el pacifismo, el movimiento LGTB, el ecologismo– que no encajaban bien en las viejas categorías de la teoría marxista de la sociedad. Ernesto Laclau y Chantal Mouffe señalaban el desajuste entre el marxismo clásico y la realidad social para desarrollar una teoría posmarxista de la democracia inspirada en el marxismo heterodoxo de Antonio Gramsci.

La propuesta de Mouffe y Laclau requería revisar algunos importantes supuestos teóricos del marxismo clásico, empezando por el obrerismo –o «esencialismo», en la terminología de estos autores–, que atribuía al proletariado, de manera apriorística, el monopolio indiscutible de toda lucha social y política emancipatoria: «desde el punto de vista de la determinación de los antagonismos [sociales] fundamentales, el obstáculo básico ha sido [...] la idea de que la clase obrera es el agente privilegiado en el que reside el impulso fundamental del cambio social»[2]. Este esencialismo era inseparable de cierto economicismo, es decir: de la reducción de las motivaciones de los actores sociales a la persecución de intereses económicos, un marco conceptual que Mouffe y Laclau consideraban demasiado estrecho para interpretar los movimientos políticos contemporáneos. Por último, la revisión democrática del marxismo requería también abandonar la filosofía teleológica de la historia y una concepción autoritaria de la revolución «calcada del molde jacobino»[3]. En las democracias de nuestra época, ni las luchas sociales están protagonizadas por el proletariado, ni son exclusivamente luchas en torno a la distribución de la riqueza social, ni se inscriben en una trama histórica determinista condicionada por leyes económicas que conducen necesariamente hacia la revolución y la dictadura del proletariado.

Para nuestra argumentación, el aspecto más interesante de esta propuesta es la concepción performativa de las identidades políticas, es decir: la idea de que «la unidad de un conjunto de sectores no es un dato: es un proyecto

2. *Ibid.*, pp. 222-223.
3. *Ibid.*, p. 223.

de construcción política»[4]. Al subrayar este momento performativo o constructivista en la formación de las identidades políticas, Mouffe y Laclau rehabilitaban cierto espíritu popular, democrático-radical, que según estos autores aún estaba presente en los movimientos revolucionarios del siglo XIX anteriores a la consolidación de unos partidos obreros rígidamente institucionalizados e ideológicamente asentados en el esencialismo del proletariado y en el determinismo economicista[5]. Y es interesante observar cómo en este punto de la teoría se infiltra ya un elemento inequívocamente schmittiano, puesto que, para Mouffe y Laclau, toda identidad política se forma mediante el enfrentamiento con alguna otra: «La presencia del "otro" me impide ser totalmente yo mismo. La relación [de antagonismo] no surge de identidades plenas, sino de la imposibilidad de constituirlas»[6].

La producción posterior de Chantal Mouffe se asienta en esta concepción performativa y dinámica de las identidades políticas, pero tras el hundimiento de la Unión Soviética, en un contexto en el que la crítica del marxismo ortodoxo pierde relevancia, Mouffe vuelve sus armas contra un nuevo y más importante adversario: el liberalismo político. Pero a fin de no malinterpretar a esta au-

---

4. *Ibid.*, p. 97. Un libro posterior de Ernesto Laclau, *La razón populista*, México: FCE, 2005, desarrolla con un aparato conceptual más complejo la formación de sujetos políticos «populares» esbozada en *Hegemonía y estrategia socialista*. Pero para nuestros propósitos no necesitamos abundar en los detalles de esa teoría del populismo.

5. *Ibid.*, pp. 191 y sigs.

6. *Ibid.*, p. 168.

tora, es importante tener presente que Mouffe no pretende desarrollar una teoría política antiliberal, sino que su intención es revisar el liberalismo añadiéndole una dimensión democrática más radical. Dicha intención está ya presente en *Hegemonía y estrategia socialista*, donde leemos lo siguiente: «La tarea de la izquierda no puede consistir en renegar de la ideología liberal y democrática sino, al contrario, consiste en profundizar en ella y expandirla en la dirección de una democracia radicalizada y plural»[7]. Y las ideas de Carl Schmitt adquieren en este punto una inesperada vigencia.

Si el esencialismo y el determinismo económico eran los principales objetivos de la crítica del marxismo ortodoxo en *Hegemonía y estrategia socialista*, la posterior confrontación de Mouffe con el liberalismo critica sobre todo dos supuestos teóricos de esta corriente de pensamiento político: el racionalismo y el universalismo. Mouffe siempre expone estos supuestos de un modo un tanto vago, pero intentaremos reconstruir sintéticamente el sentido de su crítica[8]. Mouffe reconoce que la teoría liberal o deliberativa de la democracia (cuyos principales representantes son Rawls y Habermas) no niega el pluralismo ideológico y ético de las sociedades modernas, pero aspira a superarlo mediante un consenso en torno a valores políticos últimos, basado en razones compartidas por todos

7. *Ibid.*, p. 222. Cf. también p. 230.
8. Cf. Ch. Mouffe, *El retorno de lo político*, *op. cit.*, especialmente la Introducción. Más exhaustivo y mejor fundamentado es el ensayo «Para un modelo agonístico de democracia», en: Ch. Mouffe, *La paradoja democrática*, *op. cit.*

los ciudadanos. Para el liberalismo, tal como Mouffe lo entiende, el destino del conflicto es, pues, el consenso, y el del pluralismo es la unanimidad, y la tarea principal de la filosofía política consiste en «la elaboración de los procedimientos necesarios para la creación de un consenso supuestamente basado en un acuerdo racional y que, por tanto, no conociera la exclusión»[9]. Esta supuesta utopía liberal de una sociedad reconciliada y unánime es inseparable de una antropología filosófica racionalista: si los ciudadanos renunciasen a sus afectos y pasiones políticas, y en las deliberaciones públicas sobre cuestiones de interés general se atuviesen estrictamente a la fuerza lógica de las razones –o a lo que Habermas llama la «coacción sin coacciones que ejerce el mejor argumento»[10]–, toda controversia política podría resolverse de forma dialogada mediante argumentos convincentes para cualquier sujeto racional, de tal modo que la persistencia de la diferencia, del disenso o de la disidencia solo podría explicarse por el influjo que ejercen sobre el juicio político de los ciudadanos ciertos factores irracionales, como las pasiones, los sesgos cognitivos o los intereses particulares más o menos inconfesables.

En otro lugar nos hemos preguntado si esta lectura del liberalismo político de Rawls, o de la teoría de la democracia deliberativa de Habermas, refleja correctamente las ideas de estos autores, y hemos argumentado que la ex-

9. Ch. Mouffe, *El retorno de lo político*, p. 12.
10. J. Habermas, «Teorías de la verdad», en: *Teoría de la acción comunicativa: complementos y estudios previos*, Madrid: Cátedra, 1994, p. 144.

posición que ofrece Mouffe de las ideas de sus adversarios liberales raya a menudo en la caricatura[11]. Una lectura mínimamente atenta de los escritos de Rawls o de Habermas muestra que estos autores consideran el pluralismo ideológico y ético como un dato ineliminable de las sociedades democráticas modernas, y que es ajena a sus intenciones la sustitución de dicho pluralismo por un supuesto «ideal de sociedad democrática [entendida como] realización de una perfecta armonía o transparencia»[12], sea cual sea el significado que la metáfora de la «transparencia» pueda tener en este contexto. Pero ahora no necesitamos indagar los pormenores de la peculiar lectura mouffeana de la teoría política liberal, sino analizar de qué modo las ideas de Carl Schmitt se incorporan a la denominada «teoría agonística» de la democracia que Mouffe propone como alternativa a Rawls o a Habermas.

Dado que Mouffe no pretende rechazar la democracia liberal, sino radicalizarla, en todo momento mantiene hacia el liberalismo una posición ambigua o paradójica. La teoría agonística de la democracia rechaza la tendencia del pensamiento liberal a buscar acuerdos y a resolver de forma consensuada las diferencias políticas, y destaca la importancia del *conflicto* como un factor de la vida política que no solo no puede eliminarse sino que debe ser fomentado: «lejos de poner en peligro la democracia –escribe

---

11. J. L. López de Lizaga, «Cinismo político. Un nuevo estilo discursivo en las democracias liberales», *Revista Internacional de Pensamiento Político*, 16 (2021), pp. 517-536; cf. también J.-W. Müller, *A Dangerous Mind*, p. 239.
12. Ch. Mouffe, *La paradoja democrática*, p. 113.

Mouffe–, la confrontación agonística es de hecho su propia condición de existencia»[13]. Esta reivindicación del conflicto frente al consenso se apoya en una ontología social según la cual «el poder es constitutivo de las relaciones sociales»[14]. Pero el poder es inestable y dinámico, y por eso la realidad social está inmersa permanentemente en un juego de dominio y resistencia, de poder y contrapoder, de voluntades que se imponen provisionalmente sobre otras voluntades. Esta ontología social agonística –que tiene un precedente inconfundible en la obra de Michel Foucault[15]– conduce a una concepción de la política que toma como paradigma el conflicto y que enlaza con la teoría que propuso Carl Schmitt en su clásico ensayo de 1927. Si las relaciones sociales son constitutivamente conflictivas o antagónicas, la política también ha de serlo; y una política agonística no puede ser integradora, ni dialogante, ni buscar el consenso. Más bien debe mantener viva la conciencia de que algunas fracturas sociales, o algunas diferencias entre actores y grupos enfrentados, *no pueden* dirimirse mediante acuerdos que integren todos los pareceres, sino que han de resolverse mediante decisiones que impongan (más o menos autoritariamente) el criterio de unos y excluyan el de otros, y que nunca convencerán ni incluirán a todos. La inevitabilidad del antagonismo, de la decisión y de la exclusión es, a juicio de Mouffe, lo que el libe-

13. *Ibid.*, p. 116.
14. *Ibid.*, p. 112.
15. M. Foucault, *La voluntad de saber*, Madrid: Siglo XXI, 1998, pp. 112 y sigs.

ralismo aún puede y debe aprender de un crítico como
Carl Schmitt:

> El pensamiento liberal [...] intenta «hacer desaparecer lo po-
> lítico como dominio de conquista del poder y de represión».
> Para Schmitt, lo político tiene que ver con las relaciones de
> amistad y enemistad, se refiere a la creación de un «noso-
> tros» en oposición al «ellos»; es el reino de la «decisión»,
> no de la discusión libre. Su tema es el conflicto y el antago-
> nismo, y esto indica precisamente los límites del consenso
> racional, el hecho de que todo consenso se basa forzosamen-
> te en actos de exclusión[16].

Sin embargo, y a diferencia de otros lectores seducidos
por Schmitt –como Bendersky o Böckenförde, por ejemplo[17]–, Mouffe no presupone aproblemáticamente que
la concepción schmittiana de lo político resulta compatible con los principios de la democracia liberal. Al contrario, Mouffe parte de la convicción de que el pensamiento de Schmitt, tomado literalmente, es indisociable de un
proyecto político autoritario o totalitario, especialmente su idea (de raíz rousseauniana) de que toda democracia depurada de adherencias liberales debe fundarse en
un *demos* homogéneo y dotado de una voluntad unánime. Si es correcta la interpretación que hemos expuesto
en capítulos anteriores de este libro, los escritos de Sch-

16. Ch. Mouffe, *El retorno de lo político*, p. 154.
17. J. Bendersky, *Carl Schmitt*, pp. 88 y sigs.; E.-W. Böckenförde, «Der Begriff
des Politischen als Schlüssel zum staatsrechtlichen Werk Carl Schmitts», *op. cit.*

mitt publicados en los años veinte y treinta del siglo xx revelan de un modo bastante claro –pese a su estudiada ambigüedad– que la dialéctica de amigos y enemigos está siempre al servicio de la constitución de un *demos* homogéneo y potencialmente totalitario, puesto que el paso siguiente a la identificación del enemigo es su exclusión o su expulsión (más o menos simbólica, más o menos violenta) de la comunidad política. Mouffe no pasa por alto este aspecto del pensamiento schmittiano:

> Schmitt [...] no quiere reconocer que, en las condiciones modernas, con [...] la imposibilidad de una voluntad colectiva homogénea única, la democracia no admite que se la conciba según el modelo antiguo de identidad de gobernantes y gobernados. [...] Su profunda hostilidad a los efectos de la revolución democrática [...] le impide ver cualquier valor en las instituciones políticas liberales. Ese rechazo del pluralismo liberal y de las instituciones políticas que lo acompañan puede tener consecuencias muy peligrosas y abrir la puerta al totalitarismo. En el caso de Schmitt, esto no necesita demostración[18].

Pero si las ideas schmittianas son incompatibles con el pluralismo que Mouffe pretende no solo preservar, sino radicalizar contra la (presunta) nivelación ideológica que impone el liberalismo, es obvio que los conceptos de Schmitt que puedan resultar aprovechables para una teo-

---

18. Ch. Mouffe, *El retorno de lo político*, pp. 152-153.

ría agonística de la democracia tendrán que ser previamente revisados o reinterpretados. Y esto explica por qué el schmittianismo de Mouffe muestra la ambigüedad de las imágenes gestálticas: si las ideas de Schmitt se corrigen para hacerlas compatibles con la democracia liberal, se hace difícil distinguirlas de ese mismo liberalismo que deberían superar; mientras que, si se interpretan en un sentido próximo al original, se vuelven inservibles para los objetivos democrático-radicales que Mouffe persigue al recurrir a ellas.

Esta ambigüedad gestáltica se observa ya en relación con la célebre dupla schmittiana de amigo y enemigo. «La cuestión crucial estriba –dice Mouffe– en establecer esta discriminación entre el nosotros y el ellos de un modo que sea compatible con la democracia pluralista»[19]. Dicho objetivo se logra sustituyendo el concepto de enemigo por el de adversario, y convirtiendo así el antagonismo schmittiano en una relación diferente, que Mouffe denomina «agonismo». En la relación antagónica estrictamente schmittiana, el enemigo es el Otro, cuya existencia es una amenaza, y que debe ser eliminado (en sentido político y en última instancia también físicamente). Por el contrario, el adversario en una relación agonística mouffeana es el enemigo *legítimo*, el cual piensa o vive de manera diferente de la nuestra pero a quien reconocemos su derecho a pensar y vivir de esa manera: es «alguien cuyas ideas combatimos, pero cuyo derecho a defender dichas

19. Ch. Mouffe, *La paradoja democrática*, p. 114.

ideas no ponemos en duda»[20]. Ahora bien, es evidente que, por muy agonístico que se pretenda, este concepto de enemigo legítimo se ubica ya en las coordenadas ideológicas del liberalismo. Pero Mouffe todavía dispone de otra estrategia para marcar distancias con el liberalismo. Es verdad que los adversarios agonísticos, a diferencia de los enemigos schmittianos, se reconocen mutuamente como antagonistas legítimos porque, pese a todas sus diferencias, comparten un terreno común, que Rawls denominó «razón pública»: todos aceptan las reglas del juego de la democracia y todos fundamentan sus respectivas posiciones políticas en principios como la libertad y la igualdad[21]. Pero a diferencia del liberalismo rawlsiano, la teoría agonística subraya que los principios de la razón pública no son indiscutibles ni están sustraídos a la confrontación política, sino que su significado y su jerarquía pueden, deben y de hecho suelen ser objeto de controversia. Lo cual implica que en cada momento, y dependiendo de mayorías parlamentarias u otras configuraciones hegemónicas, prevalecerá una determinada interpretación de dichos principios y de su ordenación. Ninguna de esas interpretaciones integrará todos los puntos de vista ni logrará satisfacer todos los intereses. Las bases normativas y la interpretación de los principios constitucionales de una democracia liberal serán siempre provisionales y permanecerán abiertas a la controversia y al cambio. Por eso Mouffe afirma que el consenso

20. *Ibid.*, pp. 114-115.
21. J. Rawls, *El liberalismo político*, pp. 247 y sigs.

de fondo de las sociedades democráticas solo puede ser un «consenso conflictivo»[22], es decir, un consenso que nunca lo es del todo:

> Un adversario es un enemigo, pero un enemigo legítimo, un enemigo con el que tenemos una base común porque compartimos una adhesión a los principios ético-políticos de la democracia liberal: la libertad y la igualdad. Pero estamos en desacuerdo en lo que se refiere al significado y a la puesta en práctica de esos principios, *y este desacuerdo no es un desacuerdo que pueda resolverse mediante la deliberación y el debate racional*[23].

Conviene insistir en que una lectura cuidadosa de los escritos de Rawls mostraría que este autor nunca afirmó que los principios de la razón pública tenían que ser incuestionables o inamovibles. Más bien afirmó lo contrario[24]. Pero independientemente de si Chantal Mouffe hace justicia al pensamiento de Rawls (o de Habermas), este aspecto de su crítica del liberalismo cobra plausibilidad si nos remontamos a la coyuntura en la que surgió la teoría agonística de la democracia. La década de 1990 fue,

22. Ch. Mouffe, *La paradoja democrática*, p. 116.
23. *Ibid.*, p. 115. Las cursivas son mías.
24. Así, por ejemplo, en el ensayo «Una revisión de la idea de razón pública» Rawls afirma lo siguiente: «[...] Siempre hay varias formas permisibles de razón pública. Más aún, de vez en cuando se proponen nuevas variaciones y las antiguas dejan de estar representadas», por lo que «la crítica [de los teóricos agonísticos] por no permitir nuevas y cambiantes concepciones de la justicia política es, por tanto, incorrecta». J. Rawls, «Una revisión de la idea de razón pública», en: *El derecho de gentes*, p. 167, n. 7.

en efecto, una época dominada por un asfixiante «consenso de centro»[25] al que se sumó con demasiada prisa la socialdemocracia europea tras el hundimiento de la Unión Soviética, y que confinó en los márgenes del sistema, y por tanto del debate público, cualquier alternativa a la globalización neoliberal, que iniciaba entonces su andadura. Mouffe protestaba en aquella época contra la tendencia a la «sacralización del consenso»[26] y contra una concepción demasiado tibia del enfrentamiento político, que declaraba obsoleta la vieja distinción entre la izquierda y la derecha y «vaciaba el proyecto socialdemócrata de su componente anticapitalista»[27]. La teoría agonística de la democracia venía a recordar en aquel contexto histórico una idea que sigue siendo válida en el nuestro: que «el consenso es necesario, pero debe ir acompañado del desacuerdo»[28], puesto que los principios políticos que conforman el núcleo normativo de las democracias contemporáneas –por ejemplo: los principios de libertad e igualdad– mantienen siempre una relación de tensión, un juego de suma cero, y en esa tensión se funda el conflicto real e ineliminable –es decir: no susceptible de soluciones consensuadas y definitivas– entre distintas alternativas políticas.

Pero por muy acertada que fuese aquella crítica a la «sacralidad del consenso», lo cierto es que nunca rebasó sus-

---

25. Ch. Mouffe, *La paradoja democrática*, p. 128.
26. *Ibid.*, p. 125.
27. *Ibid.*, p. 122.
28. *Ibid.*, p. 126.

tancialmente el marco conceptual y normativo del liberalismo político. Cabría concluir, por tanto, que la teoría agonística de la democracia se limita a reformular el liberalismo –su propia matriz– subrayando la necesidad del disenso y empleando una retórica más emocionante que la de autores como Rawls o Habermas[29]. Pero Mouffe no siempre se conforma con esto, sino que a veces quiere marcar aún más claramente las diferencias entre el liberalismo y la teoría agonística, y lo hace tensando las ideas de Carl Schmitt hasta dejarlas al borde del cambio gestáltico que les devolvería su originario sentido antiliberal. Entonces Mouffe parece confundir la crítica de una determinada orientación política hegemónica –como lo era el «consenso de centro» de finales del siglo XX– con el cuestionamiento del propio marco normativo de la democracia liberal. Por eso algunos pasajes de sus escritos sugieren que toda legitimidad se asienta en meras correlaciones de fuerza, o que todo consenso es una imposición sin ningún fundamento racional, o que nunca es posible un acuerdo entre adversarios políticos sobre la base de razones compartidas por todos:

Si la legitimidad no se basa en un fundamento apriorístico, es porque está basada en alguna forma de poder exitosa[30].
Tenemos que aceptar que todo consenso existe como resultado temporal de una hegemonía provisional, como una

---

29. Para lo que sigue, cf. J. L. López de Lizaga, «Cinismo político. Un nuevo estilo discursivo en las democracias liberales», *op. cit.*
30. Ch. Mouffe, *La paradoja democrática*, p. 113.

estabilización del poder, y que siempre implica alguna forma de exclusión[31].

Pero la alternativa entre los «fundamentos apriorísticos» de la legitimidad (sea esto lo que sea) y las meras correlaciones de fuerzas es una falsa dicotomía basada en una visión demasiado escéptica –y no muy diferente, por cierto, de la de Schmitt o Koselleck– de los procesos deliberativos y del poder de las razones. Debemos conceder a Mouffe que las democracias requieren el disenso, y que «el ideal de una democracia pluralista no puede consistir en alcanzar un consenso racional en la esfera pública, [puesto que] ese consenso no puede existir»[32]. Pero el disenso, que puede ser profundo y dar lugar a agudos conflictos políticos, debería mantenerse en el nivel de las orientaciones políticas concretas y dejar intacto un trasfondo de consenso en torno a los principios de una «razón pública» que no solo incluye las ideas de libertad e igualdad –cuya interpretación es siempre discutible y polémica, como Mouffe señala acertadamente–, sino también el mutuo reconocimiento de los oponentes políticos como adversarios legítimos, o la idea de que la sociedad es, como dice Rawls, un «esquema equitativo de cooperación»[33] que deben poder considerar legítimo todos sus miembros, y no un orden impuesto autoritariamente por unos sobre otros.

31. *Ibid.*, p. 117.
32. *Ibid.*
33. J. Rawls, *El liberalismo político*, p. 45.

La acentuación de los elementos antiliberales de la teoría agonística de la democracia tiende a desdibujar estas ideas, aunque tal vez refleje una fractura social que ya ha comenzado. Ciertamente, las democracias son hoy menos liberales y más agonísticas que hace algunas décadas. A fuerza de despreciar el consenso, tensar los conflictos y desplazar la confrontación política hacia el terreno del antagonismo, quienes antes eran adversarios mouffeanos han comenzado a considerarse unos a otros como auténticos enemigos schmittianos, en el amenazador sentido antiliberal que esta categoría tenía en los escritos del propio Carl Schmitt. Por eso en nuestra época observamos por todas partes indicios de un crudo conflicto político hasta ahora inédito, y que por el momento no parece conducir a nuestras sociedades hacia la saludable radicalización democrática que esperaba Chantal Mouffe, sino a un creciente desprecio del adversario político, a la normalización de la agresión verbal, a la degradación del nivel argumentativo de la deliberación pública, a la expansión del cinismo y al retorno de la violencia política. Es posible que las ideas de Carl Schmitt estén hoy más vivas que antes, pero no está claro si esto contribuye a revitalizar y reforzar las democracias liberales, o más bien a erosionarlas y debilitarlas.

Giorgio Agamben: terrenos inciertos y sin nombre

Todavía hoy, en el siglo XXI, nuestra concepción de la política sigue siendo heredera de una tradición de pensamiento que se remonta a la Atenas del siglo v a. C. Allí fue donde se acuñaron las nociones básicas de nuestra condición política, que quedó para siempre asociada al espacio público, al ágora en la que los ciudadanos se encuentran, deliberan en pie de igualdad –al menos idealmente– y deciden en común sobre aquellos asuntos que incumben a todos. Por supuesto, en las ciudades griegas había otras calles y plazas más allá del ágora, y también en las sociedades hay otros ámbitos en los cuales los seres humanos se encuentran e interactúan. Esos otros ámbitos pueden ser tan importantes como la plaza pública, pero ya no son políticos. Entre ellos se cuenta el espacio de las transacciones económicas (lo que genéricamente denominamos «el mercado»), pero también la casa, el *oikos*, el ámbito doméstico que Aristóteles distinguió de la esfera pública en el libro i de la *Política*[34], y en el cual se ubican las relaciones familiares y esa modalidad menor de la praxis humana, inseparable de nuestra condición de organismos biológicos, que Hannah Arendt denominó «labor»[35].

En las primeras páginas del primer volumen de *Homo sacer*, su libro más conocido, el filósofo italiano Giorgio Agamben recuerda esta distinción aristotélica entre el espacio de la política y el ámbito de la vida biológica, pero solo para afirmar que la Modernidad tiende a desdibujarla. Ya Michel Foucault, cuya obra tardía inspira a Agamben, mostró cómo en las modernas sociedades de

34. Aristóteles, *Política*, Madrid: Gredos, 1988, 1252a 26-35; 1243b.
35. H. Arendt, *La condición humana*, Barcelona: Paidós, 1993.

masas la gestión pública adquiere los rasgos de una «biopolítica» entendida como administración de los procesos biológicos –la natalidad, la salud, el envejecimiento, la mortalidad– de ese macroobjeto social que son las «poblaciones», categorialmente diferentes de los ciudadanos de la polis[36]. En la estela de Foucault, Agamben interpreta este giro de la política moderna como un eclipse de la ciudadanía, la cual queda suplantada en la esfera pública por la *zoé*, la «nuda vida» biológica que Aristóteles, y tras él buena parte de la tradición del pensamiento político occidental, había confinado a la esfera privada y al espacio doméstico: «El ingreso de la *zoé* en la esfera de la polis, la politización de la nuda vida como tal, constituye el acontecimiento decisivo de la Modernidad, que marca una transformación radical de las categorías político-filosóficas del pensamiento clásico»[37]. Agamben explora los fundamentos conceptuales y las consecuencias prácticas de esta drástica transformación moderna del significado de la política: el espacio público de las sociedades modernas se transforma cada vez más en un campo de intervención biopolítica en el que los ciudadanos quedan rebajados a la condición de miembros de la especie animal a la que pertenecemos los seres humanos. Y a medida que la *zoé* o «nuda vida» conquista el terreno de la esfera pública, esta va dejando propiamente de serlo y se transforma paulatinamente en un nuevo tipo de institucionalidad.

36. M. Foucault, *Nacimiento de la biopolítica*, Madrid: Akal, 2009.
37. G. Agamben, *Homo sacer*, p. 13.

Las ideas de Carl Schmitt cumplen una función importante en esta teoría, porque según Agamben la incorporación de la *zoé* al orden político de la Modernidad se ha realizado –y al parecer *solo podía realizarse*– a través de la peculiarísima figura jurídica del «estado de excepción», que Schmitt, como ya sabemos, asoció al concepto de soberanía. Agamben recurre, pues, a la teoría schmittiana de la soberanía para sostener que el secreto de la política de nuestro tiempo, compartido por los regímenes totalitarios y las sociedades democráticas, consiste en la expansión de un estado de excepción que reduce a los seres humanos a meros cuerpos administrables, a portadores de procesos biológicos que son objeto de la gestión biopolítica. «Lo que el arca del poder contiene en su centro –escribe Agamben– es el estado de excepción»[38].

El aspecto de la teoría schmittiana del estado de excepción que más interesa a Agamben es su indefinición jurídica. Recordemos que, según la célebre definición de Schmitt, el soberano es «quien decide sobre el estado de excepción»[39]. No es soberano quien establece las leyes, ni quien las hace cumplir, ni tampoco quien las deroga para promulgar otras. El soberano es quien tiene la capacidad de decretar la *suspensión* de las leyes para hacer frente a una situación excepcional. Pues bien, para Agamben esta «lógica de la soberanía»[40] está enteramente envuelta en claroscuros e indefiniciones, porque el sobe-

38. G. Agamben, *Estado de excepción*, p. 125.
39. C. Schmitt, *Teología política*, p. 13.
40. G. Agamben, *Homo sacer*, pp. 25 y sigs.

rano opera en un espacio que parece estar a la vez dentro y fuera del derecho. La decisión que decreta el estado de excepción se orienta a salvaguardar o a restablecer un orden jurídico amenazado, pero lo hace suspendiendo la validez de ese mismo orden jurídico. El estado de excepción se sitúa así en «un paradójico umbral de indiferencia»[41] entre legalidad y alegalidad que confiere al Estado el derecho a conculcar derechos y le permite violar la ley legalmente, de tal modo que resulta imposible distinguir entre «la transgresión de la ley y su ejecución»[42]. Pero si Schmitt había analizado el estado de excepción como un instrumento que el soberano podía emplear puntualmente, Agamben entiende que, tras el ocaso del orden internacional westfaliano de los Estados territoriales y su *Ius Publicum Europaeum*, esta ambigua institucionalidad tiende a consolidarse como el nuevo paradigma político de nuestro tiempo. El mundo poswestfaliano no es simplemente un mundo globalizado, sino un mundo cada vez más regido por el estado de excepción:

> El proceso (que Schmitt ha descrito cuidadosamente y que todavía estamos viviendo) en virtud del cual, y ya de una forma clara a partir de la Primera Guerra Mundial, el nexo entre localización y ordenamiento constitutivo del antiguo *nómos* de la tierra se rompe, arrastrando a la ruina todo el sistema de las limitaciones recíprocas y de las reglas del *ius publicum europaeum*, tiene su fundamento oculto en la ex-

41. *Ibid.*, p. 31.
42. *Ibid.*, p. 78.

cepción soberana. Lo que ha sucedido y lo que todavía sigue sucediendo ante nuestros ojos es que el espacio «jurídicamente vacío» del estado de excepción (en el que la ley está vigente en la figura [...] de su disolución, y en el que podía suceder todo lo que el soberano considerara de hecho necesario) ha roto sus confines espacio-temporales, y al irrumpir en el exterior de ellos, tiende ya a coincidir en todas partes con el ordenamiento normal [...][43].

Partiendo de este diagnóstico sobre la normalización del estado de excepción, Agamben propone analizar la política moderna a la luz de una figura tan aparentemente alejada de ella como es el *homo sacer*, una institución jurídica de la antigua Roma que declaraba no punible la muerte de quienes hubiesen cometido algún crimen particularmente grave. Al igual que la soberanía o el estado de excepción schmittianos, el *homo sacer* se caracteriza por una combinación de propiedades contradictorias. Debido a la gravedad de los crímenes cometidos, la persona declarada *sacer* ('sagrada') no podía ser sacrificada de acuerdo con los ritos habituales, y en ese sentido era intocable; pero al mismo tiempo, y precisamente por la gravedad de sus crímenes, cualquiera podía darle muerte impunemente: al *homo sacer* «no es lícito sacrificarle, pero quien le mate no será condenado por homicidio»[44]. Esta posi-

---

43. *Ibid.*, p. 54.
44. *Ibid.*, p. 93. Agamben menciona una posible interpretación (que él mismo no suscribe, pero sí historiadores como Mommsen) de esta extraña institución jurídica, conforme a la cual tal vez se trataría de una forma de justicia popular, algo así como una autorización para el linchamiento impune de algunos criminales.

bilidad de la muerte impune sitúa a esta figura en el umbral entre el derecho y la ausencia de él, puesto que el efecto jurídico de declarar *sacer* a un individuo consistía en privarlo de todos sus derechos. El *homo sacer* ya no es un ciudadano que participa en la asamblea, pero tampoco es un súbdito protegido por el soberano al que presta obediencia. Solo es «nuda vida» en estado de excepción, un mero cuerpo cuya muerte queda al arbitrio de cualquiera.

Pues bien, también nosotros podemos reconocernos en el arcaico *homo sacer*, puesto que esta figura constituye el reverso, normalmente inadvertido, de las grandes conquistas políticas de la Modernidad, como los derechos fundamentales o la democracia. Agamben relee, pues, la historia del pensamiento político moderno como la historia de la ocupación del espacio político por la *zoé*, o como la transformación de la ciudadanía en la nuda vida de *homines sacri*. Veamos brevemente cómo argumenta Agamben su posición considerando tres ejemplos: el principio de *habeas corpus*, las declaraciones de derechos y el concepto político de nación.

1. La incorporación de la *zoé* al ámbito del derecho es, según Agamben, el verdadero sentido del principio de *habeas corpus,* formulado en la Inglaterra del siglo XVII, y que establece que toda persona detenida debe ser presentada ante un juez para que este decida acerca de la legalidad de su detención. El *habeas corpus* suele considerarse como uno de los pilares de la seguridad jurídica en

un Estado de derecho, pero Agamben obvia este aspecto y destaca más bien la expresa referencia al cuerpo *(corpus)*, o el hecho de que este principio «asegura la *presencia física* de una persona ante un tribunal de justicia»[45]. Mediante esta referencia corporal, el *habeas corpus* inscribe la nuda vida en el núcleo del Estado de derecho moderno:

> El nuevo sujeto de la política no es ya el hombre libre, con sus prerrogativas y estatutos, y ni siquiera simplemente *homo*, sino *corpus*; la democracia moderna nace propiamente como reivindicación y exposición de este «cuerpo»: *habeas corpus ad subjiciendum*, has de tener un cuerpo que mostrar[46].

2. Otro tanto sucede en las declaraciones de derechos modernas, y muy destacadamente en la *Declaración de derechos del hombre y del ciudadano* de 1789, precedente de nuestra Declaración Universal de los Derechos Humanos de 1948. Aplicando una hermenéutica insólita, Agamben aprovecha las referencias del texto de 1789 (con frecuencia triviales) a la corporalidad física de los individuos humanos para desenmascarar un secreto programa biopolítico de administración de la «nuda vida» allí donde normalmente leemos un proyecto político que confiere derechos a los ciudadanos de las democracias liberales entonces incipientes. Por ejemplo, si el artículo primero de la *Declaración* afirma que «los hombres nacen

45. *Ibid.*, p. 156. Las cursivas son mías.
46. *Ibid.*, p. 157.

y permanecen libres e iguales en derechos»[47], Agamben relega a un segundo plano los conceptos de libertad e igualdad –pese a que, aparentemente, son lo más importante de la frase citada– y destaca la referencia al nacimiento («los hombres *nacen*»). Esto le permite reinterpretar en términos biopolíticos ese primer artículo, y por extensión la Declaración entera: «un simple examen del texto de la declaración de 1789 muestra, en efecto, que es propiamente la nuda vida natural, es decir, *el puro hecho del nacimiento*, la que se presenta aquí como fuente y portadora de derecho»[48].

3. La misma estrategia hermenéutica permite a Agamben localizar en el hecho biológico del nacimiento el fundamento del Estado nacional moderno. En la teoría política es usual explicar el origen del Estado nacional, y del nacionalismo como ideología, como una consecuencia de las revoluciones liberales y democráticas de los siglos XVIII y XIX. Cuando los individuos dejaron de ser súbditos de monarquías absolutistas y pasaron a ser ciudadanos de Estados democráticos, la pertenencia a una nación, definida mediante criterios étnicos, culturales o lingüísticos, permitió delimitar las fronteras territoriales del Estado y la extensión de la ciudadanía, es decir: acotar el conjunto de individuos a los que el Estado reconocía

47. «Declaración de los Derechos del Hombre y del Ciudadano. 26 de agosto de 1789», en: M. Artola, *Los derechos del hombre*, Madrid: Alianza Editorial, 1986, p. 104.
48. G. Agamben, *Homo sacer*, p. 162.

derechos, y muy destacadamente derechos políticos[49]. Esta explicación destaca la función política que cumplió el concepto de nación en las democracias modernas, pero Agamben pone el acento en otro aspecto de dicho concepto. Aprovechando la etimología de las palabras, vincula la *nación* con el *nacimiento* y la *natalidad*. Y dado que la nacionalidad –aunque no necesariamente el nacimiento en el territorio del Estado– es un requisito para obtener derechos políticos en las democracias modernas, Agamben infiere que estas democracias no se definen por el reconocimiento de derechos a individuos que aspiran a autodeterminarse políticamente, sino más bien por la administración biopolítica de seres biológicos, de meros cuerpos.

> No es posible comprender el desarrollo ni la vocación «nacional» y biopolítica del Estado moderno en los siglos XIX y XX si se olvida que en su base no está el hombre como sujeto libre y consciente, sino sobre todo su nuda vida, el simple nacimiento [...]. La ficción implícita aquí es que el *nacimiento* se haga inmediatamente *nación*.

---

49. Cf. sobre esto E. Gellner, *Naciones y nacionalismo*, Madrid: Alianza Editorial, 1988; J. Habermas, «Ciudadanía e identidad nacional», en: *Facticidad y validez*, pp. 619-644; E. Hobsbawm, *Naciones y nacionalismo desde 1780*, Barcelona: Crítica, 1991; Ch. Taylor, «Nacionalismo y modernidad», en: R. McKim y J. McMahan (eds.), *La moral del nacionalismo*, Barcelona: Paidós, 2003; J. L. López de Lizaga, «Ciudadanía e identidad nacional», en: R. Lorenzo y R. Benedicto (coords.), *Educación cívica: democracia y cuestiones de género*, Barcelona: Icaria, 2010, pp. 117-140.

Solo esta insólita lectura de la teoría política moderna puede hacer plausibles las tesis más provocadoras de Agamben, como su afirmación de que el paradigma político de nuestra época no es –como siempre ha sostenido el liberalismo, desde Hegel hasta Fukuyama– el Estado de derecho, sino el campo de concentración, y especialmente los campos nazis, los cuales consumaron y mostraron a plena luz la «secreta vocación biopolítica»[50] de Occidente. Para Agamben, los seres humanos internados en aquellos campos no solo fueron deliberada y sistemáticamente reducidos a meros cuerpos anónimos, sino que se rehabilitó para ellos la lógica del *homo sacer*, puesto que aquellos prisioneros, a quienes un trato inhumano reducía a una condición prácticamente infrahumana, ya no eran nada más que ejemplares de esa «vida a la que se puede dar muerte absolutamente»[51]. Escribe Agamben: «el judío bajo el nazismo es el referente negativo privilegiado de la nueva soberanía biopolítica y, como tal, un caso flagrante de *homo sacer* [...]»[52]. Y además del *homo sacer*, en la institucionalidad genocida de los campos también cabe reconocer la realización paradigmática del «estado de excepción» schmittiano, puesto que la única legalidad que regía en aquellos espacios criminales consistía en la ausencia de legalidad, en la privación de todo derecho y en la total indefensión de quienes tuvieron la desgracia de ir a parar a ellos.

50. G. Agamben, *Homo sacer*, p. 158.
51. *Ibid.*, p. 115.
52. *Ibid.*, p. 147.

Pero la provocadora tesis de que el campo de concentración es el «paradigma oculto del espacio político de la Modernidad»[53] solo resulta plausible si se identifican los rasgos institucionales de los campos más allá de sus muros y alambradas, e incluso más allá de los regímenes totalitarios que los erigieron. Y en efecto, Agamben procede a una sorprendente nivelación del totalitarismo y la democracia que recuerda a la que lleva a cabo Carl Schmitt en su *Glossarium* y otros escritos posteriores a la Segunda Guerra Mundial. Agamben subraya la obsesión biopolítica del nazismo, que quedó plasmada en sus medidas políticas más infames, como las leyes de pureza racial en el matrimonio, el asesinato masivo de personas discapacitadas o finalmente el holocausto[54]. Pues bien, según Agamben, los Estados democráticos también muestran una vocación biopolítica que no está muy alejada de la que exhibía el nacionalsocialismo, puesto que los derechos fundamentales sobre los que se asienta la legitimidad de las democracias liberales también se relacionan con la «nuda vida» de los seres humanos en cuanto cuerpos, en cuanto seres biológicos. Apoyándose en esa afinidad, Agamben puede escribir lo siguiente:

El hecho es que una misma reivindicación de la nuda vida conduce en las democracias burguesas al primado de lo privado sobre lo público y de las libertades individuales sobre las obligaciones colectivas, y en los estados totalitarios se con-

53. *Ibid.*, p. 156.
54. *Ibid.*, pp. 172 y sigs.

vierte, por el contrario, en el criterio político decisivo y en el lugar por excelencia de las decisiones soberanas[55].

De este modo puede Agamben concluir que existe una «curiosa relación de contigüidad entre democracia y totalitarismo»[56], y conviene detenerse en esta afirmación, pues es quizás el punto más controvertido de su argumentación[57]. Es indudable que los derechos fundamentales, de cuya garantía depende la legitimidad de las democracias liberales modernas, están referidos de algún modo a la condición biológica (o «nuda vida») de los seres humanos, puesto que, en última instancia, conculcar un derecho fundamental (retener, confinar, violentar, torturar o matar a alguien) siempre implica dañar un cuerpo humano. Pero la tesis agambeniana de la «curiosa contigüidad» entre el totalitarismo y la democracia pasa por alto algunas diferencias cruciales en la relación que cada uno de esos regímenes políticos mantiene con nuestra condición biológica. En el caso del totalitarismo nacionalsocialista, la gestión biopolítica trataba de administrar,

---

55. *Ibid.*, p. 154.
56. *Ibid.*, p. 153.
57. También es un punto débil del que se siguen otros, pues induce a Agamben a hacer algunas consideraciones sobre las políticas criminales del nazismo muy desconcertantes y bastante desatinadas, como cuando presenta la mal llamada «eutanasia» de personas con discapacidad, que no fue otra cosa que una práctica genocida, como si hubiese sido un programa originariamente «bienintencionado» (p. 173) o abordado «de buena fe» (p. 177) para resolver un «problema humanitario» (p. 210). A no ser que se asuman los puntos de vista de los propios nazis acerca de la vida indigna de ser vivida, no termina uno de entender cuál podía ser la «buena intención humanitaria» de un programa de asesinatos masivos como aquel.

controlar y finalmente destruir la nuda vida con el objetivo ideológico de fundar una sociedad racialmente homogénea, mientras que la incorporación de la nuda vida en las declaraciones de derechos fundamentales o en las Constituciones de las democracias liberales no pretende otra cosa que garantizar su integridad. Aunque también estén referidos a la *zoé*, no puede afirmarse que los derechos humanos hacen de nosotros *homines sacri*, o que nos rebajan a la condición de cuerpos disponibles, sino que, por el contrario, están destinados a evitar que suceda precisamente eso. Solo cuando se ignora esta diferencia evidente, incluso trivial, es posible afirmar, como hace Agamben, que los Estados totalitarios se convierten «casi sin solución de continuidad en democracias parlamentarias»[58], una afirmación que no avalan ni la historia política del siglo XX ni los análisis de la arquitectura institucional del totalitarismo desarrollados por Franz Neumann, Hannah Arendt o el propio Carl Schmitt. Y por eso tiene también cierto aire de *boutade* la afirmación de que en el mundo contemporáneo «todos somos virtualmente *homines sacri*»[59], como si la condición política de los ciudadanos de las democracias liberales pudiera compararse de algún modo con la de los prisioneros de los campos de concentración.

Una muy schmittiana inclinación a nivelar las diferencias entre el totalitarismo y la democracia es la responsable de que Agamben pase por alto el significado norma-

58. G. Agamben, *Homo sacer*, p. 155.
59. *Ibid.*, p. 147.

tivo de los derechos humanos y del Estado de derecho. No obstante, su tesis de la «contigüidad» entre totalitarismo y democracia puede tomarse más en serio si enfocamos la realidad política contemporánea desde otro ángulo, que además revela la actualidad de las ideas de Carl Schmitt sobre el estado de excepción. En efecto, Agamben señala que la excepcionalidad jurídica tiende a normalizarse *también* en nuestras sociedades, que no son totalitarias, pero en las cuales las instituciones y los principios políticos de la democracia liberal sufren desde hace tiempo una erosión evidente, uno de cuyos síntomas es la expansión del estado de excepción en una periferia geopolítica que cada vez parece más amplia y más próxima. Agamben menciona, como un primer ejemplo de esta deriva, los acontecimientos ocurridos en el estadio de fútbol de la ciudad de Bari en 1991, cuando las autoridades italianas retuvieron allí a más de diez mil albaneses que habían llegado en barco a la costa italiana en lo que cabría considerar como la primera de las sucesivas y cada vez más apremiantes «crisis migratorias» a las que se enfrenta Europa desde finales del siglo xx. Aquel estadio se convirtió en un campo de concentración, puesto que «nos encontramos en presencia de un campo»[60] siempre que se crea una estructura sometida a la ambigua institucionalidad semi- o paralegal del estado de excepción. Si iniciamos el cómputo a partir del final de la Guerra Fría, Bari sería el primero de una larga serie de no-lugares ju-

60. *Ibid.*, p. 221.

rídicos o de espacios anómicos que, desde entonces, se han hecho más frecuentes y duraderos.

Entre ellos destaca la prisión de Guantánamo, que tal vez sea la más inquietante aberración jurídica de nuestra época, y que fue erigida al amparo del estado de excepción decretado por el presidente de Estados Unidos tras los atentados del 11 de septiembre de 2001. El estado de excepción permitió a las autoridades estadounidenses «eliminar radicalmente cualquier estatuto jurídico para determinados individuos»[61], los sospechosos de participar en actividades terroristas, y rebajarlos prácticamente a la condición de *homines sacri*. Esto es algo que ha sucedido otras veces, pero si Guantánamo tiene un valor simbólico especial, es porque marca el momento histórico en el que la lógica del estado de excepción se incorpora plenamente al funcionamiento rutinario de un Estado de derecho. Por eso allí, quizás más que en ninguna otra parte, se confirma la contigüidad entre democracia y totalitarismo:

Ni prisioneros ni acusados, sino tan solo *detainees*, son objeto de una pura dominación de hecho, de una detención indefinida, y no solo en sentido temporal sino en cuanto a su propia naturaleza, puesto que queda sustraída por completo a la ley y al control judicial. La única comparación posible en relación con este caso es la situación jurídica de los judíos en los *Lager* nazis, quienes habían perdido, al ser pri-

61. G. Agamben, *Estado de excepción*, p. 12.

vados de la ciudadanía, toda identidad jurídica [...]. En el *detainee* de Guantánamo la nuda vida llega a su máxima indeterminación[62].

Desde entonces, nuevos campos regidos por la paradójica institucionalidad de un estado de excepción permanente se erigen en los márgenes del Estado de derecho, multiplicándose en un entorno globalizado en el que las crisis humanitarias intensifican los flujos migratorios, y en el cual el declive o el colapso de los Estados territoriales –que, como ya vio Hannah Arendt, han aportado hasta ahora el único marco institucional realmente capaz de garantizar derechos a los individuos[63]– relega a las poblaciones de amplias regiones del mundo a la desprotección jurídica que en otro tiempo padecían únicamente los apátridas. Zonas de espera de los aeropuertos en las que se hacinan los solicitantes de asilo, campamentos de desplazados y refugiados, centros de detención de inmigrantes ilegales, favelas y *slums* en la periferia de las grandes ciudades o en las inmediaciones de las fronteras del primer mundo, o esos centros de deportación de migrantes que, siguiendo el indigno modelo de Estados Unidos, la Unión Europea se propone abrir en territorio extracomunitario[64]:

---

62. *Ibíd.*, p. 13. Cf. también el ya citado artículo de W. E. Scheuerman, «Carl Schmitt and the Road to Abu Ghraib».

63. Cf. H. Brunkhorst, *El legado filosófico de Hannah Arendt*, Madrid: Biblioteca Nueva, 2006, pp. 73-116.

64. María R. Sahuquillo (11 de marzo de 2025): «Bruselas consagra el endurecimiento de sus políticas de migración al avalar los campos de deportación fuera de la UE», *El País*; https://elpais.com/internacional/2025-03-11/bruselas-consagra-

todo esto son otros tantos ejemplos de nuevos campos que afianzan la peligrosa institucionalidad de un estado de excepción permanente que, hasta ahora, solo habían normalizado los regímenes totalitarios:

> El campo como localización dislocante es la matriz oculta de la política en que todavía vivimos, la matriz que tenemos que aprender a reconocer a través de todas sus metamorfosis, tanto en las *zones d'attente* de nuestros aeropuertos como en ciertas periferias de nuestras ciudades[65].

Esta advertencia es quizás más oportuna hoy que en el momento en que Agamben la formuló por primera vez. Y también es más inquietante. En tiempos de revoluciones, el contrarrevolucionario Carl Schmitt confiaba en el estado de excepción como medio para asegurar o restablecer autoritariamente un orden social amenazado. En nuestra época, los análisis del schmittiano Giorgio Agamben parecen conducir a un diagnóstico más pesimista, pues la expansión de los «terrenos inciertos y sin nombre»[66] regidos por el estado de excepción ya no se orienta a la preservación del Estado de derecho, sino que más bien presagia su definitivo declive.

su-giro-a-la-derecha-en-migracion-al-avalar-los-campos-de-deportacion-fuera-de-la-ue.html.
65. G. Agamben, *Homo sacer*, pp. 223-224.
66. *Ibid.*, p. 237.

11. Nuevos escenarios bélicos

Herfried Münkler y las nuevas guerras híbridas

En sus últimos escritos, Carl Schmitt sitúa a la humanidad ante la elección entre un orden mundial unificado por un poder hegemónico –comunista o, más probablemente, liberal– y un orden multipolar de grandes espacios culturales y políticos heterogéneos que se equilibran mutuamente. Entre las razones que inclinaban a Schmitt a favor del orden multipolar habría que mencionar su anticomunismo, su antiamericanismo –propio de un pensador conservador y católico– y su nostalgia por la vieja Europa de los Estados territoriales soberanos, pero también la amenaza de la guerra. Ya vimos que, según Schmitt, la unificación del mundo mediante un proceso de globalización económica capitalista y políticamente liberal no pacificaría las sociedades, sino que las empujaría a nuevas y más terribles guerras, como consecuencia de la combinación de una tecnología armamentística cada vez más mortífera y la lógica «discriminadora» del liberalismo. «Qué pavoroso resulta un mundo en el que no haya un exterior, solo un interior»[1], escribió Schmitt ya en 1947, y todavía en 1978 volvía sobre el mismo argumento para rechazar, por contradictoria y potencialmente explosiva, la idea de un «patriotismo de la humanidad»[2].

Tras el desmoronamiento del bloque soviético, este sombrío pronóstico schmittiano quedó olvidado durante un periodo en el cual se impuso cierto triunfalismo liberal que quedó ejemplarmente plasmado en *El fin de la historia y el último hombre*, el refutadísimo libro del politólogo estadounidense Francis Fukuyama publicado en 1992[3]. A la vista del fracaso del comunismo, Fukuyama reivindicaba la filosofía de la historia de Hegel contra la de Marx, y afirmaba que, en lo sucesivo, el capitalismo y la democracia liberal constituirían el horizonte institucional al que se iría aproximando, a distinto paso y no sin altibajos, la sociedad humana en su conjunto. Una evolución que, según Fukuyama, favorecería también la pacificación de las relaciones internacionales, puesto que no es previsible las democracias liberales se declaren la guerra unas a otras: «un mundo compuesto de democracias liberales debería ofrecer muchos menos incenti-

---

1. C. Schmitt, *Glossarium*, p. 48.
2. C. Schmitt, «La revolución legal mundial», p. 23.
3. F. Fukuyama, *El fin de la historia y el último hombre*, Barcelona: Planeta, 1992.

vos para la guerra, puesto que todas las naciones se reconocerían recíprocamente su legitimidad»[4]. Fukuyama no fue el primer autor que confió en las virtudes pacificadoras de la democracia liberal y del comercio internacional. Algo de esto se percibe ya en el Kant de *Hacia la paz perpetua*, quien presenta el Estado de derecho (o, en su terminología, la «Constitución republicana») como la principal condición para la abolición definitiva de la guerra[5]. Y en el siglo XIX –como recuerda el politólogo alemán Herfried Münkler–, autores como Constant, Comte o Spencer también sostuvieron que la industrialización, el capitalismo y el liberalismo contribuirían a pacificar el orden internacional al transformar las sociedades guerreras en sociedades «postheroicas», más interesadas en la estabilidad, el consumo y el bienestar que en el poder y la gloria[6]. Ese mismo espíritu resurgió tras el final de la Guerra Fría, y a la euforia de los partidarios de la globalización económica se sumó el irenismo de quienes confiaban en la expansión de la democracia liberal.

Pero la historia no ha dado la razón a Fukuyama. Incluso si admitimos que las democracias liberales no se declaran la guerra unas a otras, su pronóstico no tuvo suficientemente en cuenta la posibilidad de que las de-

---

4. *Ibid.*, p. 22.
5. I. Kant, *Hacia la paz perpetua, op. cit.*; J. Habermas, «¿Tiene todavía alguna posibilidad la constitucionalización del derecho internacional?», *op. cit.*; J. L. López de Lizaga, «Rawls, Habermas y el proyecto kantiano de la paz perpetua», *op. cit.*
6. Sobre la diferencia entre sociedades heroicas y postheroicas, cf. H. Münkler, *Kriegssplitter*, pp. 169 y sigs.

clarasen a *otros* regímenes no democráticos, o que estos otros regímenes continuasen librando guerras entre ellos y contra las democracias liberales. Y a decir verdad, aquel optimismo de Fukuyama resulta sorprendente incluso en su contexto, si tenemos en cuenta, como señala Münkler, que inmediatamente después de 1989 no solo no cesaron las guerras, sino que estallaron nuevos conflictos que en ocasiones alcanzaron cotas inauditas de brutalidad, como muestran los millones de víctimas causadas por el genocidio de Ruanda y las guerras del Congo, ya en la década de 1990[7]. Desde entonces las guerras han seguido proliferando: la guerra del Golfo, la guerra de Yugoslavia, o las de Chechenia, Afganistán, Irak, Sudán, Somalia, Yemen, Siria, Ucrania o Gaza son las más conocidas, pero no las únicas. El *Índice de Paz Global* que publica anualmente el Institute for Economics and Peace muestra (en su informe de 2024) que el número de conflictos bélicos en curso (superior a cincuenta) es el más alto desde el final de la Segunda Guerra Mundial[8].

Sin embargo, los escenarios bélicos actuales difieren considerablemente de los del siglo XX. No solo porque sus coordenadas geográficas se han desplazado del ámbito europeo u occidental hacia un «cinturón de guerras difusas»[9], sino también, y sobre todo, porque presentan características nuevas. Ya vimos que, en las páginas finales

---

7. H. Münkler, *Kriegssplitter*, p. 8.
8. Institute for Economics & Peace, *Global Peace Index 2024: Measuring Peace in a Complex World*, Sídney, junio de 2024, p. 5; https://www.visionofhumanity.org/wp-content/uploads/2024/06/GPI-2024-web.pdf.
9. H. Münkler, *Kriegssplitter*, p. 12.

de su *Teoría del partisano*, Carl Schmitt vaticinaba que las armas atómicas favorecerían la mutua deshumanización de los enemigos, puesto que solo así podría justificarse su empleo. En la era atómica, según Schmitt, «la enemistad se hará tan horrorosa que ni siquiera se podrá hablar de enemigo y enemistad»[10]. Afortunadamente no se han producido esas apocalípticas guerras de exterminio mutuo, porque la posesión de armamento atómico o nuclear por parte de un Estado ejerce un efecto disuasorio sobre los Estados hostiles, de modo que las armas atómicas han contribuido, paradójicamente, a pacificar las relaciones internacionales[11]. Pero la contención que ha evitado el estallido de grandes guerras nucleares no ha impedido que las guerras proliferen a otra escala, en un nivel subestatal en el que actores menos definidos se enfrentan en conflictos de rasgos más difusos que en épocas anteriores.

Tal es la situación actual para Herfried Münkler, cuya teoría de las «nuevas guerras» retoma algunas ideas de Carl Schmitt sobre los rasgos regresivos de los conflictos bélicos tras el declive del Estado territorial y del *Ius Publicum Europaeum*. Para Münkler, las guerras actuales son guerras *híbridas* en las que se mezclan y confunden las distinciones binarias –guerra y paz, guerra civil y guerra interestatal, combatientes y no combatientes, frente

---

10. C. Schmitt, *Teoría del partisano*, pp. 100-101.
11. Cf. H. Münkler, *Gewalt und Ordnung*, pp. 30 y sigs. Münkler toma de Raymond Aron esta interpretación del significado de las armas atómicas en la configuración de las relaciones internacionales.

y retaguardia, etc.– que caracterizaron a los conflictos bélicos durante el periodo comprendido entre la Paz de Westfalia y la Primera Guerra Mundial[12]. Para Münkler –como para Schmitt– estas distinciones se difuminan a medida que el Estado territorial pierde protagonismo como actor geopolítico. Los conflictos armados adquieren un carácter transnacional o transfronterizo, puesto que ya no se desarrollan en territorios controlados por dos o más Estados beligerantes, sino en las amplias y difusas zonas desterritorializadas –otros «terrenos inciertos y sin nombre», por retomar la expresión de Giorgio Agamben– surgidas tras el colapso de Estados fallidos, o tras la abolición de las fronteras que en otro tiempo impusieron arbitrariamente las potencias coloniales. En palabras de Münkler, «los Estados han perdido el monopolio de la guerra legítima y de la guerra fáctica que fue el elemento central del "orden westfaliano" fundado en 1648»[13].

La vieja distinción entre guerra civil y guerra interestatal se difumina, por ejemplo, en los conflictos armados semiestatales y semitribales que se libran en amplias regiones de África, en los cuales los combatientes ya no son solo ejércitos regulares, sino también actores subestatales de naturaleza difusa: mercenarios, milicias, ejérci-

---

12. H. Münkler, *Kriegsplitter*, pp. 12-13. Cf. también M. García Guindo y G. Martínez-Valera González, «La guerra híbrida: nociones preliminares y su repercusión en el planeamiento de los países y organizaciones occidentales», documento de trabajo del Instituto Español de Estudios Estratégicos, 2015; https://www.ieee.es/Galerias/fichero/docs_trabajo/2015/DIEEET022015_La_Guerra_Hibrida_GUindo_Mtz_Glez.pdf.
13. H. Münkler, *Kriegsplitter*, p. 161.

tos privados, grupos terroristas o grupos organizados y liderados por «señores de la guerra» cuyas motivaciones políticas se mezclan con intereses criminales. Esto explica por qué resulta cada vez más improbable –como ya previó Carl Schmitt– que los conflictos bélicos comiencen formalmente con una declaración de guerra entre Estados y concluyan mediante tratados de paz. El ya citado *Índice de Paz Global* señala, en efecto, que el porcentaje de conflictos que concluyen mediante acuerdos de paz ha descendido drásticamente –del 23 % al 4 %– desde los años setenta del siglo xx[14].

Pero cuando los conflictos armados mutan y adquieren estos nuevos rasgos híbridos, obligan a las viejas potencias territoriales, como los Estados europeos o Estados Unidos, a modificar sustancialmente su manera de combatir. Dado que los Estados ya no se enfrentan militarmente a los ejércitos regulares de otros Estados, sino a actores subestatales, la acción de los ejércitos tiende a orientarse por el modelo de la lucha contra la criminalidad, y a interpretarse como acción policial. Por eso en nuestra época se constata una tendencia que Münkler y otros especialistas denominan «policialización» *(constabularisation)* de la guerra, es decir: una sustitución de la terminología militar por el vocabulario policial en la interpretación y justificación de los conflictos armados. Carl Schmitt ya había observado esta tendencia en los años treinta del siglo pasado, pero la atribuía al concepto «discrimina-

14. Institute for Economics & Peace, *Global Peace Index 2024: Measuring Peace in a Complex World*, p. 5.

torio» de la guerra característico del liberalismo. Para Münkler, en cambio, la actual policialización de los conflictos armados se debe más bien al hecho de que se libran en entornos desterritorializados y contra combatientes subestatales.

A la expansión de las nuevas «guerras de baja intensidad», libradas por actores subestatales, responden los Estados mediante la policialización de las acciones bélicas en una dinámica de *asimetrización* y *reequilibrio de fuerzas* que reproduce la lógica del combate irregular analizada por Carl Schmitt en la década de 1960. En efecto, cuando los combatientes subestatales se enfrentan a ejércitos estatales superiores a ellos en capacidad militar, su única perspectiva de éxito consiste en arrastrar al enemigo a una guerra *asimétrica*, irregular o «partisana», en la terminología de Schmitt. Los actores subestatales recurren sistemáticamente a la guerra de guerrillas, a la emboscada, al camuflaje entre la población civil, y con frecuencia también al terrorismo. Y es que, a pesar de su superioridad militar, las sociedades desarrolladas muestran una extraordinaria vulnerabilidad frente a los combatientes más violentos de estas guerras asimétricas, que son quienes están dispuestos a inmolarse: «Desde el 11 de septiembre sabemos que incluso cualquier cuchillo, utilizado para el secuestro de un avión de pasajeros que se hace estrellar contra edificios y ciudades, puede hacer conmoverse hasta en sus cimientos a una superpotencia»[15]. Este tipo de

15. H. Münkler, «Las guerras del siglo XXI», *Análisis político*, 51 (2004), p. 5. Omitimos aquí, no obstante, la importante cuestión de la diferencia entre parti-

combate asimétrico se contagia pronto a los actores estatales, cuyos ejércitos intentan recuperar la ventaja perdida
asumiendo por su parte los métodos del combate irregular. Esta dinámica subyace, según Münkler, al modo en
que los Estados occidentales, y especialmente Estados
Unidos, han respondido durante las últimas décadas al
desafío de la guerra irregular en la desterritorializada periferia de los países de la OCDE[16.] En los años noventa del
siglo XX, el ejército estadounidense bombardeaba las ins-
talaciones de Al Qaeda en países como Sudán, y en la primera década del siglo XXI procedía a la invasión –o «intervención militar», en la terminología policializada de
las nuevas guerras– de Afganistán o Irak con el argumento de que en dichos territorios tenían sus bases las organizaciones terroristas internacionales o se ocultaban armas de destrucción masiva. Ante la escasa efectividad y
el alto coste militar, económico y político de estas estrategias, la respuesta posterior de Estados Unidos al terrorismo global derivó hacia acciones cada vez más similares
a las de la policía o los servicios secretos. Los encarcela-
mientos extrajudiciales en la prisión de Guantánamo son
un ejemplo de esto, como también la ejecución extraju-
dicial de Bin Laden –y de otras personas de su entorno
más próximo– llevada a cabo por un comando del ejército estadounidense que en 2011 entró ilegalmente en territorio paquistaní. El último paso (hasta ahora) de este

sanismo y terrorismo, una diferencia que Schmitt tiende a desdibujar, y que Münkler
analiza con detalle en varios capítulos de H. Münkler, *Gewalt und Ordnung, op. cit.*
16. H. Münkler, *Kriegssplitter*, pp. 198 y sigs.

constante esfuerzo por reequilibrar la guerra asimétrica por parte de Estados Unidos (o de Occidente en general) es, a juicio de Münkler, el empleo de drones para acciones bélicas. Por una parte, los drones permiten limitar la violencia al dirigir los ataques contra objetivos más concretos –incluso contra individuos concretos, como Ayman al Zawahiri, líder de Al Qaeda abatido por un dron estadounidense en Kabul en 2022[17]–. Pero, por otra parte, el empleo de drones revela hasta qué punto los actores estatales han asimilado las tácticas de la guerra irregular, cuando no del terrorismo: «mediante los drones de combate –escribía Münkler en 2017–, el Estado moderno se ha aproximado a las capacidades de las redes terroristas, si es que no las ha igualado [...]»[18]. Más recientemente, la operación del Estado de Israel consistente en hacer explotar a distancia los *walkie-talkies* y buscas de los líderes de Hezbolá en el Líbano, ignorando completamente la altísima probabilidad de causar víctimas civiles inocentes, consuma esta evolución y pone de manifiesto que las tácticas de los Estados pueden ser hoy cada vez más indiscernibles de las de los grupos terroristas que afirman combatir.

Ante este panorama, el optimismo de liberales como Fukuyama parece definitivamente desvanecido, y la deriva de las nuevas «guerras híbridas», a cuya lógica se rin-

---

17. I. Seisdedos, «Estados Unidos mata con un dron al líder de Al Qaeda, Ayman al Zawahiri, en Kabul», *El País*; https://elpais.com/internacional/2022-08-01/estados-unidos-mata-a-ayman-al-zawahiri-lider-de-al-qaeda.html.
18. H. Münkler, *Kriegsplitter*, p. 200.

den en nuestros días también los Estados y sus ejércitos, parece confirmar los peores pronósticos de Carl Schmitt sobre el auge de la violencia en un mundo poswestfaliano. Y es que –como se recordará– Schmitt atribuía a las distinciones básicas de las viejas guerras interestatales la virtualidad de «acotar» la guerra, es decir, de circunscribir, limitar y en última instancia civilizar la violencia bélica. Ese acotamiento se vuelve cada vez más improbable en un mundo en el que los actores subestatales de las guerras híbridas no tienen ningún motivo para respetar las leyes de la guerra *(ius in bello)* y los ejércitos regulares de los Estados que los combaten tienen, por su parte, cada vez más motivos para incumplirlas. «Cuando las tropas de un Estado son enviadas a librar una guerra contra actores subestatales –se pregunta Münkler–, ¿deben actuar siguiendo las reglas de las Conferencias de La Haya, o hay que idear nuevas normas del derecho de guerra?»[19]. En su *Teoría del partisano*, Carl Schmitt dedicaba algunas páginas veladamente elogiosas a Raoul Salan, un general del ejército francés curtido en la guerra de Indochina que durante la guerra de Argelia decidió asumir los métodos del partisanismo que practicaba el enemigo y fundó, consecuentemente, un grupo terrorista: la Organisation d'Armée Secrète (OAS). Este grupo «organizó actos de terror tanto contra el enemigo argelino como contra la población civil en Argelia y contra la población en Francia misma, actuando según los métodos [...] del moderno

19. *Ibid.*, p. 163.

terror[ismo] de masas»[20]. Visto en perspectiva, Raoul Salan puede parecernos hoy el pionero de la deriva de los ejércitos regulares hacia la guerra irregular, la guerra híbrida y el terrorismo.

Las ideas de Carl Schmitt acerca de la «desacotación» y deshumanización de las guerras modernas siguen estando vigentes en el siglo XXI, si descontamos los errores que sin duda cometió Schmitt en algunos de sus juicios. Como nunca distinguió el multilateralismo de las Naciones Unidas del unilateralismo imperialista de Estados Unidos, Schmitt atribuía la supresión de las limitaciones de la guerra al potencial «discriminatorio» o criminalizador del liberalismo, los derechos humanos y el derecho internacional. Seguramente no tenía razón en esto, y la prueba está en que la única respuesta al abuso cínico de la retórica de la libertad y los derechos humanos, o a las violaciones del derecho internacional y al ninguneo de la ONU por parte de las grandes potencias, consiste en exigir que los derechos humanos y el derecho internacional se tomen en serio y se cumplan. Más convincentemente que Schmitt, Herfried Münkler argumenta que, en nuestra época, lo que suprime las viejas acotaciones de la guerra es, más bien, la dialéctica entre la guerra irregular de los actores subestatales y las estrategias de reequilibrio de los ejércitos estatales. En cualquier caso, el resultado es el mismo. El siglo XXI es hasta ahora un escenario de guerras híbridas, subestatales y desterritorializadas: conflictos di-

20. C. Schmitt, *Teoría del partisano*, p. 74.

fusos e interminables que la ONU será cada vez más incapaz de resolver, ya sea porque el declive de la estatalidad en amplias regiones del mundo priva de toda eficiencia a una organización cuya funcionalidad depende, en última instancia, de la autoridad de los Estados que la componen, ya sea −como afirman otros analistas− porque los Estados persiguen hoy sus propios objetivos e intereses y han dejado de tener en cuenta a la comunidad internacional[21]. Aunque no acertase en el diagnóstico, Schmitt acertó en la radiografía de esta inquietante deriva en las guerras de nuestro tiempo.

Hans Magnus Enzensberger y la guerra civil molecular

Si abandonamos ahora el «cinturón de guerras difusas» y regresamos al núcleo geopolítico que forman los países desarrollados, podremos observar en un contexto diferente la evolución de la figura schmittiana del partisano. En la época de la descolonización, Schmitt analizó la mutación del partisano defensivo y nacionalista, apegado a su territorio, en un agente de la revolución mundial capaz de operar internacionalmente sirviéndose de armas y medios de comunicación modernos. Ya vimos cómo, según Schmitt, esta nueva figura elevó el nivel de confron-

---

21. Está muy extendida entre los especialistas la opinión de que el orden internacional presidido por la ONU tiene los días contados. Cf. A. Rizzi, «Guerras, desastres climáticos y tecnomillonarios: 2025 abre paso a un nuevo orden mundial», *El País*; https://elpais.com/ideas/2025-01-05/guerras-desastres-climaticos-y-tecnomillonarios-2025-abre-paso-a-un-nuevo-orden-mundial.html.

tación con sus adversarios, pues al enemigo «verdadero» que combatían los primeros partisanos –los guerrilleros españoles o los campesinos tiroleses que luchaban contra las tropas napoleónicas– le sucedió históricamente el enemigo de clase, un enemigo «absoluto» que debía ser combatido transnacionalmente[22]. Tanto en su primera fase territorial como en su posterior variante internacional, los partisanos dependieron siempre de lo que Schmitt denominaba un «tercero interesado», es decir, alguna gran potencia que fomentaba las luchas partisanas desde la distancia, como sería el caso de Inglaterra durante las guerras napoleónicas, de la Unión Soviética durante los procesos de descolonización del siglo XX o de Estados Unidos durante la guerra afgano-soviética[23]. Pues bien, el hundimiento del comunismo implicó la desaparición de terceras potencias interesadas en las causas partisanas y, por tanto, implicó también la extinción de la figura del revolucionario internacional, pero no la del partisano, que una vez más mudó de piel al desembarazarse de su dependencia organizativa e ideológica respecto de terceras potencias. Como resultado de esta nueva transformación surge la inquietante figura del terrorista contemporáneo.

El ensayista alemán Hans Magnus Enzensberger no recurre expresamente a Carl Schmitt para analizar este nuevo

22. *Ibid.*, pp. 99-100.
23. Schmitt toma el término de «tercero interesado» del libro de Rolf Schroers *Der Partisan*. Cf. C. Schmitt, «Al verdadero Juan Jacobo Rousseau», *ABC Sevilla*, 28/06/1962, p. 13.

terrorismo, pero sí parece tomar de Schmitt la idea de que el signo de nuestro tiempo es una guerra civil generalizada. «El nuevo orden mundial [está] marcado hoy por la guerra civil», escribe en un ensayo publicado en 1993, es decir, en el umbral que separa la época de Carl Schmitt de la nuestra[24]. También es muy schmittiana su concepción de la guerra civil como aquella en la que cada bando niega toda legitimidad al adversario, de modo que el objetivo no puede ser otro que la rendición incondicional o la destrucción total del enemigo: son guerras civiles aquellas en las que «el hombre destruye aquello que odia –y eso suele ser el enemigo dentro de su propio territorio»[25]. Sin embargo, pese a estos ecos schmittianos, hay una diferencia importante entre las ideas de Schmitt sobre el partisanismo y su actualización a manos de Enzensberger. Desaparecidos los bloques de la Guerra Fría y su respaldo ideológico y logístico a los movimientos partisanos, la violencia que en otro tiempo avivaba las guerras civiles en la periferia geopolítica parece haberse desplazado a las metrópolis, donde se ejerce por grupos, comandos o células cada vez más reducidas hasta alcanzar el límite extremo del lobo solitario, del terrorista que actúa por su cuenta:

La guerra civil ya está presente en las metrópolis. Sus metástasis forman parte de la vida cotidiana de las grandes urbes, pero no solo en Lima o Johannesburgo, en Bombay o Río,

---

24. H. M. Enzensberger, «Perspectivas de guerra civil», en: *Ensayos sobre las discordias*, p. 84.
25. *Ibid.*, p. 85.

sino también en París y Berlín, en Detroit y Birmingham, en Milán y Hamburgo. Y sus dirigentes no son únicamente terroristas y servicios secretos, mafiosos y *skinheads*, traficantes de droga y escuadrones de la muerte, sino también ciudadanos normales y corrientes que de la noche a la mañana se convierten en *hooligans*, incendiarios, locos homicidas y asesinos en serie. Al igual que en las guerras africanas, estos mutantes son cada vez más jóvenes. Nos estamos engañando a nosotros mismos al creer que impera la paz solo porque todavía podemos salir a comprar el pan sin que nos acribille un tirador emboscado[26].

La violencia generalizada que empapa las sociedades contemporáneas como una guerra civil sin frentes ni batallas es, en la terminología de Enzensberger, una guerra «molecular», es decir: individualista y atomizada. Sus justificaciones ideológicas son cada vez más borrosas, hasta el punto de estar completamente ausentes en muchos casos. «En las actuales guerras civiles ha desaparecido todo vestigio de legitimación. La violencia se ha desligado totalmente de justificaciones ideológicas»[27]. Esto es así no solo en el caso de los locos incendiarios o los asesinos en serie, sino que la ideología está ausente incluso allí donde se la invoca expresamente, como muestran los grupos neonazis y el terrorismo yihadista. Los primeros justifican su vandalismo o sus agresiones a extranjeros apelando a un pasado fascista presuntamente glorioso, del cual, sin

26. *Ibid.*, p. 92.
27. *Ibid.*, p. 94.

embargo, lo desconocen absolutamente todo: «El homicida adolescente que se lanza a la caza de ciudadanos indefensos [...] no sabe nada acerca del nacionalsocialismo. La historia no le interesa. La cruz gamada y el saludo fascista no son más que la utilería habitual [...]»[28]. Y en cuanto a los yihadistas, suelen justificar sus atentados en versiones apócrifas del islam: «Cualquier musulmán inteligente nos confirmará que [el fundamentalismo islámico] no tiene nada que ver con la ortodoxia; se trata simplemente de una reacción radical a la presión modernizadora»[29].

Podría objetarse a Enzensberger que, como mínimo, los terroristas islamistas suelen invocar, para justificar sus atentados, no solo razones religiosas, sino también políticas, como las guerras de Occidente contra los países musulmanes, o como el sufrimiento de la población musulmana en Oriente Medio[30]. Sin embargo, Enzensberger insiste en que estas justificaciones aparentemente políticas no son el verdadero motivo de los atentados yihadistas. La prueba está en que los atentados más violentos y espectaculares suelen ser −como lo fue el 11-S− aquellos

28. *Ibid.*, p. 99.
29. *Ibid.*, p. 97.
30. Esto pudo observarse ya, por ejemplo, en el comunicado del 7 de octubre de 2001 en el que Al-Qaeda reivindicaba los ataques del 11-S. Cf. E. Castro Méndez, «Después del 11-S. Al-Qaeda vista por el análisis del discurso», *Revista Mexicana de Ciencias Políticas y Sociales*, 52, 210 (2010), pp. 59-75. Otros autores señalan que las motivaciones políticas del yihadismo son secundarias frente a las motivaciones propiamente religiosas. Así, por ejemplo, Fernando Reinares sostiene que la participación de España en la guerra de Irak fue el detonante, pero no el verdadero motivo del atentado del 11 de marzo de 2004 en la estación de Atocha de Madrid. Cf. F. Reinares, *¡Matadlos! Quién estuvo detrás del 11-M y por qué se atentó en España*, Barcelona: Galaxia Gutenberg, 2014.

en los que se inmolan los propios terroristas. Estas inmolaciones consuman la lógica de la despolitización del terrorismo, puesto que no es posible atribuir una motivación política genuina a actos que solo apuntan a causar estragos, y que ni siquiera distinguen destrucción y autodestrucción:

> Allí donde no se concede el menor valor a la vida propia ni a la del prójimo, [...] queda completamente fuera de lugar cualquier pensamiento político, desde Aristóteles y Maquiavelo hasta Marx y Weber. En un mundo por el cual vagan bombas vivientes, solo subsiste una utopía negativa: el prototipo de la lucha de todos contra todos, tal como la describió Hobbes[31].

Pero si es imposible que aspire seriamente a fundar un nuevo orden social o político un individuo que atropella con una furgoneta a decenas de transeúntes para después ser abatido por los disparos de la policía, o que se inmola activando una bomba que también mata indiscriminadamente a decenas o centenares de personas, entonces esta nueva violencia debe tener raíces distintas de cualquier ideología. Una explicación alternativa –quizás más tranquilizadora para las mentalidades progresistas de Occidente– sitúa el origen de este terrorismo en la pobreza, pero la privilegiada extracción social de, como mínimo, los ideólogos y cabecillas de estos grupos terroris-

---

31. H. M. Enzensberger, «Perspectivas de guerra civil», p. 107.

tas (como el propio Bin Laden) desmiente también esa hipótesis: «no solo los jefes e ideólogos del terror provienen en su mayoría de familias influyentes y acomodadas –escribe Enzensberger–, sino que incluso entre los ejecutores de los atentados los pobres están infrarrepresentados»[32]. Para Enzensberger, el verdadero motivo de la guerra civil molecular debe buscarse más bien en la distancia que media entre las expectativas generadas globalmente por las sociedades modernas y la capacidad o la disposición de esas mismas sociedades para cumplir dichas expectativas a escala global. O por decirlo de otro modo: el verdadero motivo del terrorismo contemporáneo es el resentimiento de quienes quedan excluidos de los beneficios económicos, políticos, sociales y personales de la modernización social. Consideradas las cosas desde esta perspectiva, se explica también el extraño parentesco que muestran las formas de violencia social más características de nuestra época: el terrorismo yihadista no es, en efecto, muy diferente del hooliganismo futbolístico, los atentados de extrema derecha o incluso la violencia de género. En todos estos casos, la guerra civil molecular es una reacción de «perdedores radicales», de resentidos que sienten que la modernización incumple precisamente con ellos la promesa de una vida más próspera y más libre:

Estamos ante un colectivo de perdedores radicales. Todas las características suficientemente conocidas [...] reaparecen [en

32. H. M. Enzensberger, *El perdedor radical*, p. 57.

todos ellos] [...]: la misma desesperación por el fracaso propio, la misma búsqueda de chivos expiatorios, la misma pérdida de realidad, el mismo machismo, el mismo sentimiento de superioridad con carácter compensatorio, la fusión de destrucción y autodestrucción, y el deseo compulsivo de convertirse, mediante la escalada del terror, en el amo de la vida ajena y de la muerte propia[33].

Precisamente por su carencia de justificaciones ideológicas, esta ciega violencia molecular puede echar mano de cualquier ideología, y podría propagarse en un mundo en el que, tanto en las metrópolis como en la periferia, es cada vez mayor el número de quienes se sienten subjetivamente excluidos de los beneficios de la modernización social, y el de quienes quedan objetivamente «eliminados del circuito económico porque ya no resulta rentable explotarlos»[34]. Por otra parte, esta violencia molecular de perdedores radicales suele provocar la violencia defensiva de quienes han tenido más suerte que ellos, y que están dispuestos a defender su posición privilegiada mediante diversas estrategias de autoprotección que pueden incluir desde las fronteras y alambradas hasta el cinismo político y la más descarada brutalidad estatal. Surge así una *lumpenburguesía* tan violenta como el lumpemproletariado del que dice protegerse, y el fenómeno schmittiano de la «guerra civil mundial», ahora despolitizada, amenaza

33. *Ibid.*, p. 56.
34. *Ibid.*, pp. 113-114.

con infiltrarse definitivamente en el corazón de sociedades que creíamos pacificadas:

> En las zonas conflictivas de las ciudades, la policía y el ejér-
> cito actúan como si fueran una banda más. Las unidades
> antiterroristas practican la pena de muerte preventiva; los
> drogadictos y los pequeños delincuentes son víctimas de
> los escuadrones de la muerte, fiel reflejo de aquellos a quie-
> nes combaten. Al lumpemproletariado le corresponde una
> lumpenburguesía que copia al enemigo en la elección de los
> medios. [...] Aumenta cada vez más el número de personas
> que se ven arrastradas al torbellino de miedo y odio, hasta
> alcanzar un estado de asocialidad total.

Concluyamos. Si interpretamos estas ideas de Münkler
y Enzensberger como actualizaciones de la teoría schmittiana del partisanismo, podemos inferir que una guerra
civil mundial podría estar conquistando cada vez más terreno en nuestras sociedades, en la forma de interminables guerras híbridas e incontrolables guerras moleculares.
Ante la amenaza de este nuevo desorden, alguien podría
sentir la tentación de recurrir a las viejas recetas autoritarias de Carl Schmitt. Pero es difícil decir qué tipo de autoridad podría restablecer el orden en un escenario de violencia global generalizada, a no ser un nuevo Leviatán
que resultase, como pedía Hobbes, más aterrador que la
guerra misma.

Conclusión

Convendría que empezase a suceder con Carl Schmitt lo que ya sucede desde hace tiempo con Karl Marx o con Martin Heidegger, dos autores a quienes podemos leer hoy *sine ira et studio*, sin necesidad de posicionarnos inmediatamente en algún frente político. Schmitt es un autor de quien puede aprenderse mucho, aunque se rechacen radicalmente sus puntos de vista. Su obra es un valioso documento de una época, y renunciar a ella es privarse de una pieza clave para comprender el pensamiento político del siglo XX, especialmente por lo que respecta al terrible y crucial periodo de entreguerras. Pero Schmitt es también un analista inesperadamente actual casi medio siglo después de su muerte, en un tiempo en el que la política se polariza, los gobiernos democráticos se inclinan peligrosamente hacia el autoritarismo, las guerras proliferan y regresa una geopolítica de grandes espacios imperiales. Todo es hoy muy schmittiano, o más schmittiano de lo que nos gustaría, y ya solo por eso conviene tener muy presentes y muy en cuenta las ideas de este autor.

Pero lo que de verdad divide a los lectores de Schmitt no es su importancia histórica (que nadie discute) ni su agudeza teórica (que nadie niega), sino su filosofía política, es decir, sus ideas *normativas* acerca de la naturaleza de la política, o acerca de la función y la legitimidad del Estado, o acerca del modelo que deberían adoptar las relaciones internacionales. Hay quien sostiene que Schmitt nunca asumió ninguna posición normativa en relación con estos temas, y que su obra es simplemente una descripción de fenómenos políticos «axiológicamente neutral» –en el sentido de Max Weber–, especialmente valiosa por ser muy «realista» y ahorrarse las ingenuidades y utopismos de otras teorías, en particular el liberalismo político. Pero esta lectura simplifica excesivamente las cosas, no hace justicia a la ambigüedad y complejidad de los propios textos de Schmitt y se pone de parte de este con demasiada facilidad, ciertamente *sine ira*, pero desde luego no *sine studio*. Cuando logramos penetrar a través de todas sus ambigüedades y nos zafamos de su muy consciente y elaborado arte de la ocultación, lo que finalmente hallamos en Carl Schmitt es una filosofía política que difícilmente podremos suscribir hoy, porque Schmitt es el filósofo político del fascismo, o quizás más exactamente de un clerofascismo católico. Pero si Schmitt *solo* fuera eso, su obra tendría hoy un interés meramente histórico, comparable al de, digamos, los escritos y discursos de José Antonio Primo de Rivera. Lo bueno de Schmitt, o lo malo, es que no es solo el más inteligente teórico de una política iliberal o antiliberal, sino que su obra refleja también una tentación que permanece latente en las democracias liberales a las que Schmitt se enfrentó siempre.

Es la tentación de la seguridad. En la vorágine de la guerra contra el terrorismo que el gobierno de Estados Unidos emprendió tras los atentados contra el World Trade Center de Nueva York en septiembre de 2001, Eugenio Trías publicó un ensayo titulado *La política y su sombra* en el que analizaba el reverso menos amable de los grandes ideales políticos de la Modernidad[1]. La libertad, la igualdad y la fraternidad –o la solidaridad, como quizás la llamaríamos ahora son lemas polisémicos y controvertidos, pero han orientado y siguen orientando las más importantes revoluciones y luchas sociales de los últimos doscientos cincuenta años. Son las banderas que, con distintas modulaciones, enarbola cualquier movimiento político en la actualidad. Trazan el marco normativo mínimo, básico, de toda reivindicación que aspire a hacerse oír en la esfera pública. Pero junto a esas grandes consignas –tal vez a su sombra, o tal vez proyectando una inquietante sombra sobre ellas–, hay un cuarto principio de la política moderna del que no hablamos tanto, que suele quedar en penumbra y que al menos en los Estados democráticos solo se invoca expresamente cuando no queda más remedio, lo cual suele suceder en situacio-

---

1. E. Trías, *La política y su sombra*, Barcelona: Anagrama, 2006.

nes críticas. Ese principio es la seguridad, un valor político que compete a los ministerios menos carismáticos de nuestras democracias y cuya mención resulta incómoda porque hace pensar en restricciones y perímetros, en cargas policiales, en detenciones y requisas e incluso (en las situaciones más graves) en la suspensión de derechos y en estados de excepción. La seguridad es impopular porque mantiene cierta tensión con esa otra célebre tríada formulada durante la Revolución francesa, y muy especialmente con el primero de los valores que la conforman: la libertad. Por eso los Estados modernos, también si son democráticos, mantienen siempre un difícil equilibrio entre libertad y seguridad, puesto que su legitimación depende de que ambos valores estén suficientemente garantizados, pero no siempre es posible reforzar uno de ellos sin debilitar el otro. Se trata aquí, al parecer, de un juego de suma cero, y la tentación de hacer prevalecer la seguridad por encima de cualquier otro valor político, especialmente la libertad, es una tentación sombría que ronda siempre a las democracias modernas. Y si Locke, Rousseau o Marx fueron los teóricos de los tres principios más luminosos de la política moderna, también la seguridad ha tenido sus ideólogos y sus valedores. El primero de ellos fue Hobbes, el gran filósofo inmerso en las guerras civiles de la Inglaterra del siglo XVII que despreció las libertades políticas e hizo depender la legitimidad del Estado exclusivamente de la garantía de la seguridad física del individuo. En el siglo XX, Carl Schmitt recupera esa lógica política hobbesiana en el contexto de la República de Weimar, marcada por la violencia política, el colapso de la democracia liberal parlamentaria y la amenaza de la revolución comunista. Schmitt es, como su maestro Hobbes, el filósofo de la seguridad, de la autoridad y el orden. Y es, al igual que Hobbes, un clásico incómodo, el teórico de un valor político inquietante, pero que también forma parte de los pilares de nuestras sociedades. También por eso deberíamos seguir leyendo a Schmitt, como seguimos leyendo a Hobbes.

Pero es obvio que estudiar la obra de un autor no nos compromete a aceptar sus posiciones políticas. Más bien al contrario, leer a Schmitt puede servirnos para comprender con claridad por qué no somos ni podemos ser verdaderamente schmittianos. Y es que todas las respuestas de Schmitt a los interrogantes políticos de su tiempo, todas las recetas políticas que se derivan (aunque casi nunca de modo explícito) de sus análisis, son invariablemente peores que los problemas que deberían resolver. El fascismo no es la solución a los problemas de las democracias liberales en crisis, puesto que es muchísimo peor que estas. El totalitarismo, que Schmitt aplaudió y teorizó durante un tiempo, es el peor régimen político conocido, infinitamente peor que la más disfuncional y anárquica de las democracias liberales. Y hoy empezamos a constatar de nuevo que, en el plano de las relaciones internacionales, el belicismo agresivo de las grandes potencias con pretensiones imperialistas es más desestabilizador que el pacifismo legalista de las organizaciones supranacionales, incluso si concedemos a Schmitt que dichas organizaciones han sido a menudo, y siguen siéndolo, instrumentalizadas para los objetivos imperialistas de esas mismas grandes potencias. En todas las disyuntivas teóricas a las que aplicó su aguda inteligencia, Schmitt se decidió invariablemente por la opción más antiliberal: en su concepción de la política, en la teoría del Estado, en el análisis de la democracia y de las relaciones internacionales. Y en todos los casos el remedio schmittiano resulta ser peor que la enfermedad.

Por eso uno se pregunta –como han hecho ya otros estudiosos– *por qué* Schmitt se decidió *siempre*, una y otra vez, en contra del liberalismo político, y por qué mantuvo este posicionamiento fundamental incluso después de observar en persona hasta dónde podían llegar los regímenes autoritarios y totalitarios de su época. No es posible responder con certeza a esta pregunta, pero la clave podría estar en el temperamento de Schmitt, en algún rasgo profundo de su mentalidad, de su educación y de su carácter. Ese rasgo aflora algunas veces en sus escritos de un modo involuntario. Por ejemplo, en un pasaje de *El concepto de lo político* en el que Schmitt afirma que la humanidad unificada bajo un régimen económico y político liberal de alcance global –el sueño de los partidarios de la globalización a finales del siglo xx– reduciría todo vínculo social al débil lazo que une a «los inquilinos de un bloque de viviendas, o a los usuarios conectados de una misma red de gas, o a los pasajeros de un mismo autobús»[2].

---

2. C. Schmitt, *El concepto de lo político*, p. 86.

Una perspectiva demasiado insulsa para un Carl Schmitt que nunca fue un admirador de Nietzsche ni un nacionalista alemán al uso, pero que quizás compartía con muchos de sus compatriotas cierto *pathos* nietzscheano de la «gran política», y cierta esperanza en un destino para el ser humano más elevado que la prosaica existencia de los «últimos hombres» –como los denominó Nietzsche, y tras él Max Weber–, los habitantes de sociedades liberales, desacralizadas y postheroicas que han renunciado a la grandeza a cambio de una felicidad cismundana e individualista quizás más modesta, pero también más realista, y sobre todo más pacífica que sus alternativas megalómanas.

Schmitt despreció siempre el liberalismo porque despreciaba la figura antropológica del «último hombre». Pero podría replicársele que, a fin de cuentas, el paradigma social de los inquilinos de un edificio o de los pasajeros de un autobús no es el peor destino imaginable para las sociedades humanas. Inquilinos y pasajeros son los pobladores naturales de sociedades en las que cada cual vive su vida y deja a los demás vivir la suya, y en las que, idealmente al menos, todos están dispuestos a «convivir con el enemigo» –recordemos por última vez la expresión de Ortega–, es decir, a compartir el ascensor o el autobús con un extraño que, por eso mismo, deja automáticamente de ser un enemigo. Habrá quienes sostengan que hay modelos sociales mejores que este (¿menos atomizados?, ¿más robustos y emocionales?, ¿más comprometidos y solidarios?), y seguramente tendrán razón. Pero también es verdad que los hay mucho peores, y entre ellos podría incluirse el de las masas encuadradas en organizaciones totalitarias, movilizadas y enardecidas en enfrentamientos políticos genuinamente schmittianos de amigos y enemigos. En el fondo es más civilizado viajar en autobús que marchar permanentemente en algún desfile. La barbarie no estaba donde Schmitt la veía, y el *katechon*, después de todo, podrían ser precisamente nuestras frágiles democracias liberales. Pero Schmitt nunca se tomó en serio esta posibilidad.

Bibliografía

Traducciones al español de las principales obras de Carl Schmitt ordenadas cronológicamente por la fecha de su publicación original en alemán

1914: *El valor del Estado y el significado del individuo*, Madrid: Centro de Estudios Políticos y Constitucionales, 2011.

1919: *Romanticismo político*, Quilmes: Universidad Nacional de Quilmes, 2000.

1921: *La dictadura*, Madrid: Alianza Editorial, 2013.

1922: *Teología política*, Madrid: Trotta, 2009.

1923: *Catolicismo romano y forma política*, Madrid: Tecnos, 2011.

1923: *Los fundamentos histórico-espirituales del parlamentarismo en su situación actual*, Madrid: Tecnos, 2018.

1927 (1932 [1963], 1933): *El concepto de lo político*, Madrid: Alianza Editorial, 2024.

1928: *Teoría de la Constitución*, Madrid: Alianza Editorial, 2011 (2024).

1931: *El defensor de la Constitución*, en: C. Schmitt y H. Kelsen, *La polémica Schmitt / Kelsen sobre la justicia constitucional*, Madrid: Tecnos, 2020.

1932: *Legalidad y legitimidad*, Granada: Comares, 2006.

1933: «Estado, Movimiento, Pueblo», *Eunomía. Revista en Cultura de la Legalidad*, 12 (2017), pp. 273-309.

1934: *Sobre los tres modos de pensar la ciencia jurídica*, en: *Posiciones ante el derecho*, Madrid: Tecnos, 2012.

1938: *El Leviathan en la teoría del Estado de Tomás Hobbes,* Granada: Comares, 2003.

1939: *El orden internacional de los grandes espacios con prohibición de la intervención de potencias extranjeras (selección),* en: O. Casanovas, *Carl Schmitt pensador del orden internacional,* Madrid: Tecnos, 2022.

1942: *Tierra y mar,* Madrid: Trotta, 2019.

1950: *El nomos de la tierra,* Granada: Comares, 2003.

1950: *Ex captivitate salus,* Madrid: Trotta, 2010.

1950: *Interpretación europea de Donoso Cortés,* Madrid: Rialp, 1963.

1963: *Teoría del partisano,* Madrid: Trotta, 2022.

1970: *Teología política II,* Madrid: Trotta, 2009.

1978: «La revolución legal mundial», *Revista de Estudios Políticos,* 10 (1979), pp. 5-24.

2015: *Glossarium* [1947-1958], Sevilla: El Paseo, 2021.

Obras de Carl Schmitt citadas en este libro

SCHMITT, C. (2009/1912): *Gesetz und Urteil,* Múnich: Beck. Trad.: *Ley y juicio. Examen sobre el problema de la praxis juidicial,* en: M. Herrero (ed.), *Posiciones ante el derecho.* Madrid: Tecnos, 2012.

– (2015/1914): *Der Wert des Staates und die Bedeutung des Einzelnen,* Berlín: Duncker & Humblot. Trad.: *El valor del Estado y el significado del individuo,* Madrid: Centro de Estudios Políticos y Constitucionales, 2011.

– (1991/1916): *Theodor Däublers «Nordlicht»,* Berlín: Duncker & Humblot.

– (1998/1919): *Politische Romantik,* Berlín: Duncker & Humblot. Trad.: *Romanticismo político,* Quilmes: Universidad Nacional de Quilmes, 2000.

– (2015/1921): *Die Diktatur,* Berlín: Duncker & Humblot. Trad.: *La dictadura,* Madrid: Alianza Editorial, 1999.

– (2015/1922): *Politische Theologie,* Berlín: Duncker & Humblot. Trad.: *Teología política,* Madrid: Trotta, 2009.

- (2016/1923a): *Römischer Katholizismus und politische Form*, Stuttgart: Klett-Cotta. Trad.: *Catolicismo romano y forma política*, Madrid: Tecnos, 2011.
- (2017/1923b): *Die geistesgeschichtliche Lage des heutigen Parlamentarismus*, Berlín: Duncker & Humblot. Trad.: *Sobre el parlamentarismo*, Madrid: Tecnos, 1990; *Los fundamentos histórico-espirituales del parlamentarismo en su situación actual y la polémica con Thoma sobre el significado de la democracia*, Madrid: Tecnos, 2018.
- (1994/1923c): «Die politische Theorie des Mythus», en: *Positionen und Begriffe*. Trad.: «La teoría política del mito», en: H. O. Aguilar (ed.), *Carl Schmitt, teólogo de la política*, México: FCE, 2001.
- (1923d): «Soziologie des Souveränitätsbegriffes und Politische Theologie», en: M. Palyi (ed.), *Hauptprobleme del Soziologie. Erinnerungsgabe für Max Weber*, Múnich / Leipzig: Duncker & Humblot, vol. 2.
- (2021/1924): «Die Diktatur des Reichspräsidenten nach Art. 48 der Reichsverfassung», en: *Der deutsche Föderalismus. Die Diktatur des Reichspräsidenten*, Berlín / Boston: De Gruyter. Trad.: «La dictadura del presidente del Reich según el art. 48 de la Constitución de Weimar», en: *Ensayos sobre la dictadura 1916-1932*, Madrid: Tecnos, 2013.
- (1994/1925): «Die Rheinlande als Objekt internationaler Politik», en: *Positionen und Begriffe*.
- (1994/1927a): «Der Begriff des Politischen», en: *Positionen und Begriffe*.
- (2018/1927b, 1932, 1933, 1963): *Der Begriff des Politischen. Synoptische Darstellung der Texte*, Berlín: Duncker & Humblot. Trad. de la versión de 1927: «El concepto de lo político de Carl Schmitt. Versión de 1927», *Res Publica. Revista de Historia de las Ideas Políticas*, vol. 22, n.º 1 (2019), pp. 259-289; trad. de la versión de 1932: *El concepto de lo político*, Madrid: Alianza Editorial, 1998 (2024).
- (2017/1928): *Verfassungslehre*, Berlín: Duncker & Humblot. Trad.: *Teoría de la Constitución*, Madrid: Alianza Editorial, 2011 (2024).

– (2018/1929a), «Das Zeitalter der Neutralisierungen und Entpolitisierungen», en: *Der Begriff des Politischen. Synoptische Darstellung der Texte*. Trad.: «La era de las neutralizaciones y de las despolitizaciones», en: *El concepto de lo político*, Madrid: Alianza Editorial, 1998 (2024).

– (1994/1929b): «Wesen und Werden des faschistischen Staates», en: *Positionen und Begriffe*. Trad.: «El ser y el devenir del Estado fascista», en: H. O. Aguilar (ed.), *Carl Schmitt, teólogo de la política*, México: FCE, 2001.

– (1994/1930): «Staatsethik und pluralistischer Staat», en: *Positionen und Begriffe*. Trad.: «Ética del Estado y Estado pluralista», *Logos. Anales del Seminario de Metafísica*, Vol. 44 (2011), pp. 21-34.

– (2016/1931a): *Der Hüter der Verfassung*, Berlín: Duncker & Humblot. Trad.: «El defensor de la Constitución», en: C. Schmitt y H. Kelsen, *La polémica Schmitt / Kelsen sobre la justicia constitucional*, Madrid: Tecnos, 2020.

– (1994/1931b): «Die Wendung zum totalen Staat», en: *Positionen und Begriffe*. Trad.: «El giro hacia el Estado totalitario», en: H. O. Aguilar (ed.), *Carl Schmitt, teólogo de la política*, México: FCE, 2001.

– (1995/1932a): «Starker Staat und gesunde Wirtschaft», en: *Staat, Grossraum, Nomos*.

– (2012/1932b): *Legalität und Legitimität*, Berlín: Duncker & Humblot. Trad.: *Legalidad y legitimidad*, Granada: Comares, 2006.

– (2021/1933a): «Das Gesetz zur Behebung der Not von Volk und Reich vom 24. März 1933», en: *Gesammelte Schriften 1933-1936*.

– (2021/1933b): «Das gute Recht der deutschen Revolution», en: *Gesammelte Schriften 1933-1936*.

– (2021/1933c): «Die deutschen Intellektuellen», en: *Gesammelte Schriften 1933-1936*.

– (2021/1933d): «Der Staat des 20. Jahrhunderts», en: *Gesammelte Schriften 1933-1936*.

– (2021/1933e): *Staat, Bewegung, Volk*, en: *Gesammelte Schriften 1933-1936*. Trad.: «Estado, Movimiento, Pueblo», *Eunomía. Revista en Cultura de la Legalidad*, 12 (2017), pp. 273-309.

- (2021/1934a): «Der Führer schützt das Recht», en: *Gesammelte Schriften 1933-1936*. Trad.: «El Führer defiende el derecho», en: Y.-Ch. Zarka, *Un detalle nazi en el pensamiento de Carl Schmitt*, Barcelona: Anthropos, 2007.
- (2006/1934b): *Über die drei Arten des rechtswissenschaftlichen Denkens*, Berlín: Duncker & Humblot. Trad.: *Sobre los tres modos de pensar la ciencia jurídica*, en: M. Herrero (ed.), *Posiciones ante el derecho*, Madrid: Tecnos, 2012.
- (2021/1935): «Die Verfassung der Freiheit», en: *Gesammelte Schriften 1933-1936*. Trad.: «La Constitución de la libertad», en: Y.-Ch. Zarka, *Un detalle nazi en el pensamiento de Carl Schmitt*.
- (2007/1938a): *Die Wendung zum diskriminierenden Kriegsbegriff*, Berlín: Duncker & Humblot.
- (2012/1938b): *Der Leviathan in der Staatslehre des Thomas Hobbes*, Stuttgart: Klett-Cotta. Trad.: *El Leviathan en la teoría del Estado de Tomás Hobbes*, Granada: Comares, 2003.
- (1991/1939): *Völkerrechtliche Grossraumordnung*, Berlín: Duncker & Humblot. Trad. del capítulo V: «El concepto de Imperio en el Derecho Internacional», *Revista de Estudios Políticos*, 1 (1941), pp. 83-101; trad. incompleta: «El orden internacional de los grandes espacios con prohibición de la intervención de potencias extranjeras (selección)», en: O. Casanovas, *Carl Schmitt pensador del orden internacional*, Madrid: Tecnos, 2022.
- (1994/1940): *Positionen und Begriffe im Kampf mit Weimar – Genf – Versailles 1923-1939*, Berlín: Duncker & Humblot.
- (2008/1942): *Land und Meer*, Stuttgart: Clett-Kotta. Trad.: *Tierra y mar*, Madrid: Trotta, 2019.
- (1943): *Cambio de estructura del derecho internacional*, Madrid: Instituto de Estudios Políticos.
- (1994/1945): *Das internationalrechtliche Verbrechen des Angriffskrieges und der Grundsatz «Nullum crimen, nulla poena sine lege»*, Berlín: Duncker & Humblot. Trad.: *El crimen de guerra de agresión en el Derecho internacional y el principio «Nullum crimen, nulla poena sine lege»*, Buenos Aires: Hammurabi, 2006.

– (1988/1947): «1907 Berlin», en: P. Tommissen (ed.), *Schmittiana I*, Berlín: Duncker & Humblot. Trad.: «Berlín, 1907», *Res Publica. Revista de Historia de las Ideas Políticas*, vol. 19, n.º 1 (2016), pp. 335-342.

– (1995/1949): «Amnestie oder die Kraft des Vergessens», en: *Staat, Grossraum, Nomos.* Trad.: «Amnistía es la fuerza de olvidar», *El País*, 21/01/1977, p. 2.

– (2011/1950a): *Der Nomos der Erde*, Berlín: Duncker & Humblot. Trad.: *El nomos de la tierra*, Granada: Comares, 2002.

– (2015/1950b): *Ex captivitate salus*, Berlín: Duncker & Humblot. Trad.: *Ex captivitate salus*, Madrid: Trotta, 2010.

– (2009/1950c): *Donoso Cortés in gesamteuropäischer Interpretation*, Berlín: Duncker & Humblot. Trad.: *Interpretación europea de Donoso Cortés*, Madrid: Rialp, 1963.

– (1951): «La unidad del mundo», *Anales de la Universidad de Murcia*, vol. IX, pp. 343-355.

– (2017/1956): *Hamlet oder Hekuba*, Stuttgart: Klett-Cotta. Trad.: *Hamlet o Hécuba,* Valencia: Pre-Textos, 1993.

– (2008/1958a): *Gespräch über die Macht und den Zugang zum Machthaber,* Stuttgart: Clett-Kotta. Trad.: *Diálogos*, Madrid: *Instituto de Estudios Políticos*, 1962.

– (2003/1958b): *Verfassungsrechtliche Aufsätze aus den Jahren 1924-1954*, Berlín: Duncker & Humblot.

– (1962a): «El orden del mundo después de la Segunda Guerra Mundial», *Revista de Estudios Políticos*, 122, pp. 19-38.

– (1962b): «Dem wahren Johann Jakob Rousseau. Zum 28. Juni 1962», *Zürcher Woche*, 29/06/1962, p. 1. Trad.: «Al verdadero Juan Jacobo Rousseau», *ABC* Sevilla, 28/06/1962, p. 13.

– (2017/1963): *Theorie des Partisanen*, Berlín: Duncker & Humblot. Trad.: *Teoría del partisano*, Madrid: Trotta, 2022.

– (2017/1970a): *Politische Theologie II*, Berlín: Duncker & Humblot. Trad.: *Teología política*, Madrid: Trotta, 2009.

–, y J. Schickel (1995/1970b): «Gespräch über den Partisanen», en: *Staat, Grossraum, Nomos.*

- (2005/1978): «Die legale Weltrevolution», en: G. Maschke (ed.), *Frieden oder Pazifismus*, Berlín: Duncker & Humblot. Trad.: «La revolución legal mundial», *Revista de Estudios Políticos*, 10 (1979), pp. 5-24.
- (1995): *Staat, Grossraum, Nomos. Arbeiten aus den Jahren 1916-1969*. G. Maschke (ed.). Berlín: Duncker & Humblot.
- (2000): *Antworten in Nürnberg*. H. Quaritsch (ed.). Berlín: Duncker & Humblot. Trad.: *Respuestas en Núremberg*, Madrid: Escolar y Mayo, 2016.
- (2005): *Frieden oder Pazifismus? Arbeiten zum Völkerrecht und zur internationalen Politik 1924-1978*. G. Maschke (ed.). Berlín: Duncker & Humblot.
- (2010): «Solange das Imperium da ist». *Carl Schmitt im Gespräch 1971*. F. Hertweck y D. Kisoudis (eds.). Berlín: Duncker & Humblot.
- (2013): *Ensayos sobre la Dictadura 1916-1932*. J. M.ª Baño (ed.). Madrid: Tecnos.
- (2015): *Glossarium*, Berlín: Duncker & Humblot. Trad.: *Glossarium*, Sevilla: El Paseo, 2021.
- (2021a): *Gesammelte Schriften 1933-1936*, Berlín: Duncker & Humblot.
- , y H. Blumenberg (2021b): *Briefwechsel 1971-1978 und weitere Materialien*. A. Schmitz y M. Lepper (eds.). Berlín: Suhrkamp.

Otras obras consultadas

ABRISKETA, J. (2008): «Intervención humanitaria», en: *Diccionario de Acción Humanitaria y cooperación al Desarrollo;* https://www.dicc.hegoa.ehu.eus/listar/mostrar/131.html.

ADORNO, Th. W., *Dialéctica negativa*, Tres Cantos: Akal.

AGAMBEN, G. (1998): *Homo sacer. El poder soberano y la nuda vida*, Valencia: Pre-Textos.
- (2004): *Estado de excepción*, Valencia: Pre-Textos.

– (2016): «A Jurist Confronting Himself. Carl Schmitt's Jurisprudential Thought», en: J. Meierhenrich y O. Simons (eds.), *The
Oxford Handbook of Carl Schmitt*.

AGUSTÍN DE HIPONA (1988): *La ciudad de Dios*, 2 vols., Madrid:
BAC.

ARENDT, H. (1993): *La condición humana*, Barcelona: Paidós.

– (2002): «Visita a Alemania 1950», en: *Tiempos presentes,* Barcelona: Gedisa.

– (2006): *Los orígenes del totalitarismo*, Madrid: Alianza Editorial.

– (2015): *Eichmann en Jerusalén*, Barcelona: Debolsillo.

ARISTÓTELES (1988): *Política*, Madrid: Gredos.

ARON, R. (2010): *Mémoires*, París: Robert Laffont.

BALAKRISHNAN, G. (2000): *The Enemy. An Intellectual Portrait of
Carl Schmitt*, Londres: Verso.

BALIBAR, E. (2013): «Michael Walzer, Carl Schmitt y el debate
contemporáneo sobre la cuestión de la guerra justa», en: G. Bataillon *et al.* (eds.), *Las teorías de la guerra justa en el siglo XVI y sus
expresiones contemporáneas*, México: Centro de Estudios mexicanos y Centroamericanos.

BAÑO LEÓN, J. M.ª (2013): «Carl Schmitt: la autoridad del poder»,
estudio introductorio en: C. Schmitt, *Ensayos sobre la Dictadura 1916-1932*, Madrid: Tecnos.

BATES, D. (2017): «Rousseau and Schmitt: Sovereigns and Dictators», en: H. Rosenblat y P. Schweigert, *Thinking with Rousseau*,
Cambridge: Cambridge University Press, 2017.

BAUER, M. (2024): «Warum Compact vorerst wieder erscheinen
darf», *Tagesschau*; https://www.tagesschau.de/inland/innenpoli-
tik/compact-verbot-aufgehoben-104.html.

BEAUD, O. (2017): *Los últimos días de Weimar. Carl Schmitt ante
el ascenso del nazismo*, Madrid: Escolar y Mayo.

BENDA, J. (2000): *La traición de los clérigos*, Barcelona: Círculo de
Lectores.

BENDERSKY, J. (1983): *Carl Schmitt: A Theorist for the Reich*,
Princeton: Princeton University Press.

– (2007a): «Carl Schmitt's Path to Nuremberg: A Sixty-Year Reassessment», *Telos*, vol. 7, n.º 139, pp. 6-34.

– (2007b): «The *"Fourth"* (Second) Interrogation of Carl Schmitt at Nuremberg», *Telos*, vol. 7, n.º 139, pp. 35-43.

– (2016): «Schmitt's Diaries», en: J. Meierhenrich y O. Simons (eds.), *The Oxford Handbook of Carl Schmitt*.

BENJAMIN, W. (1988): «Zur Kritik der Gewalt», en: *Angelus Novus*, Frankfurt: Suhrkamp.

BENOIST, A. de (2005): «Una nueva campaña infamatoria contra Carl Schmitt, *Empresas Políticas*, n.º 4, pp. 47-62.

– (2007): *Carl Schmitt actuel*, París: Krisis.

– (2010): *Carl Schmitt: internationale Bibliographie der Primär- und Sekundärliteratur*, Graz: Ares.

– (2019a): «Carl Schmitt y su recepción en Francia», *Revista argentina de ciencia política*, 23, 1, pp. 3-30.

– (2019b): *Carl Schmitts «Land und Meer»*, Schnellroda: Antaios.

BÖCKENFÖRDE, E.-W. (1988): «Der Begriff des Politischen als Schlüssel zum staatsrechtlichen Werk Carl Schmitts», en: H. Quaritsch (ed.), *Complexio Oppositorum*.

– (2024): *El surgimiento del Estado como proceso de secularización*, Madrid: Trotta.

BRAUN, K., y M. A. SEIJO (1993): *Antología de los primeros años del romanticismo alemán*, Cáceres: Universidad de Extremadura.

BREUER, S. (1995): *Anatomie der konservativen Revolution*, Darmstadt: Wissenschafliche Buchgesellschaft.

BRUENDEL, S. (2003): *Volksgemeinschaft oder Volksstaat: die «Ideen von 1914» und die Neuordnung Deutschlands im Ersten Weltkrieg*, Berlín: Akademie Verlag.

BRUNKHORST, H. (2006): *El legado filosófico de Hannah Arendt*, Madrid: Biblioteca Nueva.

CAMPDERRICH, R. (2011): «Estudio preliminar», en: C. Schmitt, *Catolicismo romano y forma política*.

CARRILLO, S. (1977): *Eurocomunismo y Estado*, Barcelona: Crítica.

CARTA DE LAS NACIONES UNIDAS (1945): https://www.un.org/es/about-us/un-charter.

CASTRO MÉNDEZ, E. (2010): «Después del 11-S. Al-Qaeda vista por el análisis del discurso», *Revista Mexicana de Ciencias Políticas y Sociales*, 52, 210, pp. 59-75.

Constitución de Weimar (2019/1919): Madrid: Tecnos.

Declaración de los Derechos del Hombre y del Ciudadano (1789), en: M. Artola (1986): *Los derechos del hombre*, Madrid: Alianza Editorial.

DERRIDA, J. (2013): *Políticas de la amistad*, Madrid: Trotta.

DÍAZ NUEVA, J., y J. MOLINA CALVO (2022): *Los enemigos de España son mis enemigos: bibliografía panhispánica de Carl Schmitt (1926-2022)*, Granada: Comares.

DONOSO CORTÉS, J. (2002): «Discurso sobre la dictadura», en: *Discursos políticos*, Madrid: Tecnos.

DUGIN, A. (2015): *La Cuarta Teoría Política*, Tarragona: Fides, 2015.

– (2021): «La Cuarta Teoría Política como estrategia de lucha contra el capitalismo mundial», *Política internacional*, III, 4, pp. 117-130.

DYZENHAUS, D. (1997): *Legality and Legitimacy. Carl Schmitt, Hans Kelsen and Hermann Heller in Weimar*, Oxford: Oxford University Press.

ECONOMIST INTELLIGENCE UNIT (2023): *Democracy Index 2023: Age of Conflict*; https://www.eiu.com/n/campaigns/democracy-index-2023/.

Eine peinliche Ehrenrettung (1936): *Das Schwarze Korps*, 49, p. 14.

ENZENSBERGER, H. M. (2007): *El perdedor radical*, Barcelona: Anagrama.

– (2016): «Perspectivas de guerra civil», en: *Ensayos sobre las discordias*, Barcelona: Anagrama.

Es wird immer noch peinlicher (1936): *Das Schwarze Korps*, 50, p. 2.

ESPOSITO, R. (2006): *Categorías de lo impolítico*, Buenos Aires: Katz.

EVOLA, J. (2000): *Lettere di Julius Evola a Carl Schmitt: 1951-1963*, Roma: Fondazione Julius Evola.

FAYE, E. (2018): *Heidegger. La introducción del nazismo en la filosofía*, Madrid: Akal.

FERBER, M. (2010): *Romanticism: A Very Short Introduction*, Oxford: Oxford University Press.

FICHTE, J. G. (1988): *Discursos a la nación alemana*, Madrid: Tecnos.

FIJALKOWSKI, J. (2023): *Los componentes ideológicos en la filosofía política de Carl Schmitt*, Madrid: Tecnos.

FOUCAULT, M. (1998): *La voluntad de saber*, Madrid: Siglo XXI.

– (2009): *Nacimiento de la biopolítica*, Madrid: Akal.

FRASER, N. (1992): «Rethinking the Public Sphere», en: C. Calhoun (ed.), *Habermas and the Public Sphere*, Cambridge (MA): MIT Press.

FUKUYAMA, F. (1992): *El fin de la historia y el último hombre*, Barcelona: Planeta.

FULBROOK, M. (1995): *Historia de Alemania*, Cambridge: Cambridge University Press.

GALINDO HERVÁS, A. (2009): «El antiliberalismo como clave de la obra de Koselleck», *Araucaria. Revista Iberoamericana de Filosofía, Política y Humanidades*, 11, 21, pp. 44-62.

GARCÍA GUINDO, M., y G. MARTÍNEZ-VALERA GONZÁLEZ (2015): «La guerra híbrida: nociones preliminares y su repercusión en el planeamiento de los países y organizaciones occidentales», documento de trabajo del Instituto Español de Estudios Estratégicos; https://www.ieee.es/Galerias/fichero/docs_trabajo/2015/DIEEET02-2015_La_Guerra_Hibrida_GUindo_Mtz_Glez.pdf.

GAY, P. (1984): *La cultura de Weimar*, Barcelona: Argos.

GELLNER, E. (1988): *Naciones y nacionalismo*, Madrid: Alianza Editorial.

GILCHER-HOLTEY, I. (2001): *Die 68er Bewegung*, Múnich: Beck.

Global Peace Index 2024: Measuring Peace in a Complex World. Sídney: Institute for Economics & Peace; https://www.visionofhumanity.org/wp-content/uploads/2024/06/GPI-2024-web.pdf.

GÓMEZ ORFANEL, G. (2020): «Estudio de contextualización», en: C. Schmitt y H. Kelsen, *La polémica Schmitt / Kelsen sobre la justicia constitucional*.

GRIFFIN, R. (2019): *Fascismo*, Madrid: Alianza.

GROSSHEUTSCHI, F. (1996): *Carl Schmitt und die Lehre vom Katechon*, Berlín: Duncker & Humblot.

GRUNDMANN, S., y D. MAZEAUD (eds.) (2005): *General clauses and standards in European contract law: comparative law, EC law and contract law codification*, La Haya: Kluwer Law International.

GURIAN, W. (1934): «Carl Schmitt, der Kronjurist des III. Reiches», en: H. Hürten (ed.), *Deutsche Briefe 1934-1938*, Mainz: Matthias Grünewald, 1969, vol. I.

– (1936a): «Der NS Kronjurist Carl Schmitt als Mohr...», en: H. Hürten (ed.), *Deutsche Briefe 1934-1938,* vol. 2.

– (1936b): «Auf dem Wege in die Emigration oder in Konzentrationslager?», en: H. Hürten (ed.), *Deutsche Briefe 1934-1938,* vol. 2.

– (P. Müller) (1934/1935): «Entscheidung und Ordnung. Zu den Schriften von Carl Schmitt», *Schweizerische Rundschau*, 34, pp. 566-576.

HABERMAS, J. (1984a): «Con motivo de la publicación del curso de 1935», en: *Perfiles filosófico-políticos*, Madrid: Taurus.

– (1984b): «Crítica de la filosofía de la historia», en: *Perfiles filosófico-políticos*, Madrid: Taurus.

– (1989a): «Carl Schmitt: los terrores de la autonomía», en: *Identidades nacionales y postnacionales*, Madrid: Tecnos.

– (1989b): *El discurso filosófico de la modernidad*, Madrid: Taurus.

– (1990): *Strukturwandel der Öffentlichkeit*, Frankfurt: Suhrkamp.

– (1994): «Teorías de la verdad», en: *Teoría de la acción comunicativa: complementos y estudios previos*, Madrid: Cátedra.

– (1998a): «Ciudadanía e identidad nacional», en: *Facticidad y validez.*

– (1998b): *Facticidad y validez*, Madrid: Trotta.

– (1999): «Tres modelos normativos de democracia», en: *La inclusión del otro*, Barcelona: Paidós.

– (2006): «¿Tiene todavía alguna posibilidad la constitucionalización del derecho internacional?», en: *El Occidente escindido*, Madrid: Trotta.

– (2009): «¿Tiene la democracia una dimensión epistémica? Investigación empírica y teoría normativa», en: *¡Ay, Europa!*, Madrid: Trotta.

– (2011): *Historia y crítica de la opinión pública*, Barcelona: Gustavo Gili.

– (2022): *Ein neuer Strukturwandel der Öffentlichkeit und die deliberative Politik*, Berlín: Suhrkamp.

HARDT, M., y A. NEGRI (2002): *Imperio*, Barcelona: Paidós.

HEGEL, G. W. F. (1999): *Principios de la Filosofía del Derecho*, Barcelona: Edhasa.

HEIDEGGER, M. (2009): «Entrevista del *Spiegel*», en: M. Heidegger, *La autoafirmación de la Universidad alemana*, Madrid: Tecnos.

– (2013): *Carta sobre el humanismo*, Madrid: Alianza Editorial.

HELLER, H. (1929): «Bemerkungen zur Staats- und rechtstheoretischen Problematik der Gegenwart», *Archiv des öffentlichen Rechts*, 55, 3, pp. 321-354.

– (1933): «Autoritärer Liberalismus?», *Die Neue Rundschau*, 1, 3, pp. 289-298.

– (1971): «Politische Demokratie und soziale Homogenität» [1928], en: *Gesammelte Schriften*, vol. 2, Leiden: Sijthoff.

– (1996): «El sentido de la política», en: *El sentido de la política y otros ensayos*, Valencia: Pre-Textos.

– (2006): *Europa y el fascismo*, Granada: Comares.

HERRERO, M. (2015): *The Political Discourse of Carl Schmitt*, Londres y Nueva York: Rowman & Littlefield.

HOBBES, Th. (1994): *Leviatán,* México: FCE.

HOBSBAWM, E. (1991): *Naciones y nacionalismo desde 1780,* Barcelona: Crítica.

– (2010): *Historia del siglo XX,* Barcelona: Crítica.

HÖFELE, A. (2018): «Carl Schmitt und der Nordlicht-Mythos Theodor Däublers», en: D. Graziadei *et al.* (eds.), *Mythos, Paradies, Translation: Kulturwissenschaftliche Perspektiven*, Bielefeld: Transcript.

HOFMANN, H. (1992): *Legitimität gegen Legalität*, Berlín: Duncker & Humblot.

– (2005): «Souverän ist, wer über den Ausnahmezustand entscheidet», *Der Staat*, 44, 2, pp. 171-186.

HORKHEIMER, M., y Th. W. ADORNO (1998): *Dialéctica de la Ilustración*, Madrid: Trotta.

HÜRTEN, H. (ed.) (1969): *Deutsche Briefe 1934-1938*, 2 vols., Mainz: Matthias Grünewald.

JIANG, L. (2016): *Carl Schmitt als Literaturkritiker: eine metakritische Untersuchung*, Viena: Praesens Verlag.

KANT, I. (1999): *Hacia la paz perpetua*, Madrid: Biblioteca Nueva.

KELSEN, H. (1998): *Teoría pura del Derecho*, México: Porrúa.

– (2020): *¿Quién debe ser el defensor de la Constitución?*, en: C. Schmitt y H. Kelsen, *La polémica Schmitt / Kelsen sobre la justicia constitucional*, Madrid: Tecnos.

KENNEDY, E. (1987a): «Carl Schmitt and the Frankfurt School», *Telos: Critical Theory of the Contemporary*, 71, pp. 37-66.

– (1987b): «Carl Schmitt and the Frankfurt School: A Rejoinder», *Telos: Critical Theory of the Contemporary*, 73, pp. 101-116.

– (1988a): «Carl Schmitt und Hugo Ball: ein Beitrag zum Thema "Politischer Expresionismus"», *Zeitschrift für Politik*, 35, 2, pp. 143-162.

– (1988b): «Politischer Expressionismus: die kulturkritischen und metaphysischen Ursprünge des Begriffs des Politischen von Carl Schmitt», en: H. Quaritsch (ed.), *Complexio Oppositorum*.

– (2012): *Carl Schmitt en la República de Weimar*, Madrid: Tecnos.

KERVÉGAN, J.-F. (1995): «L'enjeu d'une théologie politique: Carl Schmitt», *Revue de Métaphysique et de Morale*, 2, pp. 201-220.

– (1999): «Carl Schmitt and World Unity», en: Ch. Mouffe (ed.), *The Challenge of Carl Schmitt*.

– (2007): *Hegel, Carl Schmitt. Lo político: entre especulación y positividad*, Madrid: Escolar y Mayo.

– (2013): *¿Qué hacemos con Carl Schmitt?*, Madrid: Escolar y Mayo.

– (ed.) (2017): *Alexandre Kojeve face à Carl Schmitt. Philosophie*, 135.

KEYNES, J. M. (2009): *Las consecuencias económicas de la paz*, Barcelona: Crítica.

KLICKOVIC, S. (1968): «Benito Cereno – Ein moderner Mythos», en: H. Barion, E.-W. Böckenförde, E. Forsthoff y W. Weber (eds.), *Epirrhosis. Festgabe für Carl Schmitt*, Berlín: Duncker & Humblot, vol. 1.

KOENEN, A. (1995): *Der Fall Carl Schmitts*, Darmstadt: Wissenschaftliche Buchgesellschaft.

KOSELLECK, R. (2021): *Crítica y crisis. Un estudio sobre la patogénesis del mundo burgués*, Madrid: Trotta.

KRAUSS, G. (1936): «Zum Neubau deutscher Staatslehre. Die Forschungen Carl Schmitts», *Jugend und Recht*, 10, 11, pp. 252-253.

KÜHNL, R. (2000): *Der deutsche Faschismus in Quellen und Dokumenten*, Colonia: Papyrossa.

LACLAU, E. (2005a): «On "Real" and "Absolute" Enemies», *The New Centennial Review*, 5, 1, pp. 1-12.

– (2005b): *La razón populista*, México: FCE.

LACLAU, E., y Ch. MOUFFE (2001): *Hegemonía y estrategia socialista*, Madrid: Siglo XXI.

LAVERNA BIESCAS, K. (2016): «"Berlín, 1907". La reconstrucción de un recuerdo de juventud de Carl Schmitt», *Res Publica. Revista de Historia de las Ideas Políticas*, 19, 1, pp. 309-334.

LAZZARATO, M. (2024): *¿Hacia una nueva guerra civil mundial?*, Madrid: Traficantes de sueños.

LENIN, V. I. (1973): *La guerra de guerrillas*, en: *Obras*, vol. III, Moscú: Progreso.

Ley de medidas de defensa del Estado (3 de julio de 1934): https://de.wikisource.org/wiki/Staatsnotwehrgesetz.

Ley Fundamental de la República Federal de Alemania (1949): https://www.btg-bestellservice.de/pdf/80206000.pdf.

LOCKE, J. (1966): *The Second Treatise of Civil Government*, en: *Two Treatises of Government*, Nueva York / Londres: Hafner.

– (1994): *Ensayo sobre el entendimiento humano*, México: FCE.

LÓPEZ DE LIZAGA, J. L. (2007): «Rawls, Habermas y el proyecto kantiano de la paz perpetua», *Daimon*, 40, pp. 91-106.

– (2010a): «Reforma, revolución, terror. Sobre la "violencia divina" de Walter Benjamin», *Afinidades*, 2, pp. 54-69.

– (2010b): «Ciudadanía e identidad nacional», en: R. Lorenzo y R. Benedicto (coords.), *Educación cívica: democracia y cuestiones de género*, Barcelona: Icaria.

– (2012): «Diálogo y conflicto. La crítica de Carl Schmitt al liberalismo», *Diánoia*, LVII, 68, pp. 113-140.

– (2021): «Cinismo político. Un nuevo estilo discursivo en las democracias liberales», *Revista Internacional de Pensamiento Político*, 16, pp. 517-536.

– (2022): «Prólogo», en: C. Schmitt, *Teoría del partisano*.

LÖWITH, K. (2006): «El decisionismo ocasional de Carl Schmitt», en: *Heidegger, pensador de un tiempo indigente*, México: FCE.

LÜBBE, H. (1988): «Carl Schmitt liberal rezipiert», en: H. Quaritsch (ed.), *Complexio Oppositorum*.

MÁIZ, R. (2023): «Eurasianismo y nacionalismo ruso imperialista en Aleksandr Dugin», *Política y gobernanza*, n.º 7, pp. 5-32.

MANN, K. (2006): *Mefisto*, Barcelona: Debolsillo.

MANN, Th. (1984): «Von Deutscher Republik», en: Th. Mann, *Von Deutscher Republik: politische Schriften und Reden in Deutschland*, Frankfurt: Fischer.

– (2011): *Consideraciones de un apolítico*, Madrid: Capitán Swing.

MAO TSE-TUNG (1976): «Problemas estratégicos de la guerra de guerrillas contra el Japón», en: *Obras escogidas*, Pekín: Ediciones en Lenguas Extranjeras.

MAUS, I. (1969): «Zur "Zäsur" von 1933 in der Theorie Carl Schmitts», *Kritische Justiz*, 2, pp. 113-124.

– (1976): *Bürgerliche Rechtstheorie und Faschismus: Zur sozialen Funktion und aktuellen Wirkung der Theorie Carl Schmitts*, Múnich: Fink.

MBEMBE, A. (2018): *Políticas de la enemistad*, Barcelona: NED.

MCPHERSON, C. B. (2003): *La democracia liberal y su época*, Madrid: Alianza Editorial.

MEHRING, R. (2011): *Carl Schmitt zur Einführung,* Hamburg: Junius.

– (2022): *Carl Schmitt. Aufstieg und Fall*, Múnich: Beck.

MEIER, H. (1994): *Die Lehre Carl Schmitts. Vier Kapitel zur Unterscheidung Politischer Theologie und Politischer Philosophie*, Stuttgart: Metzler.

– (2009): *Carl Schmitt, Leo Strauss y el concepto de lo político*, Buenos Aires: Katz.

MEIERHENRICH J., y O. SIMONS (eds.) (2016): *The Oxford Handbook of Carl Schmitt*, Nueva York: Oxford University Press.

MELVILLE, H. (2013): *Benito Cereno*, Madrid: Alianza Editorial.

MILL, J. S. (2013): *Sobre la libertad*, Madrid: Alianza Editorial.

MOHLER, A. (1972): *Die konservative Revolution in Deutschland 1918-1932*, Darmstadt: Wissenschafliche Buchgesellschaft.

MÖLLER, H. (2015): *La República de Weimar*, Madrid: Antonio Machado Libros.

MONEREO PÉREZ, J. L. (2009): *La defensa del Estado social de derecho. La teoría política de Hermann Heller*, Barcelona: El Viejo Topo.

MONOD, J.-C. (2004): «La radicalité constituante (Negri, Balibar, Agamben) ou peut-on lire Schmitt de droite à gauche?», *Mouvements*, 37, pp. 80-88.

MOUFFE, Ch. (1999a): *El retorno de lo político*, Barcelona: Paidós.

– (ed.) (1999b): *The Challenge of Carl Schmitt*, Londres: Verso.

– (1999c): «Carl Schmitt and the Paradox of Liberal Democracy», en: Ch. Mouffe (ed.), *The Challenge of Carl Schmitt*.

– (2016): *La paradoja democrática*, Barcelona: Gedisa.

MOYN, S. (2016): «Concepts of the Political in Twentieth-Century European Thought», en: J. Meierhenrich y O. Simons (eds.), *The Oxford Handbook of Carl Schmitt*, Oxford: Oxford University Press.

MÜLLER, J.-W. (2003): *A Dangerous Mind. Carl Schmitt in Post-War European Thought*, New Haven y Londres: Yale University Press.

MÜNKLER, H. (1992): *Gewalt und Ordnung*, Frankfurt: Fischer.

– (2002): *Über den Krieg*, Weilerswist: Velbrück.

– (2004a): «Las guerras del siglo XXI», *Análisis político*, 51, pp. 3-11.

– (2004b): *Die Neuen Kriege*, Hamburgo: Rowohlt.

– (2017): *Kriegssplitter*, Hamburgo: Rowohlt.

NEGRI, A. (2015): *El poder constituyente*, Madrid: Traficantes de sueños.

NEUMANN, F. (2014): *Behemoth*, Barcelona: Anthropos.

NIETZSCHE, F. (2012): *Más allá del bien y del mal*, Madrid: Alianza Editorial.

NOACK, P. (1993): *Carl Schmitt. Eine Biographie*, Frankfurt/M.: Propyläen.

ORTEGA Y GASSET, J. (1981): *La rebelión de las masas*, Madrid: Espasa-Calpe.

PACTO DE LA SOCIEDAD DE NACIONES (1919): https://www.un-geneva.org/es/about/league-of-nations/covenant.

PETERSON, E. (1999): *El monoteísmo como problema político*, Madrid: Trotta.

QUARITSCH, H. (ed.) (1988): *Complexio Oppositorum*, Berlín: Duncker & Humblot.

– (1989): *Positionen und Begriffe Carl Schmitts*, Berlín: Duncker & Humblot.

– (2016): «Carl Schmitt en el centro penitenciario de Núremberg», en: C. Schmitt, *Respuestas en Núremberg*, Madrid: Escolar y Mayo.

RAWLS, J. (2001a): *El derecho de gentes*, Barcelona: Paidós.

– (2001b):«Una revisión de la idea de razón pública», en: *El derecho de gentes*, Barcelona: Paidós.

– (2003): *El liberalismo político*, Barcelona: Crítica.

REINARES, F. (2014): *¡Matadlos! Quién estuvo detrás del 11-M y por qué se atentó en España*, Barcelona: Galaxia Gutenberg.

RENAN, E. (2014): *¿Qué es una nación?*, Madrid: Sequitur.

RIZZI, A. (2025): «Guerras, desastres climáticos y tecnomillonarios: 2025 abre paso a un nuevo orden mundial», *El País*; https://elpais.com/ideas/2025-01-05/guerras-desastres-climaticos-y-tecnomillonarios-2025-abre-paso-a-un-nuevo-orden-mundial.html.

RODRÍGUEZ, R. (2009): «Estudio preliminar: Heidegger y el nacionalsocialismo. ¿Un viaje a Siracusa?», en: M. Heidegger, *La autoafirmación de la Universidad alemana*.

ROTTE, R. (2001): «Die "Ideen von 1914": weltanschauliche Probleme des europäischen Friedens während der "ersten Globalisierung"», *Schriftenreihe Studien zur Geschichtsforschung der Neuzeit*, vol. 22, Hamburgo: Kovač.

Rousseau, J.-J. (1993): *El contrato social*, Barcelona: Altaya.

Rüthers, B. (2004): *Carl Schmitt en el Tercer Reich*, Bogotá: Universidad Externado de Colombia.

– (2008): *Rechtstheorie*, Múnich: Beck.

Safranski, R. (2015): *Un maestro de Alemania. Martin Heidegger y su tiempo*, Barcelona: Tusquets.

Sahuquillo, María R. (2025): «Bruselas consagra el endurecimiento de sus políticas de migración al avalar los campos de deportación fuera de la UE», *El País*; https://elpais.com/internacional/2025-03-11/bruselas-consagra-su-giro-a-la-derecha-en-migracion-al-avalar-los-campos-de-deportacion-fuera-de-la-ue.html.

Saralegui, M. (2016): *Carl Schmitt pensador español*, Madrid: Trotta.

Scheuerman, W. E. (2006): «Carl Schmitt and the Road to Abu Ghraib», *Constellations*, 13, 1, pp. 108-117.

Schlink, B. (1996): «Why Carl Schmitt?», *Constellations* 2, 3, pp. 429-441.

Schumpeter, J. (2015): *Capitalismo, socialismo y democracia*, 2 vols., Barcelona: Página Indómita.

Schwab, G. (1968): «Enemy oder Foe: Der Konflikt der modernen Politik», en: H. Barion, E.-W. Böckenförde, E. Forsthoff y W. Weber (eds.), *Epirrhosis. Festgabe für Carl Schmitt*, Berlín: Duncker & Humblot, vol. 2.

Seisdedos, I. (2002): «Estados Unidos mata con un dron al líder de Al Qaeda, Ayman al Zawahiri, en Kabul», *El País*; https://elpais.com/internacional/2022-08-01/estados-unidos-mata-a-ayman-al-zawahiri-lider-de-al-qaeda.html.

Sieyès, E. (2003): *¿Qué es el Tercer Estado?*, Madrid: Alianza Editorial.

Sontheimer, K. (1978): *Antidemokratisches Denken in der Weimarer Republik*, Múnich: DTV.

Sosa Wagner, F. (2008): *Carl Schmitt y Ernst Forsthoff: coincidencias y confidencias*, Madrid: Marcial Pons.

Taubes, J. (2012): «Carl Schmitt – Ein Apokalyptiker der Gegenrevolution», en: H. Kopp-Oberstebrink, Th. Palzhoff y M. Treml (eds.), *Jacob Taubes – Carl Schmitt. Briefwechsel mit Materialien*, Múnich: Fink.

TAYLOR, Ch. (2003): «Nacionalismo y modernidad», en: R. Mc-Kim y J. McMahan (eds.), *La moral del nacionalismo*, Barcelona: Paidós.

THOMA, R. (2018): «Sobre la ideología del parlamentarismo», en: C. Schmitt, *Los fundamentos histórico-espirituales del parlamentarismo en su situación actual y la polémica con Thoma sobre el significado de la democracia*, Madrid: Tecnos.

TIERNO GALVÁN, E. (1952): «Benito Cereno o el mito de Europa», *Cuadernos Hispanoamericanos*, 36, pp. 215-223.

TOCQUEVILLE, A. de (2017): *La democracia en América*, 2 vols., Madrid: Alianza Editorial.

TOMMISSEN, P. (2001): «Raymond Aron face à Carl Schmitt», en: P. Tommissen (ed.), *Schmittiana*, 7, pp. 111-129.

TRAVERSO, E. (2007): «"Relaciones peligrosas". Walter Benjamin y Carl Schmitt en el crepúsculo de Weimar», *Acta Poética*, 28, 1-2, pp. 93-109.

TRÍAS, E. (2006): *La política y su sombra*, Barcelona: Anagrama.

TROTIGNON, P. (1994): «Bergson et la propagande de guerre», en: J. Quillien (ed.), *La réception de la philosophie allemande en France aux XIXe et XXe siècles*, Lille: Presses Universitaires du Septentrion.

TURNER, H. A. (2000): *A treinta días del poder*, Barcelona: Edhasa.

URÍBARRI, G. (1999): «Erik Peterson: teología y escatología», en: E. Peterson, *El monoteísmo como problema político*.

VELASCO, J. C. (2019): «Der lange Schatten von Carl Schmitt. Der Konjurist des Dritten Reiches, gelesen von Jürgen Habermas», *Leviathan* 47, 1, pp. 86-101.

VILLACAÑAS, J. L. (2009): «La leyenda de la liquidación de la teología política», en: C. Schmitt, *Teología política*.

– (2016): «Carl Schmitt, Epimeteo cristiano», en: C. Schmitt, *Respuestas en Núremberg*.

VOIGT, R. (ed.) (2007): *Der Staat des Dezisionismus. Carl Schmitt in der internationalen Debatte*, Baden-Baden: Nomos.

Volpi, F. (2019): «El poder de los elementos», en: C. Schmitt, *Tierra y mar*.

Walther, M. (1988): «Hat der juristische Positivismus die deutschen Juristen wehrlos gemacht?», *Kritische Justiz*, 21, 3, pp. 263-280.

Walzer, M. (2001): *Guerras justas e injustas*, Barcelona: Paidós.

Weber, A. (2003): «La jurisdicción constitucional de la República Federal de Alemania», *Anuario Iberoamericano de Justicia Constitucional*, 7 (2003), pp. 495-538.

Weber, M. (1987): «La ética protestante y el espíritu del capitalismo», en: *Ensayos sobre sociología de la religión*, vol. 1, Madrid: Taurus.

– (1991): «Parlamento y Gobierno en una Alemania reorganizada», en: *Escritos políticos*, Madrid: Alianza Editorial.

– (1993): *Economía y sociedad*, México: FCE.

Weitz, E. D. (2019): *La Alemania de Weimar*, Madrid: Turner.

Zarka, Y.-Ch. (2007): «Las ideas mortíferas», en: *Un detalle nazi en el pensamiento de Carl Schmitt*, Barcelona: Anthropos.

– (2008): «Para una crítica de toda teología política», *Isegoría*, 39, 27-47.

– (2012): «Carl Schmitt. Una lectura antimoderna de la modernidad: la triple traición a Hobbes», *Eikasia*, 45, pp. 57-69.

Žižek, S. (1999): «Carl Schmitt in the Age of Post-Politics», en: Ch. Mouffe (ed.), *The Challenge of Carl Schmitt*.